辽河寻根 文明溯源——中华文明起源学术研讨会

辽河寻根 文明溯源——中华文明起源学术研讨会" 会议代表合影

2011.8.19 沈阳

"辽河寻根 文明溯源——中华文明起源学术研讨会"开幕式

辽河寻根 文明溯源

——中华文明起源学术研讨会论文集

辽宁省博物馆 编

文物出版社

北京·2012年

封面设计　程星涛
责任印制　梁秋卉
责任编辑　李媛媛
　　　　　杨新改

图书在版编目（CIP）数据

辽河寻根 文明溯源：中华文明起源学术研讨会论
文集／辽宁省博物馆编 . —北京：文物出版社，2012.9
ISBN 978 - 7 - 5010 - 3531 - 1

Ⅰ.①辽…　Ⅱ.①辽…　Ⅲ.①辽河流域 - 考古发现 -
文集 ②辽河流域 - 文化史 - 文集　Ⅳ.①K872.3 - 53
②K293 - 53

中国版本图书馆 CIP 数据核字（2012）第 203515 号

辽河寻根 文明溯源

——中华文明起源学术研讨会论文集

辽宁省博物馆　编

*

文 物 出 版 社 出 版 发 行

（北京东直门内北小街 2 号楼）

http://www.wenwu.com

E-mail：web@wenwu.com

北京盛天行健印刷有限公司印刷

新 华 书 店 经 销

787 × 1092　1/16　印张：16

2012 年 9 月第 1 版　2012 年 9 月第 1 次印刷

ISBN 978 - 7 - 5010 - 3531 - 1　定价：160.00 元

编辑委员会

前　言

　　中华民族五千年的悠久历史，意义非常深远，它是我们中华民族生生不息的精神源泉，是世界文明史上唯一的从未间断过的独具特色的原生文明。对中华文明起源进行深入的研究，诠释中华文明形成的时间、地域、过程、原因、机制等问题，探讨中华文明与周边、世界文明之间的互动关系，总结早期中华文明的特点，为中华民族更好的发展提供可以借鉴的研究成果，是"中华文明探源工程"的总体研究背景和主要思考所在。

　　辽河流域是中华文明的重要发源地之一，辽河文明的研究是"中华文明探源工程"的重要组成部分。20 世纪 80 年代以来辽河流域一批重大的考古发现表明，辽河流域作为我国东北古代文化的发展中心，中原与东北地区相接触的前沿地带，有着悠久的历史和独具特色的自成谱系的考古学文化。为使广大观众认识辽河流域独具特色的早期文明及在中华文明起源中的地位和作用，2011 年"5·18"国际博物馆日，在辽宁省博物馆开幕的"辽河寻根　文明溯源——中华文明起源展"，展示辽河流域"古国—方国—帝国"的文明起源与发展历程。

　　在展览的基础上，为将中华文明起源的研究继续深化，取得新的研究成果，召开了"辽河寻根　文明溯源——中华文明起源学术研讨会"，会议主题是讨论辽河流域古代文明的发生、发展过程，以及在整个中华文明起源过程中所起到的重要作用。与会专家围绕新石器时代辽河流域的考古学新发现和新研究成果，以及辽河流域早期文明研究成果对推动"中华文明探源工程"研究中的重要作用进行了充分研讨，体现了一定的学术水平，取得了有价值的研究成果。

　　"中华文明探源工程"的实施、"辽河寻根　文明溯源——中华文明起源展"的展出以及学术研讨会的举办，必将对辽河流域史前文明的研究、中华文明起源的研究及对整个"中华文明探源工程"成果的传播与普及，产生重要的推动作用。

目　　录

"辽河文明"解

郭大顺

（辽宁省文化厅）

大河孕育了上古文明。与尼罗河文明、两河文明和印度河文明齐名的，是中国的黄河文明。20世纪70年代以后又提出了长江文明。辽河文明是从20世纪80年代以来随着辽河流域一批重大考古发现而提出的。

这些重要发现包括：营口金牛山、本溪庙后山等旧石器时代早期洞穴遗址，喀左鸽子洞、海城小孤山等旧石器时代晚期洞穴遗址，阜新查海、沈阳新乐、大连小珠山（下层）、丹东后洼（下层）等新石器时代中期遗址，属于红山文化的喀左东山嘴、建平与凌源县交界处牛河梁、大连郭家村（中上层）等新石器时代晚期遗址，属于夏家店下层文化的北票丰下、建平水泉、属于高台山文化的新民高台山和大连大嘴子等早期青铜时代遗址，朝阳魏营子文化及沿大凌河流域分布的北洞、小波汰沟等地点的窖藏商周之际青铜器，沈阳新乐上层文化、大连双房等地的曲刃青铜短剑文化等青铜时代遗存以及历史时期的绥中姜女石秦代行宫遗址，朝阳十六国时期三燕龙城宫城，五女山、凤凰山等高句丽山城，阜新等地辽代皇族和后族墓葬以及新宾后金赫图阿拉和清初沈阳城等一些重要遗存。这一系列考古新发现，确立了一批新的考古学文化，推进了辽宁地区各个历史时代古文化的分期、分区、区域特点、社会性质等方面的研究，大大改变了学术界和社会各界对辽宁地区历史的认识，特别是红山文化的考古新发现把中华文明史的研究提早到距今5000年前，也将辽河文明的发展水平和在中华文化和文明起源中的地位与作用的认识提到一个新的高度。

辽宁地区这一系列考古新发现，也成为实践苏秉琦先生学术思想的一个重点地区。早在20世纪70年代中国考古学文化区系类型理论形成过程中，苏秉琦先生就将包括辽河流域在内的燕山南北地区列为六大考古文化区系之首[1]。80年代初随着东山嘴、牛河

---

[1] 苏秉琦：《建国以来中国考古学的发展——在北京市历史学会、中国历史博物馆举办的纪念中国共产党六十周年报告会上的讲话》，原载《史学研究》1981年第9期；又载《苏秉琦考古学论述选集》，文物出版社，1984年。

梁红山文化遗址的陆续发现，苏先生又以辽河流域古文化为实例之一，连续提出了古文化古城古国、"三部曲"（古国、方国、帝国）和"三模式"（原生型、次生型、续生型）等系统论述中国文明起源和国家形成的观点①。

　　"辽河文明"就是以辽宁及邻近地区历史考古的最新研究成果为基础，在苏秉琦先生学术思想指导下提出的。

　　依据对苏秉琦先生观点的理解和这些新的考古发现，我们可以对"辽河文明"作如下认识：

1. 辽河文明曾先走一步

　　早在距今约 28 万年前的营口金牛山人，其头骨、上肢骨等体质特征就较同时期的北京人为进化，原始"灶"的发现，进一步证明金牛山人在控制火种技术上的进步性。到距今约 4 万年前的旧石器时代晚期，辽河流域仍然保持着这一前进势头，证据是海城小孤山洞穴遗址发现带倒钩、"阑"的骨鱼镖和由两面钻孔的骨针，比时间较晚的北京周口店山顶洞遗址的同类器物要进步。进入新石器时代，距今约 8000 年的阜新查海遗址，有表现社会结构已有分化的成行排列的房址和社会分工导致社会分化的玉器，以及反映意识形态发达程度的"类龙"形象的出现，已是"文明的起步"阶段。当然，最能反映辽河文明先走一步的，是在辽西山区牛河梁红山文化遗址发现的距今 5000 年前"坛、庙、冢"三位一体的大规模的宗教礼仪性建筑群和以"龙、凤、人"为主要题材的玉器群，这是辽河流域率先跨入文明社会的主要实证。

2. 辽河文明在中国文明起源与国家形成中具典型性

　　苏秉琦先生在关于中国文明起源和国家形成的系统论述中，将辽河流域的红山文化—夏家店下层文化—燕秦文化作为古国—方国—帝国"三部曲"的典型代表。在国家起源原生型、次生型、续生型的"三模式"中，将辽河流域的先秦时期作为"原生型"模式并将秦汉以后纳入"续生型"模式中。作为"原生型"国家起源模式的理由是，辽河流域从查海遗址起，在玉器制作的专门化到玉器使用的专一化方面，就已反映出由社会分工到社会分化的变革过程，为继之而起的红山文化社会变革的飞跃准备了条件。而红山文化的发展，虽然大幅度吸收了中原等地区的先进文化因素，但主要是在保持和发展自身特点的基础上跨进古国阶段的。到了方国时代，辽西地区的夏家店下层文化，以连锁式城堡带和星罗棋布的城堡群、彩绘陶礼器为代表，反映礼制已逐步完善，成为"与夏为伍"的强大方国。辽河流域在进入帝国阶段过程中，出现了以辽西走廊绥中姜女石遗址为主体的秦行宫建筑群，其规模、规格都可与秦阿房宫相媲美，却背靠

---

① 苏秉琦：《辽西古文化古城古国——试论当前考古工作重点和大课题》、《国家起源与民族文化传统（提纲）》，均载《苏秉琦文集》（三），文物出版社，2009 年。

大北方，面向渤海，是秦始皇"择地作东门"的国门所在，对于中华统一多民族国家的形成来说，更具象征性。辽河流域作为"续生型"国家模式的代表，表现为以辽河流域为主要活动舞台的鲜卑、契丹、满族，其建国过程都经历了类似于当地先秦时期的古国—方国—帝国的发展历程，而且是"骑马得天下，统治的是汉族人，继承的是汉文化，汉文化从此也长上翅膀，更有活力了"①，其中满族开国史更是中国历史上精彩一笔。崛起于白山黑水间的满族，从辽东山区走向辽沈大地建国，新宾赫图阿拉城、沈阳故宫的东路到中路的布局，是满族开国史重走"三部曲"国家起源道路的生动例证。出于渔猎文化开放不封闭和与大自然天然一体的本性，满族善于总结历代经验，正确处理民族关系，彻底改变了自秦统一以来筑长城、设重防，隔绝北方与中原，使游牧民族与农耕民族对立起来的格局，敢于说长城内外是一家。长城失去作用的同时，中国北部出现明确的疆界，所以，中国最后一个封建王朝，也是中国漫长历史的集大成者。

这里还要提到张光直先生关于中国文明起源的观点。张先生提出中国文明起源走过与西方以技术发展为主的人改造自然的"断裂性文明"不同的道路，即以人与自然沟通的"通神独占"获得政治权力和财富的"连续性文明"，并把中国以至东方文明追求人与自然的和谐这一"可能代表全世界大部分地区文化连续体的变化法则"称为"一般的法则"，而西方文明的发展道路倒"是个例外"②。有趣的是，红山文化就是以规模宏大的祭祀建筑群及其所表现的"通神为礼"作为其进入文明社会特征的，可见，张光直先生的这一观点很值得重视。

3. 辽河流域是古代文化的生长点与交汇带

辽河文明先走一步并具典型性不是偶然的。从自然地理形势看，辽河流域的西部是处于蒙古高原向华北平原过渡的丘陵地带，东部则是东北松辽大平原的组成部分，有东北至西南走向的山川和漫长的海岸线。至少在距今万年到四五千年前，辽河流域是暖湿性阔叶林和针叶林混交的森林草原带。这种自然地理环境，既适于文化的成长，又是南北之间与东西之间交流的天然通道。

就新石器时代和青铜时代来说，辽河流域已分区建立起了文化发展序列。辽西地区有查海—兴隆洼等先红山文化，大约与红山文化早期相当或稍早的赵宝沟文化，与红山文化同时的富河文化，晚于红山文化的小河沿文化，青铜时代的夏家店下层文化、魏营子文化和夏家店上层文化等。文化遗存相对较少、文化堆积较薄的下辽河流域和辽东半岛也分别建立起新乐文化、偏堡子文化、高台山文化、新乐上层文化（以上为下辽河流

① 苏秉琦：《中国文明起源新探》第 139 页，辽宁人民出版社，2009 年。
② 张光直：《考古学专题六讲》第一讲，文物出版社，1986 年。

域）；小珠山下、中、上层文化及双坨子下、中、上层文化（以上为辽东半岛）以及以曲刃青铜短剑为主要特征的青铜文化等。

同时，辽河流域又属于东北文化区，是东北文化区与北方草原、中原区交汇的前沿地带。不同经济类型和不同文化传统的群体间的交汇，往往会产生意想不到的效果。红山文化"坛庙冢"的出现就是红山文化与仰韶文化北南交汇的产物。青铜时代和早期铁器时代辽河流域诸文化都有普遍接受中原礼制的情况，而且越来越浓厚，这就为燕秦帝国对辽河流域的有效管辖打下基础。十六国时期的慕容鲜卑族被历史学家称为是五胡中汉化最深的一个民族，考古发现特别是朝阳龙城宫城和宫城南门的发现证明了这一点。契丹族则在大幅度吸收汉文化的同时，以从制度和习俗上保持和发展本民族特色而立于当时世界之林。满族在开国史上对待汉文化以及其他民族文化的积极态度和效果已如前述，从而使辽河流域自始至终成为一个民族文化的大熔炉，创造出具有强烈地域特色又包容四方的古代文化。

4. 辽河流域对东北地区和东北亚古代文化的发展有广泛影响

早在旧石器时代，小孤山旧石器时代洞穴遗址骨针的出土，就意味着古人类已学会缝制皮衣，为走向更寒冷地区、走向新大陆做好了准备。查海遗址玉玦和玉匕的组合，也见于日本海的东西两岸，黑龙江流域也常有具红山文化特征的玉璧类出土，说明新石器时代从辽河流域到东北亚就存在一条"玉器之路"。青铜时代和早期铁器时代，以曲刃青铜短剑为代表的辽河流域古文化和燕文化都影响到朝鲜半岛和日本列岛。辽河流域还是东西文化交流的一个枢纽。商周之际的"北方式青铜器"和夏家店上层文化丰富多彩的草原文化内涵，都有来自于内蒙古中南部甚至更西的成分。公元3~6世纪是中国历史上民族大迁徙、大融合时期，也是东西方文化交流更为活跃的一个时期，这一时期辽河流域先后出现的公孙氏、慕容鲜卑族和高句丽民族建立的政权，作为辽河流域与东北亚地区交流的使者，促成了骑马文化的东传，也是中西亚的先进文化因素如玻璃器、金饰品等向东传播的必经之路，从而直接影响到朝鲜半岛和日本列岛的文明起源进程和国家的建立。此后辽王朝与西方的交往，除了文献记载外，考古也屡见中西亚文化因素，如契丹族喜用的琥珀饰件，其原料就是由遥远的波罗的海经中亚到达辽王朝的，说明这条"草原丝绸之路"延续到10世纪以后仍然畅通。

以上可见，"辽河文明"的提出，是一个以区系考古为基础、由区系考古上升到复原区域历史文化的概念，也是一个与黄河文明、长江文明可相互对应、相互比较的约定俗成的概念，是对以辽河流域为中心的区域内外古代历史文化发展道路、发展水平、区域特点及其在中华文化与中华文明形成发展中地位与作用的科学概括。

辽河流域新石器文化的第一个兴盛期

——兴隆洼文化时期

张星德

（辽宁大学）

辽河流域文明起源起步甚早，早在公元前6200～前5000年间的兴隆洼文化时期，即表现出了种种诸如发达的玉器工艺、对龙的信仰等等可能预示社会变化或某些与氏族社会不相和谐的因素已然发生的内涵。然而，兴隆洼文化前后经历了漫长的约1000余年的发展历程，其遗存特征和空间分布上都曾发生过有规律可循的变化，探讨之，将更有利于我们认识辽河流域新石器文化第一个兴盛时期的形成，认识辽河流域早期文明的起源及发展演变进程。

根据兴隆洼文化陶器特征的阶段性变化情况，可知该文化大约经历了四个发展阶段，即四期。

兴隆洼文化一期，包括查海遗址早期[1]、白音长汗遗址一期[2]、小河西遗址[3]遗存等，遗址点发现较少，均在燕山以北地区。陶器皆夹砂红褐陶，陶质疏松，火候偏低，器形单一，皆为深腹筒形罐类，造型以圆唇（有些口部外叠唇）、大口、斜直腹多见，也有略弧腹者共存，器物口沿下多流行一周附加堆纹带（个别堆纹带上饰斜线纹），器身主体部分多素面，少见窝点纹（图一）。就陶器本身看，质地相对粗糙，器形单一，造型简单，表现了这时期兴隆洼文化生产工艺的原始性。

---

① 辛岩、方殿春：《查海遗址1992～1994年发掘报告》，《辽宁考古文集》，辽宁民族出版社，2003年。
② 内蒙古自治区文物考古研究所：《白音长汗——新石器时代遗址发掘报告》第18～25页，科学出版社，2004年。
③ 杨虎：《敖汉旗榆树山、西梁遗址》，《中国考古学年鉴·1989》第121页，文物出版社，1990年。

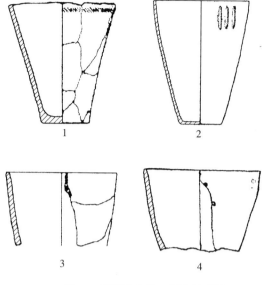

图一　兴隆洼文化一期陶筒形罐

1、3. 查海 F26：30、F26：331　2. 白音长汗 BT3②：9
4. 小河西 87MAHF3②：6

需要说明的是，有将此期遗存及西梁①、大新井②、榆树山③、杨家洼④等遗址以出土单纯的遗存共同称为小河西文化者，认为这类遗存具有以夹砂素面红陶筒形罐为陶器特征的共同遗存，而与以网格纹、斜线纹和"之"字纹为装饰的筒形罐为主要特征的遗存加以区分。但是分析上述各遗址遗存后，我们会发现它们虽有一定的相似性，但面貌相当复杂。就查海早期、白音长汗一期及小河西遗址遗存而言，从查海遗址看，它们虽特征明确，却与其后的遗存有着清晰的发展演变关系，其中的夹砂红褐、口沿装饰附加堆纹，尤其是外叠唇的筒形罐更是查海遗址器物群中的典型器物。而西梁、榆树山遗址陶器中尚有小罐和杯等，纹饰还见有压印短斜线、网格纹、窝纹，其器形和纹饰均较查海早期、白音长汗一期和小河西遗址丰富，石器中造型规整的斧、锛和钻孔石器也为后者所不见。杨家洼遗址发掘简报中提出，该遗址内涵与查海早期、白音长汗一期和小河西遗址不一致，陶器极为粗糙、厚重，表面凹凸不平，明显较后者原始；而其石器中规整的石斧、石凿也为后者不见。可见以夹砂素面筒形罐为主要器形的红陶遗存究竟是代表了多纹饰装饰陶之前的一个统一的考古学文化，其间的差异反映的是不同发展阶段，还是由于时代近似、工艺水平相近形成的诸文化的共同特点？目前还缺乏足够的资料加以说明，不宜视作一个统一的考古学文化。所以这里暂且将查海遗址早期、白音长汗遗址一期、小河西遗址遗存作为兴隆洼文化的一个发展阶段对待，视为该文化第一期。

① 杨虎、林秀贞：《内蒙古敖汉旗榆树山、西梁遗址出土遗物综述》，《北方文物》2009 年第 2 期。
② 刘晋祥：《翁牛特旗大新井村新石器时代遗址》，《中国考古学年鉴·1989》第 121 页，文物出版社，1990 年。
③ 杨虎、林秀贞：《内蒙古敖汉旗榆树山、西梁遗址出土遗物综述》，《北方文物》2009 年第 2 期。
④ 辽宁省文物考古研究所、葫芦岛市文物管理办公室：《辽宁葫芦岛市杨家洼新石器时代遗址发掘简报》，《博物馆研究》2005 年第 2 期；李恭笃：《辽西杨家洼遗址发现目前我国北方更早的新石器时代文化遗存》，《青年考古学家》总第十期，1998 年。

兴隆洼文化二期,包括查海遗址中期,兴隆洼遗址 F171、F220、F2[①],南台子遗址[②],白音长汗二期甲类及瓦盆窑遗址[③],富顺永遗址[④]和岔沟门遗址[⑤]部分遗存、东寨遗址 G1 部分遗存[⑥]等。该时期陶器仍为夹砂陶,陶色不纯正,红褐陶仍占有相当比例,灰褐陶数量上升。器表纹饰明显增多,但施纹不甚规整,见有草划交叉网划纹、窝点纹、"人"字纹、短斜线纹和贴饼、瘤状及乳状器耳等,流行一器施加多种形式的复合纹饰。偏晚出现细长线"之"字纹和几何纹。陶器器形除直腹筒形罐外,出现了鼓腹罐和钵、杯类。直腹筒形罐少量仍敞口、圆唇、斜直腹,多数由一期的斜腹开始向内收敛,口径与底径差缩小,腹斜直或略向外弧直,出现了口部略外侈并厚叠唇(图二)。鼓

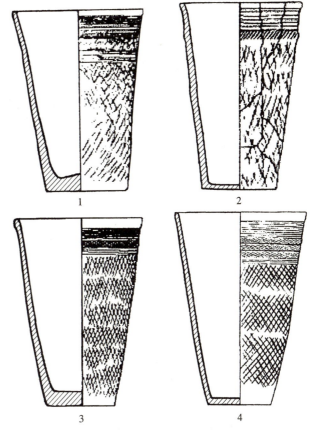

图二　兴隆洼文化二期陶筒形罐

1. 兴隆洼 F2⑤:18　2. 查海 F25:8
3. 南台子 F9:3　4. 白音长汗 BF63②:3

① 中国社会科学院考古研究所内蒙古工作队:《内蒙古敖汉旗兴隆洼遗址发掘简报》,《考古》1985 年第 10 期;中国社会科学院考古研究所内蒙古工作队:《内蒙古敖汉旗兴隆洼聚落遗址 1992 年发掘简报》,《考古》1997 年第 1 期。

② 内蒙古文物考古研究所:《克什克腾旗南台子遗址发掘简报》,《内蒙古文物考古文集》(第一辑),中国大百科全书出版社,1994 年;内蒙古文物考古研究所:《克什克腾旗南台子遗址》,《内蒙古文物考古文集》(第二辑),中国大百科全书出版社,1997 年。

③ 内蒙古自治区文化局文物工作组:《内蒙古自治区发现的细石器文化遗址》,《考古学报》1957 年第 1 期。

④ 内蒙古自治区文化局文物工作组:《内蒙古自治区发现的细石器文化遗址》,《考古学报》1957 年第 1 期。

⑤ 承德县文物保护管理所:《河北省承德县新石器时代遗址调查》,《考古》1992 年第 6 期。

⑥ 河北省文物研究所:《河北省迁西县东寨遗址发掘简报》,《文物春秋》(河北省文物研究所参加第三届环渤海国际学术讨论会论文报告集)1992 年增刊。

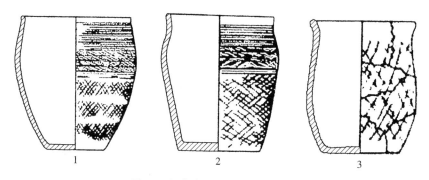

图三　兴隆洼文化二期陶鼓腹罐

1. 白音长汗 BF63②：7　2. 南台子 F9：6　3. 查海 F24：6

腹罐口径与底径相差不大，腹部最大径位于器高中部（图三）。折腹钵圆唇、敛口、深腹。斜腹杯壁斜直。陶器无论从造型、纹饰方面均较一期丰富，尤其是特色鲜明的分段式纹饰布局，与周边文化形成了分明的差异，显示辽河流域陶器自身特色的进一步形成和制作工艺的更加完善。

第二期发现的遗址点较多。如果说兴隆洼文化一期的分布尚仅限于燕山以北地区的话，河北迁西东寨遗址和承德岔沟门遗址兴隆洼文化遗存的发现，说明发展到该文化第二期时，其分布不仅到达燕山腹地且进入了燕山以南地区。分布地域的扩大必然引起文化交流的加深，尽管数量还相当有限，但从兴隆洼文化二期兴隆洼 F2 出土的近圜底罐形器和查海遗址新出现的鼓腹罐等因素中，说明兴隆洼文化前沿进入燕南后受到当地文化的影响。但值得注意的是，此时文化间的交流方向以由南向北为主。

尽管公布的材料尚不完整，但二期各遗址也表现出了自身的特点。仅就陶器群看，南台子和白音长汗为代表的西拉木伦河以北遗址器物群中鼓腹罐多为方体或宽长方体者，以厚唇、有肩、近圆鼓腹、腹部纹饰多与直腹筒形罐相似采用分段组合式为主要特征，缺少钵、杯类器形；而兴隆洼和查海遗址为代表的西拉木伦河以南遗址则流行瘦长体、溜肩鼓腹罐，钵、杯类器形也较前者为多。上述区别至三期仍然延续，说明由于地域差异形成类型上的区分至少从此时起已形成。至于以往已有的"兴隆洼类型"、"查海类型"、"南台子类型"、"白音长汗类型"、"东寨类型"等多种关于兴隆洼文化中的类型划分与称呼，既有对阶段性不同的概括，又有对地域上差异的总结，应考虑重新加以命名。至于东寨遗址，则由于 G1 内涵的复杂性，似包含有不同时期，甚至不同文化的遗存，具体情况不明，目前不具备以其为标准进行类型研究的条件。地域性差异的形成，应当被看做是兴隆洼文化自身发展的一个标志之一，说明此时随着分布地域的扩大，文化内部区域性的差异开始形成。

兴隆洼文化三期，包括查海遗址晚期，兴隆洼遗址以 F180、F123、F176、F177 等

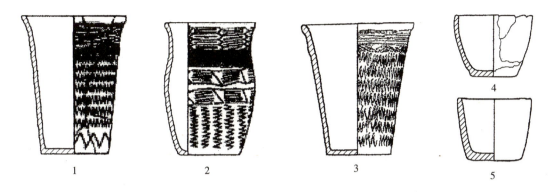

图四　兴隆洼文化三期陶器

1、3. 筒形罐（查海 F36∶73、兴隆洼 F123④∶77）　　2. 鼓腹罐（查海 F31∶116）　　4、5. 钵（查海 F14∶1、H30∶1）

单位为代表的遗存，孟各庄遗址一期①，上宅遗址第 8 层遗存②等。此期陶器中灰褐陶比例多于红褐陶，复合纹装饰仍流行，主体纹饰以"之"字纹为主，"人"字纹、网格纹、短斜线纹和几何纹次之，施纹规整，几何纹更加多样化。器形仍以深腹筒形罐占大宗，有直腹和鼓腹之分，此外钵、杯类器造型也更趋多样化（图四）。

兴隆洼文化第三期是辽河流域新石器文化的第一个兴盛时期。这主要表现在：

（1）陶器组合丰富，体现了兴隆洼文化居民生活的多样性。陶器由单一的罐类器物，发展为包括盆、钵、杯、盂在内的多种器类的组合，即使是同类器，具体的型式还有差别。

（2）崇龙尚玉习俗形成，玉器制作工艺已经成熟，出现了造型稳定、工艺完善的玉器种类，用玉似也具备了一定的规范。

（3）燕南地区兴隆洼遗址增多，在今天的承德、廊坊、北京等地都发现有该文化遗址。

（4）文化交流空前发展。这时已经形成了双向的交流，既有兴隆洼文化接受环河北平原远古文化影响的因素，如盂、盆、钵、杯等，也有环河北平原地区文化对兴隆洼文化因素的吸收，如筒形罐、"之"字纹等。在北福地遗址发现了受兴隆洼文化影响产生的玉玦、玉匕③（图五）。

兴隆洼文化第四期，包括白音长汗二期乙类、金龟山遗址 F3④ 等。这一期陶器绝

---

① 河北省文物管理处、廊坊地区文化局：《河北三河县孟各庄遗址》，《考古》1983 年第 5 期。

② 北京市文物研究所、北京市平谷县文物管理所：《北京平谷上宅新石器时代遗址发掘简报》，《文物》1989 年第 8 期；段宏振：《燕山南麓新石器时代文化初论》，《北方文物》1995 年第 1 期；杨虎：《辽西地区新石器—铜石并用时代考古文化序列与分期》，《文物》1994 年第 5 期。

③ 河北省文物研究所：《北福地——易水流域史前遗址》，文物出版社，2007 年。

④ 徐光冀：《乌尔吉木伦河流域的三种史前文化》，《内蒙古文物考古文集》（第一辑），中国大百科全书出版社，1994 年。

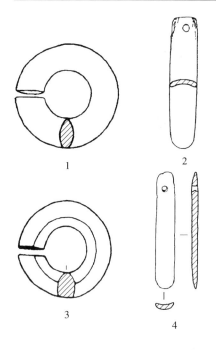

图五　北福地一期、兴隆洼文化玉器比较
1、3. 玉玦（北福地 J：24、兴隆洼 M117：2）
2、4. 玉匕（北福地 J：87、查海 F43：1）

大多数为夹砂陶，陶胎厚重，陶色不纯正，绝大多数为褐色陶，以黄褐陶为多，绝大多数陶器外表施加有纹饰。纹饰有凹弦纹、附加堆纹、"之"字纹、坑窝纹、平行竖线纹、平行斜线纹、短交叉线纹、指甲形纹、网格纹、篦点纹、折线纹、"人"字纹、几何纹、波折纹、菱形纹、短线纹等等，其中以"之"字纹和几何纹最具代表性。流行复合纹饰。器形的基本组合是筒形罐、杯、盆、钵、碗，其中又以筒形罐和杯数量最多。与兴隆洼文化三期同类器相比，直腹筒形罐器高与口径的差减小，施三段式组合纹饰者口沿下的由凹弦纹和附加堆纹组成的纹带宽度占到整个器高的三分之一左右，流行宽外叠唇和宽附加堆纹、直敞口、斜直壁或微弧腹。出现了圆唇、口下施一周附加堆纹、其下施主体纹饰的筒形罐。鼓腹罐纹饰及口沿叠唇特征随筒形罐变化。杯、钵腹变浅（图六）。

此期典型的兴隆洼文化遗址在燕山以南已经绝迹，燕南地区文化面貌转而演变成为以西寨一期、上宅第 7～4 层及孟格庄二期等遗存为代表的，包括筒形罐、圈足钵、敞口和曲腹钵为主要组合的内涵，与兴隆洼文化形成较为明显的差异。兴隆洼文化四期中存在的圆唇直口、口沿下有一周附加堆纹的直腹"之"字纹筒形罐和圆唇腹壁弧收的钵、敞口斜弧收器壁的陶杯以及敛口圈足碗等，包括横压竖行"之"字纹装饰，均同于河北迁安西寨遗址一期同类遗存①，应当是同时代文化间相互影响的结果，表现出两者在相对年代上的一致性。

兴隆洼文化四期遗存与西寨一期存在诸多可比性，说明两者年代相近，进一步又可说明兴隆洼文化在空间上的结束时间是不一致的。从陶器组合及特征观察，西寨一期的形成应当是环河北平原古文化北移的结果，兴隆洼文化至少在燕南的历史结束了。兴隆洼四期目前已知在西拉木伦河以北地区，兴隆洼文化得到了进一步的延续，即兴隆洼文化四期。而后者可能就是最终形成富河等文化的重要源头。

通过对兴隆洼文化阶段性变化的认识，能够使我们更加清晰地了解辽河流域新石器

① 河北省文物研究所、唐山市文物管理处、迁西县文物管理所：《迁西西寨遗址 1988 年发掘报告》，《文物春秋》（河北省文物研究所参加第三届环渤海国际学术讨论会论文报告集）1992 年增刊。

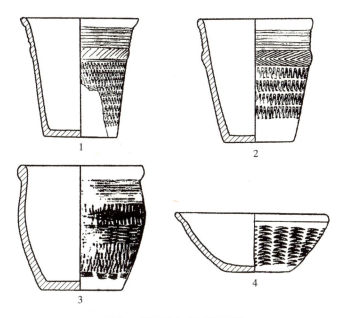

图六 兴隆洼文化四期陶器

1、2. 筒形罐（白音长汗 BF61①：24、AF9②：9） 3. 鼓腹罐（白音长汗 AT15②：2）

4. 钵（白音长汗 AF13②：6）

文化第一个兴盛时期形成、发展乃至衰退的过程。兴隆洼文化是在当地原始文化的基础之上发展起来的地方文化，经过自身的技术沉淀、发展及膨胀，不断得到扩展，自燕北进入燕南，与燕南的考古学文化发生碰撞、交流，丰富了兴隆洼文化的内涵，同时也向燕南地区传播了该文化的因素，在该文化第三阶段，辽河流域达到这一时期发展的顶峰阶段。之后，随着环河北平原文化的变迁、扩张与北进，兴隆洼文化结束了在燕南发展的历史，文化北退并萎缩，大量来自环河北平原原始文化的因素涌入原兴隆洼文化分布区，引发这里的文化发生裂变、重组，大约距今 7000～6500 年间辽河流域进入了一个新文化的形成与初步发展时期。

查海文化的龙崇拜

李井岩

（阜新查海遗址博物馆）

龙不仅是中华民族文明的象征，还代表中华民族精神，是中国人尤为崇拜、敬畏的一种神物，崇龙文化在我国源远流长、影响深远。中华民族崇龙的习俗是传统农耕文化的凝聚和积淀，它已扎根和深藏于我们每个人的潜意识当中。龙的起源虽是多元的，但又不是平等的，而是有主有次的[①]。新石器时代是我国龙崇拜发展的重要时期，在这一时期各地考古发现了不同形式的龙形象，其中年代最早的是查海文化的龙崇拜，距今已有8000多年[②]，说明查海文化是我国龙文化的渊源地。

一　龙崇拜

图腾崇拜是原始人们为了促进物质生产与人自身生产发展而创造的[③]。图腾崇拜等宗教意识随着社会生产力的发展而变化，新石器时代农业生产开始出现，意识形态领域也发生变化，这时农业生产地区渐进产生了与农事有关的龙崇拜，随着生产的发展崇拜对象变得更加明确，它的形态也变得具体。可以说，新石器时代龙崇拜是在旧石器时代图腾崇拜基础上重新整合塑造出来的，是从"图腾龙"到"神龙崇拜"的转变、融合、过渡、发展、成型时期，并逐渐开始了龙崇拜的繁荣时期。

1. 查海文化的龙形象

阜新查海遗址保存完整、文化内涵丰富，经碳 –14 年代测定距今7360 ± 150 年（未经树轮校正），系我国新石器时期的较早遗址之一[④]。截至目前，查海遗址发掘出土的

① 郭大顺：《龙出辽河源》，百花文艺出版社，2001 年。
② 辛岩：《查海遗址发掘再获重大发现》，《中国文物报》1995 年 3 月 19 日第 1 版。
③ 丘振声：《图腾崇拜与审美意识》，《民族艺术》1994 年第 4 期。
④ 甸村、新言：《辽宁阜新县查海遗址 1987 ~ 1990 年三次发掘》，《文物》1994 年第 11 期。

龙形象有：

龙纹陶片：在查海遗址的房址中出土了两块龙纹陶片。这两块陶片不够完整，一为蜷曲的尾部，一为盘旋的龙体，不仅在形象上，而且有鳞状纹的表现纹饰，都已具备了中国古代龙形象的基本特征①。

蛇衔蟾蜍陶罐：属于浮雕型龙，陶罐虽残，但是罐身底部两侧的图案保存比较完整，均采用浮雕法烧制在陶器上，一侧为一条蛇衔住蟾蜍后腿，蟾蜍后背拱起，背部饰有窝点纹代表蟾蜍皮肤上的疙瘩，似欲跳跃逃跑状，栩栩如生，相对另一侧也浮雕了一只蟾蜍。蛇即为小龙，这种饰有蟾蜍及蛇衔蟾蜍浮雕图案的陶罐，目前在我国新石器时代遗址中尚属首次发现。

龙形堆石：属于摆塑型龙，在查海遗址聚落址中央显著位置有一条龙形堆石，采用当地大小均匀红褐色天然石块堆砌摆放出来的，这条龙全长19.7、宽1.8～2米，龙头、龙颈、龙体、龙鳞、龙尾、龙爪等摆放分明，石块从头到尾排列有序，龙的前身较宽大，石块堆积较多、较厚，身体前部下方石块堆砌出像足又像云雾的衬托物，由头、身体向尾部石块逐渐变薄、变少，尾部更加松散细小，总体上看是头向西南，昂头张口，红褐色石块似片片龙鳞，身体呈弯弓状，往尾部渐近变细上翘，摇摆甩向东北方向。龙的形象逼真，栩栩如生，这是迄今为止我国新石器时代考古发现年代最早、形体最大的龙形象，堪称"中华第一龙"。

2. 我国史前文化遗址年代较早的龙形象

彩陶器龙：山西襄汾县陶寺遗址蟠龙纹彩陶盘，内壁用红、白彩绘出蟠龙图案②，属于龙山文化类型，距今约4000年。内蒙古赤峰市红山后遗址和巴林右旗那斯台遗址彩陶龙鳞纹，龙形纹饰，属于红山文化类型，距今约5000年。

摆塑龙：湖北省黄梅县焦墩遗址的卵石龙，为河卵石拼砌而成，龙长4.46、高2.28米③，属于大溪文化类型，距今约5000年。

河南省濮阳西水坡遗址的蚌壳龙，为蚌壳摆塑龙，龙身长约1.78、高约0.67米④，属于仰韶文化类型，距今约6500年。

玉雕龙：内蒙古赤峰翁牛特旗三星他拉出土的碧玉龙，为玉雕龙，体蜷曲，呈"C"状，龙高26厘米，属于红山文化类型，距今约5000年⑤。

① 郭大顺：《文明发端，玉·龙故乡》，《中国文物报》1993年1月31日第4版。
② 中国社会科学院考古研究所山西工作队等：《1978～1980年山西襄汾陶寺墓地发掘简报》，《考古》1983年第1期。
③ 倪婉：《黄梅县焦墩新石器时代及周代遗址》，《中国考古学年鉴·1994》，文物出版社，1997年。
④ 濮阳市文物管理委员会等：《河南濮阳西水坡遗址发掘简报》，《文物》1988年第3期。
⑤ 孙守道：《三星他拉红山文化玉龙考》，《文物》1984年第6期。

辽宁凌源市牛河梁遗址玉猪龙，为玉雕龙，龙高7.2、宽5.2厘米①，属于红山文化类型，距今约5000年。

彩绘龙：内蒙古敖汉旗赵宝沟文化遗址猪头龙图案，绘在陶尊上②，属于兴隆洼文化，距今约7000年。

二　查海文化龙崇拜产生的条件

（1）经济条件

查海龙的崇拜和农业生产祈雨活动有着直接的联系。从现有发掘资料来看，查海遗址应处在相对成熟的农耕生产阶段，它在我国农业考古，尤其在东北原始农业发展史上占有十分重要的地位，开创了东北原始农业的先河③。查海文化时代原始农业是"靠天吃饭"的"雨水"农业，先民祈求风调雨顺，农业丰收，正是基于这种愿望和当时思想意识形态的发展变化，加上先民对自然的理解程度，就创造出了一个掌握操纵雨水的神物——龙，这是一个由模糊到集合的过程，也是龙被塑造、被神化的过程。从龙的形状和特征来看，闻一多所著的《伏羲考》中已经指出："龙的主干部分和基本形态是蛇"。"蛇图腾"走完了他的历史过程后开始有了转变，转变成一种不再只是图腾崇拜的灵物崇拜——龙，然而蛇—龙这个转变完成是一个相当长的历史时期④。龙的基本神性就是呼风唤雨，查海先民在向龙祈雨时，往往蛇的出现会伴随下雨，蛇的出现就变成下雨的征兆，所以先民就是以蛇为蓝本，依照蛇的形状和特征，再附加自己的主观意识塑造出龙的基本形状，并以现实中的神秘动物蛇的形象显身，成为生活中可感知的龙。从查海遗址出土的蛇衔蟾蜍浮雕陶罐上的小蛇到长达19.7米的龙形堆石之大龙⑤，足见当时查海先民的蛇、龙是一家。

（2）地理环境条件

查海遗址位于北纬42°左右，是内蒙古高原和辽河平原的中间过渡带，属辽宁西部低山丘陵地带，土壤主要是由风化岩沙构成的风沙土，土壤肥力低，所以粮食产量低。

查海遗址所在地属北温带大陆性季风气候，半干旱地带，受季风气候影响显著，常带来水旱灾害，农业受旱灾影响严重。查海先民祈求风调雨顺农业丰收，于是控制旱涝

① 辽宁省文物考古研究所：《辽宁牛河梁第二地点一号冢21号墓发掘简报》，《文物》1997年第8期。

② 邵国田：《敖汉旗南台地赵宝沟文化遗址调查》，《内蒙古文物考古》1991年第1期。

③ 胡建、李立新：《查海文化与原始文明刍议》，《阜新历史文化研究》，社会科学文献出版社，2002年。

④ 赵生军：《中国古代蛇图腾崇拜刍议》，《思茅师范高等专科学校学报》第23卷第4期，2007年。

⑤ 辛岩：《查海遗址发掘又获新成果》，《中国文物报》1994年5月1日。

的神物——龙产生了。

（3）思想条件

查海原始农业的发展形成了定居村落，对于当时而言定居村落就是一个大社会，查海先民开始审视世界，渐已形成的审美观念和灵魂观念促使龙崇拜产生成为可能。

审美观念是查海先民在劳动过程中形成的，如在石器制作过程中讲究形制规范、整齐；在陶器制作工艺上，陶器比例协调，陶器表面均压印纹饰，以"之"字纹为主，另有网格纹、斜线纹、涡点纹等，压印的纹饰线条流畅，极富装饰性，体现出原始的、朴素的、稚拙的美。这时期还出现陶器造型艺术品，如蛇衔蟾蜍陶罐、龙纹陶片等。查海先民典型的审美代表是对玉的识别、加工和使用，部分玉器的实用属性基本消失，完全成为满足审美需要的装饰品，如玉匕、玉玦、管状珠等。这些玉制的装饰品已经完全脱离了实用价值而向审美价值方向转变，升华为一种寄托精神思想、意志信念的精神产品，是将玉作为礼器的萌芽阶段。

灵魂观念的形成主要反映在人死后墓葬形式和随葬物品上。查海遗址出土的墓葬都是土坑葬，集中在遗址中心龙形堆石下方，据此分析可知，葬在这里的人可能是当时部落领导级人物，葬在村落居住区且龙的下方是怀念死者，方便祭拜。对于先民来说，肉体的死亡并不意味着灵魂的灭绝，为了使亡灵在另一世界延续其人间的生活，先民们按照自己的生活方式制造了各式各样的随葬品[1]。灵魂观念的形成在墓葬形式上看就是比较特殊的居室葬，如在查海一个房址内有小孩墓葬，随葬品有 6 件玉匕，每 2 件为一组，分别放置在颈部、胸部和腹部的位置，肉体虽死但灵魂还是和亲人生活在一起。笔者认为还有一种可能，就是孩子特殊的社会地位或特殊死因，首领的孩子或是祭祀时的牺牲品等，由此可见查海时代人们的灵魂观念已经形成。

三　查海文化龙形象的主要特征

辽河流域崇龙习俗对其他地区崇龙习俗的影响是显而易见的[2]。地处辽河流域的查海遗址龙形象具有显著的特征。

查海龙是迄今为止我国考古界发现年代最早的龙形象，距今约 8000 年，龙形堆石是迄今为止我国新石器时代考古发现形体最大的石块堆塑龙，长 19.7、宽 1.8～2、厚 0.7～0.1 米，被称为"中华第一龙"。

查海龙在形象塑造和表现手法上种类多，有堆塑的龙形堆石、刻划的龙纹陶片、浮雕的蛇衔蟾蜍陶罐等。

---

[1]　马新：《原始崇拜体系与中国文化精神的起点》，《东岳论丛》2005 年第 1 期。
[2]　吉成名：《中国崇龙习俗》第 127 页，天津古籍出版社，2002 年。

　　查海龙的形象是中国传统龙形象发展、过渡的成型期，外形基本具备了中国传统龙的特征，即龙头、龙颈、龙体、龙鳞、龙尾、龙爪等。查海龙形象外表形似，内里神似，以形写神，淋漓地体现出了查海龙的非凡神性，传达出了先民的崇龙之意。

　　查海龙形堆石是石块与大地的结合，龙纹陶片和蟾蜍陶罐是崇龙之情与生产生活的结合。龙形堆石的设计、选址、堆塑采取以大见小、小中显大的方法，蕴含了查海先民对心目中崇拜之物——龙的认识、观察、展示能力。整个村落遗址地处阳坡上，龙形堆石在遗址中央，头南尾北横在山坡上，龙虽长 20 米，但是无论人身处龙体的哪个角度，零距离观看，都能保证视线开阔，一览全貌。

　　蛇衔蟾蜍陶罐体现出查海先民天地、阴阳对立统一的朴素哲学思想。飞龙在天施云布雨保农业丰收，天代表阳，龙在天空施云布雨后还需落地，此时就化身为蛇。蛇和蟾蜍都是现实中让人感到生畏神秘的动物，所以，崇拜龙和蟾蜍都是祈求农业丰收，一天一地，一阳一阴，龙和蟾蜍的对应、结合、纠缠嬉戏也是它们神性的相互交融统一。蛇衔蟾蜍陶罐图案是蛇衔住蟾蜍的一条后腿，不是吞入蛇口，应是蛇戏蟾蜍陶罐，从中鲜明地反映出了先民朴素的哲学思想。

　　龙是中国人想象力的伟大创造，龙崇拜是融入中华民族血液的精神联系纽带，中国 8000 年的龙崇拜起始于阜新查海文化，阜新是中国博大精深龙文化的渊源地。

阜新地区的早期文明

石金民

（阜新查海遗址博物馆）

一 文明发端——查海文化遗址

查海遗址的年代为距今 8000 年，是我国北方地区迄今为止保存最完整、文化内涵最为丰富的新石器时代早期人类聚落址之一。

1987～1994 年，辽宁省文物考古研究所对查海遗址进行了七次发掘，取得了丰硕的成果，出土的龙纹陶片及石塑龙被称为"中华第一龙"；玉器被称为"世界第一玉"；出土的原始农业生产工具，有关专家的结论是"查海人"为古代北方"第一代农人"，证明辽河流域的阜新大地是中华文明的发源地之一。苏秉琦先生为查海题词"玉龙故乡，文明发端"，充分肯定了查海遗址在中国考古学上的地位和价值。

那么，查海遗址及其所代表的文化对研究和探索中华文明有何重要意义呢？处于一个怎样的社会发展状态呢？以下从八个方面论述。

（1）聚落形态与房屋建造

查海遗址各房址之间布局密集，排列有序（东西成行排列），每行 2～3 座，方向一致，皆为半地穴式，方形圆角，中间设有 1～2 个灶址，直接凿于花岗片麻岩上。房屋大小不一，功能不一，自己形成一个村落。这对研究我国氏族部落的形成和发展有着重要意义。因为形成村落是人类社会氏族部落组织进一步发展的标志。

（2）原始农业

查海系丘陵地带，位于细河盆地的边缘，自然坡度较缓，地势开阔，环境考古资料表明，距今 8000～5000 年，西辽河流域的平均气温比现在高出 3～5℃，气候温暖湿润，适于农耕。

查海遗址中出土了大量的石制农业生产工具，如石铲、石耜、石锄、石斧、石刀、石磨盘、石磨棒，其中用于掘地、砍伐树木、平整土地的石铲数量最多，部分带有穿孔，表明查海人已有了一定规模的原始种植业，进入耜耕农业阶段。出土众多的石磨盘、石磨棒这一谷物加工工具，已证明了这点。另外，从发现的 30 多个窖穴看，直径都在 1~2 米之间，分布在房址周围，说明当时人们的粮食已有剩余。因此，孙守道先生称查海遗址为"东北第一村"，"查海人"为东北第一代农人。考古证明，查海的原始农业是目前发现的旱作农业出现较早的地区，为探索东北地区种植业的发展增添了新的内容。

（3）渔猎业与家畜饲养业

农业的出现，为当时人们的生活提供了更多的食物来源。但作为传统的渔猎业在人们生产生活中还占有相当的比重。这从查海出土大量的玛瑙细石器及石网坠窥见一斑。

随着原始农业的不断发展和稳定的定居生活，驯化野生动物、饲养家畜已成为阜新先民的一项副业生产。在查海房址的灶坑上，曾出土了一件被烧烤过的猪下颌骨。

（4）原始制陶业

查海遗址出土陶器有罐、杯、碗，纹饰有"之"字纹、斜线纹、堆纹等。其中陶罐数量很多，但品种比较单一，主要是直腹罐、鼓腹罐、斜腹罐。以中、小型罐为主，均为夹砂褐陶或红褐陶。火候较低，说明陶窑的构造还很简单，燃料发热量比较低。陶器上的"之"字纹，除作为纹饰外，也是我国早期文字的基础。正如郭沫若先生考证的那样，"可以肯定的说，（之字纹）就是中国文字的起源，或者中国原始文字的孑遗"[①]。

（5）精美的玉器

查海遗址出土的 20 余件玉器，可分为实用工具和佩戴饰品。其中佩戴饰品主要有长条匕形器、玉玦、玉管珠等，器形规整，通体磨光。工具类有玉斧、玉锛、玉凿等。这些玉器多选用阳起石或透闪石软玉制成，属真玉中的软玉类，是我国目前发现的最早的真玉作品。

查海的玉器未见有花纹，均为用石和沙研磨而成，且由专业玉工精工制作，已达到了认识玉、加工玉、使用玉的阶段。正如苏秉琦先生所说："阜新查海的玉器距今 8000 年左右，全是真玉，对玉料的鉴别已达到相当高的水平，玉器的社会功能已超一般装饰品，附加社会意识成为统治者和社会上层'德'的象征。没有社会分工，生产不出玉器，没有社会分工也不需要玉器。因此，辽西一带的社会分化早于中原。""中国文明起源，北方是先迈了一步。"[②] 阜新的玉文化又是中国玉文化的发端。

---

① 《郭沫若全集·考古编》第一卷《甲骨文字研究殷契余论》，科学出版社，2002 年。
② 李品清主编：《阜新辽金史研究》（第一辑），香港新天出版社，1992 年；《苏秉琦教授谈查海遗址》，《阜新辽金史研究》（第一辑），香港新天出版社，1992 年。

（6）原始纺织业

查海出现陶纺轮，说明阜新先民们已掌握了纺织的技巧。

（7）图腾崇拜——龙

龙，是我国古代文明的象征。郭大顺先生说："龙的出现不仅是诸文明因素的结晶，更是文明起源和形成过程的一个缩影。"[①]

查海遗址出土的两片带有鱼鳞形状的龙纹陶片，说明阜新先民已经对龙有了深刻认识，龙已成为氏族的崇拜对象。查海聚落中心的广场上，还有用石块堆塑的巨大的石塑龙，石塑龙全长 19.7 米，宽 1.8～2 米，龙头向西，尾朝东，身体呈波浪状，四肢舒展，龙口大张，如腾云驾雾。龙的前体宽大，尾部细而上翘，若隐若现。所用的石块大小均等，排列有序。龙头、龙身的石块堆砌厚密，龙尾则比较松散。从远处山坡望去，红褐色石块就像龙体的鳞片，鳞光闪闪，造型生动。查海遗址出土的石塑龙是目前国内新石器时代遗址中最早、最大的龙。龙的起源、崇拜是从北方、从辽河流域的阜新开始的。查海是古代龙兴之地，阜新是龙的故乡。

（8）葬俗

查海的墓葬设于聚落附近，为土坑竖穴。葬式为头东足西，仰身直肢，设有祭坑，坑中发现的多为猪骨。小孩墓葬设在居室内的地下，墓穴由居住面凿于基岩，内填纯细沙。显示了氏族，特别是母亲对子女的眷恋之情和早日重生的愿望，说明当时人们已有了灵魂观念。发现的墓葬为单人葬，随葬品只有玉器和几件陶器及少量的生产工具。死者随葬品的质量和数量都相差无几。

二　文明曙光——红山文化

红山文化分布大体上以西辽河上游的老哈河、西拉木伦河间形成的"两河流域"和大、小凌河流域为中心，东至辽河中游，西到张家口附近，北至大兴安岭，南到燕山南麓，方圆 400 多千米，幅员达 10 万多平方千米。阜新地处西辽河和大凌河流域，由东向西广泛分布着红山文化遗存。彰武县的四合城、平安地、兴隆山、冯家，阜蒙县的大巴、沙拉、大板、新民、扎兰营子、旧庙、福兴地、他本扎兰、七家子、紫都台、化石戈等乡镇，都发现大量的红山文化时期的文化遗存，特别是化石戈乡胡头沟玉器墓和祭坛的发现，反映了阜新地区红山文化的兴盛与发达[②]。

1. 胡头沟红山文化积石冢遗址

截至目前，阜新地区众多红山文化遗存中当属化石戈乡胡头沟遗址最为重要。该遗

①　郭大顺：《龙出辽河源》，《阜新辽金史研究》（第五辑）第 202 页，中国社会出版社，2002 年。

②　刘国友：《阜新通史》第 27 页，吉林大学出版社，2006 年。

址经 1973 年和 1993 年的两次发掘，出土了多座石棺墓葬和随葬的玉器。1973 年发掘出土的玉器有勾云形玉佩、玉璧、玉环、玉龟、玉鸟、玉鸮等。1993 年发掘中又发现一件豁口玉镯，它类似大型玉玦，在环形镯上开了 3 厘米宽的豁口，豁口的端部各有一个穿孔。这是首次发现的带豁口的红山文化玉镯，弥足珍贵①。20 世纪 80 年代，在朝阳的喀左、凌源、建平等地发现了同类文化遗存。

胡头沟遗址另外一个重要发现，就是大型祭坛。祭坛是用石头围绕土山顶砌筑的，东墙南北长 26 米，残高 1.2 米，墙体厚度为 0.8 米。在东墙外侧沿墙基整齐立置 81 件彩陶无底筒形罐，每件筒形器内放有一两块河卵石，上面覆盖着一至三块薄石板。祭坛东侧有一条专为登坛修筑的甬道。

筒形器皆为手制泥质红陶，壁较厚，外壁经刮削压光，折沿或稍卷沿，厚圆唇，直筒状，中腹凸，无底。筒形器皆有黑彩的纹饰，黑色的彩绘和各种纹饰都布置在器身的半个面上，另半面光素无纹，并在其间划一竖线为界，形成了明显的阴阳两面。口沿下压印出平行条带纹、斜平线纹、网格纹等纹饰，在其下面用黑彩绘制勾连涡纹带、垂环形带和平行宽带等图案。在祭坛中心大墓周围大量置放这些筒形器，显然与祭祀制度和宗教礼仪有关。

胡头沟祭坛是围绕丘顶沿土丘的坡度用石块围筑而成。上下共分三层，基层南北长 26 米，中间层南北长 13.5 米，上层石围圈残留 5 米有余，内外圈相距 1 米。这是迄今发现的规模最宏大的红山文化祭坛。孙守道先生明确指出，这种祭祀建筑反映 5000 年前人们"天圆地方"的观念，也是我国史前时期宇宙观的实物体现②。

胡头沟的环形祭坛是依照"盖天论"（认为天像一个斗笠，地像覆盖着的方盘）修筑的祭天礼地的神坛，与朝阳牛河梁的三环祭坛一样，有着掌握节气变化以指导农业生产的神圣职责，即观象台。这种三环祭坛比古巴比伦观测天象的"三环图"要早 2000 多年。

2. 红山文化时期的阜新社会

（1）农业与饲养业

农业生产工具有了很大改进和创新，除磨制石斧、石锛、石磨盘、石磨棒和石耜外，新出现了烟叶形或鞋底形的大形石耜，也就是现今仍在使用的犁铧的前身，从而大大提高了生产效率和耕种质量，出现了真正意义的耜耕农业。

① 方殿春、刘葆华：《辽宁阜新县胡头沟红山文化玉器墓的发现》，《文物》1984 年第 6 期；方殿春、刘晓鸿：《辽宁阜新县胡头沟红山文化积石冢的再一次调查与发掘》，《北方文物》2005 年第 2 期。
② 孙守道、郭大顺：《文明曙光期祭祀遗迹——辽宁红山文化坛庙冢》，《中国考古文物之美·1》，文物出版社、（台）光复书局，1994 年。

饲养业和查海文化时期相比，无论在数量上还是在品种上都有所增加。马、牛、羊、猪、狗、鸡等畜类、禽类已成为人们饲养的主要家畜和家禽，为人们提供了充足的肉食、乳汁、皮毛等生活来源。

（2）发达的手工业

红山文化时期，阜新地区生产工具仍以石器为主，但人们已懂得根据不同需要，选择不同石料来制作用于农耕、加工木材、收割等的生产工具。细石器的加工制作更加精细，利用玛瑙、燧石等硬度强的石料，琢制长条片、尖状器、铲形器。

玉器制作也具有相当高的技术水平，此时已到了琢玉阶段，技术娴熟。上至飞鸟，下至龟、蚕，雕琢惟妙惟肖，令人叹为观止。玉饰件的生产量很大，玉玦由查海时期的素面发展为动物形态的玉玦龙。有些玉器既是精美的装饰品又是祭祀的礼器。此时的随葬品不见生产、生活用具，唯见玉器，说明这时期的阜新先民琢玉用玉的同时，赋予它某种神秘属性。另外，彩绘陶是红山文化时期最具特色的陶器。陶坯修整压磨后，用赭石、氧化锰和石灰质等矿物作颜料，画上单色的几何图案或动植物。

（3）房屋

红山文化时期的房屋仍为半地穴式，居室内不但设有灶炕，而且还筑有火塘，说明人们更注意保暖取暖。房屋的主墙和顶用树条编织成条子笆围拢，然后在条子笆上抹拌有杂草的泥，每层抹好后，要戳些窝点起到增加摩擦力的作用，使第二遍泥能牢牢地固定在笆壁上。

值得一提的是，这一时期还出现了双室木结构的房屋。在椭圆形的居室内，中间筑一土墙，隔成大小两室，小屋稍高，用作仓室存放物品，大堂略低，用于住宿。房屋的向阳面开设斜坡门道，结束了不设门道的历史。还出现了类似蒙古包式的房子，不设中心柱，从地面直接搭起。

（4）宗教意识的演变

红山文化时期的宗教，已由单纯的祭祀祖先等活动，演变为凝聚氏族各部落的社会组织形式。胡头沟红山文化的宏大祭坛和石棺墓，所使用的大小石块都是从很远的山上搬运来的，如此浩大的工程必定要有有权威的人物，组织本氏族部落的各种力量，严密分工，协调行动，才能完成。

祭坛中心部位和周围石级上，虽然埋有墓葬，但这里不是所有氏族成员的公墓，而是祖先亡灵埋葬地。葬式为仰身直肢，最大的墓位于祭坛中心部位，椁室规模很大，埋葬比较深，并随葬成批玉器。有学者认为，如此规模和性质的遗迹，是我国早自5000年前的反映社会发展到原始公社之上的高一级组织形式①。

---

① 刘国友：《阜新通史》第42页，吉林大学出版社，2006年。

3. 龙崇拜的形成

红山文化承袭查海文化龙崇拜的习俗，将各自的动物图腾演变为龙的形态。龙的形态除少部分为鸟首，大多为熊首。熊首龙似马、似驼、似牛、似豕、似犬，是多种动物形象的集合体，但有着共同的造型特征：一是只塑造熊首龙的头部，以弯曲如虫的躯干代之龙体，首尾相接形成团龙，并在相接处开一玦形裂口，使查海文化时期抽象的玉玦龙变成动物形象的熊首龙；二是突雕塑出熊首龙的两只大耳朵和一双大眼睛。

综上所述，红山文化时期，阜新地区社会有很大发展。玉的广泛使用，特别是各式玉龙的出现，证明阜新先民不但认识玉、加工玉、使用玉，而且赋予玉神圣的宗教功能，成为宗教活动的重要礼器。随着生产力的发展和生产水平的提高，社会形态也相应地发生了巨大变化，出现了私有制，出现了早期的国家雏形。

阜新地区史前文化及其影响

胡 健

（阜新市博物馆）

阜新地处辽宁西部，为东北古代文化交流、民族融合的重要地区。这里不仅有着丰富的矿产资源，而且孕育了灿烂的古代文化。目前，经考古部门调查发现，阜新境内的古代文化遗存有 2000 多处，尤其是查海文化的发现、发掘，为我国东北地区史前文化研究提供了较有价值的考古资料。

一　史前文化遗存的发现、发掘

史前文化，顾名思义，是没有书面记录的人类历史活动，以年代划分主要指新石器时代以前的文化。史前文化尽管没有文字记载，但是，由于考古学的建立及考古手段的运用，为我们研究这段历史提供了基础。就阜新的史前文化遗存而言，目前发现多处，而且有部分已进行了正式的发掘，经研究表明，这些遗址保存基本完整，文化内涵十分丰富，在辽西乃至东北地区极具影响。

阜新地区史前文化的主要遗址有：查海、太平沟、胡头沟积石冢、东坨子、赶牛道、水库、小北沟水库、西坨子、侯贝营子、平安东山等遗址[①]。这些遗址多依河流两岸分布，其中主要河流有牤牛河、细河、绕阳河、柳河、养息牧河、秀水河等。上述遗址中，查海、胡头沟积石冢遗址曾做过多次发掘。

查海遗址，位于阜新县沙拉乡查海村，总面积在 3 万平方米左右，首次发掘于 1987年，截止于 1994 年共进行了 7 次大规模发掘。这一遗址经碳 – 14 测定，年代为距今7600 年，是目前东北地区发现时代最早的新石器时代遗址之一。

查海遗址的遗物有陶器、玉器、石器（细石器）。遗迹有房址、墓葬、窖穴、堆塑

---

①　张春雨、刘俊玉、孙杰：《彰武县文物志》，辽宁人民出版社，1996 年。

石龙等①。

胡头沟积石冢遗址位于牤牛河东岸的化石戈乡胡头沟村，曾于 1973、1993 年两次发掘，这是一处红山文化积石冢遗址，距今约 5000 年。

胡头沟积石冢遗址出土遗物主要有玉棒、玉镯、玉鸟、玉龟、玉鸮等红山文化玉器。这一遗址的发掘，进一步确立了红山文化玉器的史学地位，并拉开辽西地区红山文化积石冢发掘、研究的新篇章②。

二 史前文化的影响

从田野发掘的角度看，阜新地区史前文化研究应起于 20 世纪六七十年代。几十年来，凭借丰富的资源优势，经考古学者的发掘、研究，阜新的史前文化在国内形成一定影响，主要表现在以下几个方面：

（1）史前文化遗存——聚落址，是中国北方氏族部落组织进步、发展的标志，显现了人类社会文明之光。

文明是相对野蛮而言的，它是人类社会发展进程中的特有现象③。它离不开物质财富、精神成果的取得。学术界曾将文明的要素概括为青铜器、城市、礼仪中心和文字四个方面。但事实上文明的起源必然带有区域性和多样性，不能用统一标准来衡量。例如，"中美洲墨西哥的特奥蒂瓦坎文明和玛雅文明都是没有铜器的文明；而南美洲秘鲁的印加文明，虽已建立了强大的帝国式国家，却没有文字的使用；古埃及前王朝时期的诺姆文明不是以城或都邑，而是以灌溉区修建和划定来体现"④。中国也是如此。过去，人们更多的关注黄河流域中原文明，因为它具备了文明的四个要素。但是，随着考古发掘与研究的不断深入，大家对中华文明的发展轨迹、不同形式产生了新的认识，那就是满天星斗、互相辉映。而阜新查海文化——聚落址的形成，意义在于，它是人类社会穴居生活的消亡和有巢时代的结束，是家庭的孕育和诞生。也正是以家庭为单位的出现，才使"乱婚制"得以遏制，使人类向有序、文明的轨道迈进。

（2）玉器的发现，展示了辽河流域史前玉文化的基本过程。

中华民族历来是崇玉的民族。已知的考古资料表明，进入新石器以来，玉器就已进入到人类生活的各个领域。玉器反映了当时人们的思想理念，体现了当时社会的发展状

---

① 辽宁省文物考古研究所：《辽宁阜新县查海遗址 1987～1990 年三次发掘简报》，《文物》1994 年第 11 期。
② 方殿春、刘葆华：《辽宁阜新县胡头沟红山文化玉器墓的发现》，《文物》1984 年第 6 期；方殿春、刘晓鸿：《辽宁阜新县胡头沟红山文化积石冢的再一次调查与发掘》，《北方文物》2005 年第 2 期。
③ 胡健、李丽新：《查海文化与原始文明》，《草原文化研究》，内蒙古教育出版社，2005 年。
④ 江树昌：《中国早期文明起源模式与演进轨迹》，《草原文化研究》，内蒙古教育出版社，2005 年。

态。尤其是辽西地区红山文化遗址"唯玉为葬"①的文化现象，把辽河流域玉文化发展推向了巅峰，让我们看到了中华民族文明曙光的端倪。

据《中国文物地图集·辽宁分册》统计，阜新现有新石器时代遗存近 20 处②。就玉器发现而言，既有"唯玉为葬"的胡头沟积石冢遗址，也有品类繁多、功能齐备的查海遗址。查海遗址中的玉器分为工具类和装饰类。只是部分墓葬中有殉玉现象，据析，这种殉玉现象应属红山文化殉玉习俗的最早阶段，是"唯玉为葬"的萌芽。正是通过这种"萌芽"的发现，让我们了解了中国史前"一是对玉的认识，二是对玉的加工，三是对玉的专用"③的全部过程。苏秉琦先生在评价阜新地区史前文化时曾说"中国文明起源，北方是先迈了一步。怎么知道？查海七、八千年的玉器就是证明"④。由此可见，无论是红山文化的胡头沟遗址，还是 8000 年的查海文化，都将在辽河流域文明溯源乃至中华文明起源研究中占有一席之地。

（3）原始农业的出现，预示着北方地区由单一的渔猎经济向农耕经济的转变。

阜新的史前文化遗存中，多处遗址有原始农耕生产工具发现，以查海遗址为例，石器种类主要是石铲、石锄、石磨盘、石磨棒。可以肯定，这些工具主要是用于耕种、研磨加工。

在北方同期史前文化中，农耕经济现象不仅限于查海文化，还有兴隆洼文化、新乐文化等。对北方原始农耕现象的出现，有学者曾表示异议，甚至说以兴隆洼文化同类遗址中"是以采集为主的经济生活，从事农耕的可能性很低"⑤。笔者以为，我们并不排除农耕经济与渔猎经济并存现象，但一味的否定"从事农耕的可能性"是不客观的。查海遗址中完整的生产工具，配套的研磨工具，为我们勾画出古人日出而作、日落而息的生活场景，说明我国北方 7000 年前的农耕经济已具有相当规模。

（4）完整、形象的动物图案，是我国原始宗教的最早阶段。

宗教是伴随人类社会的发展而逐渐形成，它是人类无法科学认识社会、改造世界的产物。人们在大自然面前，特别是自然灾害面前束手无策的时候，人们采用夸张、虚拟手段塑造出不同形态的"东西"——植物或动物，以此来抵御大自然带给人类的痛苦和恐惧。

阜新地区的史前遗址中出现了多个较为完整的动物图案，这在同类遗址中极其少见。例如查海遗址中堆塑石龙、龙纹陶片、蛇衔蛙图案，这些动物造型的出现应与早期

① 郭大顺：《前言》，《红山文化玉器鉴赏》，文物出版社，2010 年。
② 国家文物局主编：《中国文物地图集·辽宁分册》，西安地图出版社，2009 年。
③ 纪兵：《苏秉琦教授谈查海遗址》，《阜新辽金史研究》，新天出版社，1992 年。
④ 纪兵：《苏秉琦教授谈查海遗址》，《阜新辽金史研究》，新天出版社，1992 年。
⑤ 秋山进午：《红山文化和先红山文化》，《草原文化研究》，内蒙古教育出版社，2005 年。

人类的宗教信仰有关。其中堆塑石龙长达 19.7 米，位于遗址的中间部位，头西南，尾东北，栩栩如生。据析，这是当时"查海人"早期某种宗教行为的产物，而且是中华民族龙崇拜的最早阶段。

　　阜新是文物资源十分丰富的地区，史前文化遗存的发掘、研究已取得较有影响的成果，特别是查海遗址的发掘，引起了国内外史学界的高度重视。因为这一发现，不仅为我国北方地区史前文化研究获得了素材，并为研究辽河流域 8000～7000 年时期的社会进程、发展状态提供了珍贵资料。随着考古及研究工作的不断丰富，阜新地区的史前文化必将为中华文明起源研究发挥重要作用。

新乐文化源流及其相关问题

周阳生

（沈阳新乐遗址博物馆）

新乐遗址自 1973 年发现以来经过多次发掘，共发现新石器时代房址 30 余座，出土各类遗物 3000 余件，获得了极其珍贵的考古资料，引起国内外学者的高度关注。这一遗址的发现，对辽沈及东北地区考古学文化区系的研究产生了重大影响，为深入研究东北地区史前文化提供了科学依据，这一文化的发生、发展及消亡等问题更成为重要的研究课题。本文就新乐文化源流这一议题做粗浅的探讨，以求将新乐文化的研究推向深入，不当之处，请各位同仁指教。

一　新乐文化的定名与基本特征

新乐遗址分为上、中、下三层文化，上层文化是以夹砂陶鼎、鬲、甗等三足器为代表的青铜文化，中层文化则是以夹滑石为主的附加堆纹陶罐、陶壶为代表的新石器晚期文化，而新乐下层文化则是以夹砂压印"之"字纹红褐陶筒形罐为代表的新石器时代早期文化[1]。这一遗址由于最初发现在沈阳新乐电工厂宿舍院内而称之为"新乐遗址"。经过历次发掘和学术研讨，学者普遍认为，新乐遗址的下层文化具有独特的文化个性，并将这一文化遗存定名为"新乐文化"。

新乐文化的基本特征：房址均为方形或长方形半地穴式建筑，有大中小三种类型：大型房址面积约 90～140 平方米，中型房址面积约 40～70 平方米，小型房址面积约 20～30 平方米。个别中、小型房址有门道。柱洞均发现在房址穴壁以内。每座房址的中部均有一至两个以上圆形或椭圆形火塘。生产工具以打制石器、磨制石器、细石器共存为主要特征，其中以打制石器数量最多，磨制石器、细石器次之，还有少量玉器。陶器多为夹砂红褐陶和夹砂红陶，其次为夹砂褐陶。器类以深腹罐为主，高足钵、斜口

---

① 　沈阳市文物管理办公室：《沈阳新乐遗址试掘报告》，《考古学报》1978 年第 4 期。

器、小陶杯等数量较少。器形规整，火候较低，均为手制。95%以上陶器通体施纹，纹饰以压印"之"字纹和压印弦纹为主，刺划纹次之。其中压印"之"字纹多为竖行横排压制，排列紧密，条理有序，纹饰精细，远视其花纹很似筐篓的编织纹。

工艺品中的煤精制品、木雕艺术品，骨器中的骨针、骨簪、骨镞，炭化谷物中的黍及炭化果核等，集中反映新乐文化的丰富多彩。新乐文化碳-14测定年代并经树轮校正为公元前5300～前4800年。"新乐文化特征明确，内涵单一，却具有一定进步性，它的发现向我们展现出距今7000年前后下辽河流域新石器时代的物质面貌，即以定居农业、细石器和压印之字纹陶为主要特征的、属于新石器较早阶段的一种文化类型"①。

二　与新乐文化相关的遗址及其分布

新乐文化除了具有打制石器、磨制石器和细石器共存的特征外，最主要的特点是生活用具中压印"之"字纹陶器群在同层位的出现。大约自20世纪20年代起，考古学界曾一直把东北地区的这种压印"之"字纹陶（或称"篦纹陶"）与细石器紧密联系在一起，并普遍视为属于同一个系统的新石器文化，概称为"细石器文化"，又因这种"之"字纹陶片（篦纹陶）与细石器多限于地面采集，并未引起更多的重视。从50年代特别是70年代后，新乐下层文化房址内发现大量的这类纹饰的陶器之后使学术界产生了震动，并开始对这类陶器上的纹饰及施纹方式、方法及产生的渊源等进行了一系列的考证，还有的进行了纹饰模拟制作实验②，取得了可喜的成功，并确立了"压印之字纹"的概念，这种纹饰也成了新乐文化的重要特征之一。

近几年来，随着考古工作大面积的展开，带有压印"之"字纹陶的古文化遗址和与新乐文化相关的遗址不断被发现。尤其是在辽宁的大部分地区，又发现许多早于或晚于新乐文化的古文化遗存。同时在吉林、内蒙古、河北、河南等地亦都先后发现带有"之"字纹因素的遗存，其分布的地域不断扩大。因而，研究其源流问题也愈加紧迫。以下叙述带有压印"之"字纹因素遗址分布的情况。

1. 辽宁地区

在辽宁现有的十几个县市内，已在八个以上县市区内发现了有与新乐文化因素相关的遗址。按地域可分成五个地区。

（1）辽东地区

有丹东东沟县马家店后洼③、谷屯村阎坨子及宽甸县阀永甸乡的幸福村等遗址，均

---

① 郭大顺等：《以辽河流域为中心的新时期文化》，《考古学报》1985年第4期。
② 于崇源：《新乐下层陶器施纹方法的研究》，《辽宁省考古博物馆学会会刊》1981年第1期。
③ 许玉林：《辽宁东沟县发现新石器时代文化遗址》，《辽宁日报》1981年11月20日。

发现有压印"之"字纹陶器，其中以"后洼遗址下层文化"为主要代表。

（2）辽南地区

旅大地区遗址有长海县广鹿岛小珠山下层[①]、上马石、清化宫、鹿岛柳条沟东山、獐子岛沙泡子和李墙屯、海洋岛南玉屯，新金县塔寺屯[②]，庄河县黑岛乡阳宫村的吴屯北岭、平山乡西沟、大营乡孙屯村、北磊子下层等，均发现有压印"之"字纹陶。这一地区应以小珠山下层文化为主要代表。另外，营口地区的盘山县沙岭村点将台遗址、高升乡文奎村高丽城遗址和西岗遗址[③]等，也都有压印"之"字纹陶片的出现。

（3）辽西地区

带有"之"字纹陶的遗址更多，有锦西沙锅屯、朝阳喀左东山嘴、凌源三官甸[④]、牛河梁红山文化遗址、阜新地区的化石沟乡胡头沟和查海遗址[⑤]、彰武县的四合城乡赶牛道和东坨子遗址[⑥]；锦州地区兴城大寨乡、王岳乡红毛山、沟河北台山、狐牛山洞山、望海黄山果园、巧鸟山神庙等遗址[⑦]。

（4）辽北地区

有康平县沙金乡马架子、胜利乡李沙场遗址、二牛乡李家台后坨子遗址[⑧]。

（5）辽中区

除新乐遗址外，在新民县高台子乡东山遗址中亦发现与新乐文化相同的遗址[⑨]。

2. 内蒙古地区

遗址有赤峰红山后、西水泉红山文化遗址[⑩]，奈曼旗大沁他拉[⑪]，敖汉旗小河沿、小山[⑫]和兴隆洼[⑬]，巴林左旗富河沟门等。这一地区当以年代较早的兴隆洼遗址为代表。

---

① 辽宁省博物馆、旅顺博物馆、长海博物馆：《长海县广鹿岛大长岛贝丘遗址》，《考古学报》1981年第1期。
② 许玉林：《试论辽宁的之字纹陶》，《辽宁省考古博物馆学会会刊》1981年第1期。
③ 营口地区文物普查资料。
④ 辽宁省文物普查训练班：《1979年朝阳地区文物普查发掘的主要收获》，《辽宁文物》1980年第1期。
⑤ 辽宁省文物考古研究所：《阜新查海新石器时代遗址试掘简报》，《辽河文物学刊》1988年第1期。
⑥ 阜新地区文物普查资料。
⑦ 刘义仲：《概述锦州沿海地区新石器时代文化遗存》，《辽宁文物》1983年第5期。
⑧ 孟庆忠：《康平三处新石器时代彩陶文化遗存》，《辽宁文物》1980年第1期。
⑨ 沈阳市文物管理办公室：《新民高台子新石器时代遗址和墓葬》，《辽宁文物》1981年第1期。
⑩ 中国社会科学院考古研究所内蒙古工作队：《赤峰西水泉红山文化遗址》，《考古学报》1982年第2期。
⑪ 朱凤瀚：《吉林奈曼旗大沁他拉新石器时代遗址调查》，《考古》1979年第3期。
⑫ 中国社会科学院考古研究所内蒙古工作队：《内蒙古敖汉旗小山遗址》，《考古》1987年第6期。
⑬ 中国社会科学院考古研究所内蒙古工作队：《内蒙古敖汉旗兴隆洼遗址发掘简报》，《考古》1985年第10期。

3. 吉长地区

遗址有吉林市郊的二道岭子虎头砬子[①]，九台县偏脸城[②]，永吉县星星哨山头[③]，通榆县敖包山、周荣屯、新胜南山和三宝屯[④]，乾安县传字井南岗[⑤]，梨树县长山[⑥]，大安县长新南山[⑦]，农安县左家山[⑧]等。这一地区当以左家山遗址为代表。

4. 北京及河北地区

目前发现带有新乐文化因素的遗址有：北京平谷县上宅和北埝头[⑨]，唐山地区的迁西、迁安[⑩]，河北武安县磁山[⑪]。

5. 河南及其他地区

遗址有河南新郑裴李岗[⑫]，这个遗址中亦有少量的篦点"之"字纹陶器。再有朝鲜半岛早期遗址陶器上的花纹——梳齿纹陶、日本沿海地区出现的属于绳文时代的栉目纹土器等，虽与压印"之"字纹在外貌上似有相近之处，但实质上的差异还是很大的。至于我国东南沿海地区出土的部分类似"之"字纹陶器，如浙江河姆渡遗址中的陶器花纹，并没有成为主体纹饰，而且在陶质、陶色及器形等方面与新乐文化陶器中的"之"字纹深腹罐差异较大，不能类同。因而在此亦不予赘述。

三　新乐文化是辽河流域的土著文化

上面列举的大量古文化遗存并不等于都属于新乐文化范畴。由于地域不同，其文化差异还是很大的。那么，之所以要列举上述遗址，只是要说明具有新乐文化某些因素的遗址是大量存在的。有的遗址甚至与新乐文化存在着重要的联系或渊源关系，使我们可以从众多的相关遗址中去寻找和摸索新乐文化从发生、发展到消亡的轨迹。

陶器是考古学文化进行对比分析研究的重要载体，新乐文化的陶器是以夹砂红褐陶

① 董学增：《吉林市郊二道岭子、虎头砬子新石器时代遗址调查》，《文物》1973 年第 8 期。
② 吉林省文物志编委会：《九台县文物志》，1984 年。
③ 吉林省文物志编委会：《永吉县文物志》，1985 年。
④ 吉林省文物志编委会：《通榆县文物志》，1983 年。
⑤ 吉林省文物志编委会：《乾安县文物志》，1985 年。
⑥ 吉林省文物志编委会：《梨树县文物志》，1984 年。
⑦ 吉林省文物志编委会：《大安县文物志》，1982 年。
⑧ 吉林大学考古教研室：《农安左家山新石器时代遗址》，《考古学报》1989 年第 8 期。
⑨ 上宅考古队：《北京平谷上宅新石器时代遗址发掘简报》，《文物》1989 年第 8 期；北埝头考古队：《北京平谷北埝头新石器时代遗址调查与发掘》，《文物》1989 年第 8 期。
⑩ 北京大学考古实习队：《河北唐山地区史前遗址调查》，《考古》1990 年第 8 期。
⑪ 邯郸市文物保管所、邯郸地区磁山考古短训班：《河北磁山新石器时代遗址试掘》，《考古》1977 年第 6 期。
⑫ 开封地区文管会、新郑县文管会：《河南新郑裴李岗新石器时代遗址》，《考古》1978 年第 2 期。

系的压印"之"字纹和压印弦纹深腹罐为代表。除此之外还有少量刺压划纹、几何形划纹与压印"之"字纹相组合的花纹等，但未形成主体花纹，而且多饰于器形较少的高足钵上，这与河北、河南地区的新石器时代早期阶段遗址有所不同。

磁山遗址陶器器形主要为盂、钵形三足器，纹饰以刻划纹、浅细绳纹为主要特征，而压印"之"字纹多呈篦点竖压状，数量极少，并未形成主体纹饰，这些都与新乐文化的特征不同。因此，可以推论这类遗址与新乐文化无直接关系，但也许有些类同因素。

北京平谷上宅和北埝头遗址，其器物群主要为深腹罐、钵、碗、杯、勺等。纹饰以抹压条纹、划纹、压印"之"字纹等为主。但压印"之"字纹仅饰压在钵类器物中，很少饰压在深腹罐上，这与新乐文化情况相反。唐山地区的迁西、迁安遗址，其筒形罐上的纹饰多为刻划纹、压印纹、戳印纹等，而"之"字纹压印的不十分紧密，并且间距大而散漫，与新乐文化中的陶器花纹区别较大。因而似与新乐文化无甚渊源关系。

河南裴李岗遗址中的陶器，虽然也有少量的"之"字纹，但其陶器多带有弯月形耳，筒形罐数量不但少而且口沿微卷，这与新乐文化的深腹罐在形制、风格及制法上是截然不同的。因而也不应划入压印"之"字纹陶及筒形罐系统。

相反，在辽宁的辽河流域的广大地区，以及内蒙古、吉长地区，类似新乐文化的遗址却是星罗棋布。具有代表性的压印"之"字纹陶及筒形罐，从辽河上游到中游、下游地区不断被发现，并逐渐显现出自身的发展系列。可以说，正是贯穿于辽宁及内蒙古地区的辽河流域，在距今8000～6000年前后培育了一种具有特色的文化——筒形罐与压印"之"字纹陶，这是辽河流域特有的土著文化。

四　新乐文化之源

就新乐文化而言，虽然在绝对年代上较早，但"无论是石器、陶器、玉器、煤精制品、木雕艺术品等，制作的都非常精美，已脱离了器物的原始形态，进入了高与精的时代"[1]，已显示出新乐人已具有相当高的文化艺术水平和娴熟的工艺技能，可以说这一文化绝不是新石器时代的早期形态。为寻找这一文化的早期形态，我们曾在沈阳地区进行了大量的考古调查，结果在新民县的高台子乡发现了同类遗存。但文化层极薄，从内涵上并不比新乐下层文化原始。80年代初，查海与兴隆洼遗址的发现为寻求新乐文化的早期形态带来了一线光明。就目前所见的资料看，新乐遗址与查海、兴隆洼遗址在文化内涵方面有着许多共性和可比性。

其一，从房址建筑的特点上看，新乐下层居住址分布区域排列方式为东西向横行排列，分布较密集，其建筑共性均为半地穴式圆角方形或长方形，柱洞布于半地穴以内，

① 于崇源：《从沈阳的新乐文化谈起》，《辽海文物学刊》1991年第1期。

但在数量上有所差异。兴隆洼遗址房址内柱洞数量较少，有的甚至不见柱洞。查海遗址的房址柱洞又粗又深，并分为内外两层布置。新乐遗址房址布置的方式与查海遗址几乎相同，尤其是大型房址在穴壁内布置三排柱网，其柱洞数量多者可达 34 根，柱洞的深度则浅于查海遗址的柱洞。

半地穴房址内均设有火塘是共同特点之一。新乐遗址房址的火塘均为圆形土坑状，其形状和使用状态与查海遗址更接近。如在同一房址内有时出现两个以上火塘叠压或打破的现象，这种情况在新乐遗址中更为普遍。另外，这三处遗址还有一个共同的特点，就是在大、中型房址内常常设有窖穴。而在查海遗址的房址内还出现"儿童土坑竖穴墓"的现象，则是又一不同点。

房址的规模，除新乐遗址中个别房址面积较大外，这三处遗址的大中型房址都在 60 平方米以上。其中兴隆洼遗址的小型房址相当于查海和新乐遗址的中型房址。查海遗址与新乐遗址的小型房址面积基本相同，约 10 ~ 30 平方米。仅在新乐遗址个别中、小型房址中发现有门道，这也可能说明新乐遗址的建筑较查海和兴隆洼遗址进步。

其二，在陶器特点方面，新乐与查海遗址的陶器更接近，尤其是在陶器花纹方面，压印"之"字纹都是这两个遗址的主题纹饰，通体施纹是共同特点，纹饰多数竖压横排，每排之间不留空隙，纹饰结构十分紧密。施纹方法、陶器制法的一致性，说明这两个遗址有着极密切的渊源关系。如果说"查海遗址中的压印之字纹是之字形纹饰发展的鼎盛时期"[①] 的话，那么新乐文化的压印"之"字纹应是到了这种纹饰发展的更高阶段。

从陶器器形及陶质上分析，新乐文化的器形种类虽然不多，但比查海和兴隆洼遗址的器形种类更为复杂。如斜口器仅在新乐遗址或更晚的红山文化遗址中出现。高足钵则是新乐文化中的特色之一。兴隆洼遗址中的陶钵为小平底（近似圆底），但钵身外抹压斜刺装饰的若干行规整的交叉纹带及"人字形"纹带的装饰方式，与新乐遗址出土的高足钵纹饰极为相似。不同者是新乐遗址的高足钵足底内凹，似为晚期形态。在 1991年新乐遗址发掘的资料中，有两件手捏的素面泥质小陶杯，高约 4 厘米，这在兴隆洼和查海遗址均无，而这种器形则在较晚的丹东后洼下层却有类似器形[②]。在深腹罐的陶质上，查海遗址的陶器多为夹粗砂陶，器壁较厚；而新乐遗址的陶器均为夹细砂陶，陶土似经过研磨加工，虽为手制但器壁薄厚均匀，较之查海遗址的陶器应是一种进步形态。

其三，从石器特点上看，共同点是打制石器居多，石斧多磨制，石斧形制均呈窄肩宽刃形。磨盘、磨棒多为琢制，器形基本相同。不同点是查海遗址出土的打制石铲数量最多，兴隆洼遗址则以打制石锄最多，而这两种器形在新乐遗址却很少见。相反，新乐

① 方殿春：《阜新查海遗址的发掘与初步分析》，《辽海文物学刊》1991 年第 1 期。
② 许玉林：《辽宁东沟县后洼遗址发掘概要》，《文物》1989 年第 12 期第 5 页图九、4。

遗址大量出现的砍砸器、敲砸器、石网坠①等在上述两个遗址中却数量较少，这也许是地域上的差异和自然环境的变化使经济形态及生产方式发生变化的结果。在查海、兴隆洼及新乐遗址都发现了玉器。突出的是新乐遗址的玉器主要是工具类②，而新乐遗址出现的细石器和煤精制品则具有明显的特殊性。

其四，碳-14 测定年代，兴隆洼遗址距今 7470±80 ~ 6895±205 年（未作树轮校正），最早可到公元前 6200 年左右；查海遗址距今 6925±95 年，树轮校正距今 7600年；新乐遗址距今 6145±120 年，树轮校正年代 7245±165 ~ 6800±145 年。由此可见，新乐遗址不但在相对年代或绝对年代的比较中都晚于兴隆洼和查海遗址（见表）。

辽河流域早期遗址比较表

比较内容与遗址		兴隆洼遗址	查海遗址	新乐遗址
遗迹	建筑形式	半地穴式，圆角方形或长方形房址	半地穴式，圆角方形或长方形房址	半地穴式，圆角方形或长方形房址
	房址排列	西北向东南排列，布局紧密	东西成行，排列紧密	东南向西北排列，分布密集
	房址规格	大房址 140 平方米，中小型 50 ~ 80 平方米	大房址约 70 平方米，中型房址约 40 平方米，小房址约 10 平方米	大房址 90 ~ 140 平方米，中型房址 40 ~ 70 平方米，小型房址 20 ~ 30 平方米（最小房址 8 平方米）
	围沟	聚落遗址外有围沟	聚落遗址外未见围沟	聚落遗址外未见围沟
	柱洞	仅见于房址穴壁以内，数量不多	仅见于房址穴壁以内，柱坑较深，柱洞粗大	仅见于穴壁以内，大房址内设置 2 ~ 3 圈柱洞
	火塘	圆形土坑式火塘，有的火塘底部铺有石块	火塘位于房址正中，为泥筑圆形	圆形土坑式火塘，火塘位于房址中部
	窖穴	大中型房址内有窖穴	大中型房址内有窖穴	大中型房址内有窖穴
	其他	居住面底部砸实，房内有的有墓葬，房址均无门道	房址建于砂岩之中，有的房址内有墓葬，房址均无门道	房址建于生黄土层中，房址内未见墓葬，个别房址底部有局部烧结面，个别小房址出现门道

① 沈阳新乐遗址博物馆、沈阳市文物管理办公室：《辽宁沈阳新乐遗址抢救清理发掘简报》，《考古》1990 年第 11 期。

② 沈阳市文物管理办公室、沈阳故宫博物馆：《沈阳新乐遗址第二次发掘报告》，《考古学报》1985年第 2 期。

续表

比较内容与遗址		兴隆洼遗址	查海遗址	新乐遗址
陶器	陶 质	以夹砂红褐陶、夹砂灰褐陶、夹砂黄褐陶为多	以夹砂灰褐陶为主,泥质陶极少	以夹砂红褐陶为主,有少量夹砂黑陶
	器 形	深腹罐、钵、杯、碗	深腹罐、鼓腹罐、钵、碗、杯	深腹罐、斜口器、高足钵、碗、小陶杯
	火 候	火候较低,胎质厚重	火候稍低,胎厚疏松	火候较低,陶胎薄厚均匀
	制 法	手制。器底与器壁套接(内壁呈黑色)	手制。泥圈上包下套接法,器物内壁呈黑色	器底与器壁套接,器壁内多呈黑色,并有压光痕
	纹 饰	"之"字纹多纵向压印,横向排列。还有凹弦纹、附加堆纹、线状压印"之"字纹、坑点状戳印纹。通体施纹	口沿下多施几何纹带,下为附加堆纹、斜线纹、"之"字纹,多纵向压印横向排列。通体施纹	口沿下多施1~3道凹凸纹带,内刺压交叉或斜线纹,器身为压印"之"字纹或压印弦纹,纵向压印横向排列。通体施纹
玉石器	种 类	打制、磨制、琢制、压削类石器及玉器	石器以打制为主,有磨制石器、玉器等	石器以打制为主,有磨制石器、细石器、玉器
	器 形	锄形器、铲形器、盘状器、敲砸器、磨盘、磨棒、石斧、石凿、石镞、玉削等	石铲、石斧、磨盘、磨棒,玉器有长条匕形器、管状珠、锛形器	石铲、石斧、敲砸器、砍砸器、石网坠、磨盘、磨棒、沟磨石,玉器有串珠、玉刻刀、凿、斧,细石器有石镞、石叶、刮削器、尖状器等
碳-14测定距今年代		距今7470±80~6895±205年(未作树轮校正)	距今6925±95年(树轮校正距今7600年)	距今6145±120年(树轮校正距今7245±165~6800±145年)

综合以上分析,本文认为:

(1) 新乐遗址与查海遗址有很多的同一性。

(2) 新乐遗址与兴隆洼遗址有一定的关联性。

（3）从主要陶器的器形和纹饰上看，新乐遗址更接近查海遗址。

（4）查海遗址文化内涵大部分又反映了兴隆洼遗址的某些因素，它们之间联系密切，可能有相互的继承关系。

（5）从地域上看，三处遗址都处于辽河中、上游地区，尤其兴隆洼与查海遗址正处于辽河流域的腹地，其地理环境及自然环境非常适合人类的生存与繁衍生息，也正是产生早期原始文化的重要区域。

（6）在地理位置上，三处遗址呈东西横向排列，具有从西向东发展趋势。兴隆洼遗址居首，查海遗址居中，新乐遗址居下。这正反映了本文予说明的主题：辽河上游地区应是"之字纹陶"文化的发源地。尤其兴隆洼文化的遗址已经分布到辽河上游地区的西拉木伦河、老哈河一带的克什克腾旗、赤峰召苏河（黄金河）上游左岸地区和教来河中游的奈曼旗，一直横向发展到辽河中游的阜新地区再至沈阳地区。因而，可以认为作为辽河流域特有的"压印'之'字纹陶文化"发展的基本趋向是从西北向东南发展的。

因此，笔者认为，新乐文化应源于阜新查海文化，其源头还应往上追溯至兴隆洼文化，希望在不久的将来在西拉木伦河、老哈河一带发现比查海、兴隆洼文化更早、更原始的新石器时代文化遗存。

五　新乐文化之流

从距今 8000～7000 年的兴隆洼、查海遗址到距今 7000～6000 年的新乐文化，实际上这一极有特色的"之"字纹陶文化经过上千年的漫长岁月，已经发展到了相当高的历史阶段。比如新乐文化中、小房址的增多，带门道房址的出现，说明这时的社会形态已从原始的群婚状态发展到了对偶婚阶段或更晚的时期。新乐文化中陶器的规整程度可与轮制陶器相媲美，陶质夹砂细腻均匀，有的陶器器表饰红陶衣。陶器花纹制作风格的一致性及纹理布局的完美等，这些都可反映出生产劳动方面有了明确的社会分工。特别是在居住址内发现的玉珠，最小的直径仅 5 毫米，中间穿孔仅 2 毫米[①]，可见钻孔技术的发达。更为惊叹的是遗址中出土的一件两面纹饰相同的木雕艺术品，雕刻刀法娴熟流畅，其图案、造型设计已完全脱离了简单的原始模仿造像的形态，作为"鸟"的形象，已经把它完全抽象化了。可以说，这一时期的人类，不但在经济生活上有了很大的发展，在精神生活、原始艺术创作方面也更加丰富多彩。

那么，这样一种灿烂的文化，是否发展到沈阳地区就停止或消失了呢？并非如此。从近一时期不断被发现的较之新乐文化稍晚的一些遗址看，这一原始文明仍然按照它自

---

① 李晓忠：《沈阳新乐遗址 1982～1988 年发掘报告》，《辽海文物学刊》1990 年第 1 期。

身的发展规律,从西北向东南继续发展,继续创造着更加灿烂的物质文明和精神文明。到了距今 6000～5000 年,在辽河下游的辽东半岛出现了丹东后洼下层文化,在辽南出现了旅大小珠山下层文化。这两个遗址都保留着"之"字纹陶文化的传统风格,同时"之"字纹陶在这里也开始发生明显的变态,而展现出消亡的趋势。如:(1)后洼下层文化的陶器,仍然是以夹砂红褐陶和红陶为主,但陶胎内掺入滑石粉是普遍现象,陶器火候较高。陶器纹饰除压印"之"字纹外,又大量出现了刻划纹。其短线折线纹、八字纹等应属于压印"之"字纹的简化形态。另外,压印纹 + 刻划纹的相互组合增多,并且出现压印"之"字纹往往不饰到器底、压印"之"字纹每横排之间出现空白地带的现象,这应是新乐文化压印"之"字纹施纹方式的一种发展或简化形式。后洼下层文化的器形种类亦较新乐文化有所发展,其筒形罐器底直径加大,器腹变短,器物腹部上端出现对称瘤状耳,制陶技术有了很大的进步。生产工具中的滑石网坠和打制成亚腰形的石锄是新乐文化所不见的。后洼下层文化时期滑石雕刻品大量涌现,雕像纹饰中又以"鸟"形居多,这与新乐文化中出现的"木雕鸟"显然是一脉相承的,也许都是信奉"鸟"图腾的氏族,"我们推断后洼下层文化应接近新乐下层文化"[1]。(2)小珠山下层文化仍以压印"之"字纹筒形罐的风格为主体,与后洼下层文化相当,在绝对年代上稍晚于新乐文化。这里不再详细比较。要提及的是距今约 5000 年小珠山中层文化。该文化半地穴居住址面积变小,仅 20 平方米左右,房址多出现有门道。石器不再以打制为主,多为磨制。陶器出现了轮制,器形虽然主要是直口筒形罐,但纹饰发生了变化。压印"之"字纹已不复存在,而被大量的刻划纹取而代之,其刻划纹的方式与沈阳地区偏堡子类型[2](相当于新乐中层文化)较为相似。该文化应属新乐下层文化的流变体。辽南地区小珠山上中下三层文化的确立更为新乐文化的走向和流变问题提供了可靠的地层依据。

从上述粗略的比较中,笔者认为,以压印"之"字纹为主的新乐文化,发展到后洼下层文化和小珠山下层文化、中层文化时期,其压印"之"字纹已开始从繁变简,从压印纹到刻划纹,使压印"之"字纹在距今 5000 年左右逐渐消失。

本文谈到的新乐文化之源和流,可以看到这样一条主线,就是从辽河上游、中游直至下游的广大地区,土生土长着一种压印"之"字纹及筒形罐为主的史前文化,这是一条从西北向东南有阶段性地逐步发展的新石器时代早期、中期文化主线,到了新石器时代晚期压印"之"字纹 + 筒形罐文化最后也逐步消融和分化,一部分延续发展到辽

---

① 许玉林:《后洼下层文化的发现与研究》,《中国考古学会第六次年会论文集》,文物出版社,1990 年。

② 曲瑞琪:《试论新乐文化》,《新乐遗址学术讨论会文集》,1983 年沈阳市文物管理办公室编印。

河下游的辽东半岛或辽南的旅大地区后可能跨海进入山东半岛与当地的大汶口文化相融合；一部分可能回转至大、小凌河流域的锦州、朝阳地区与区域性地方文化相融合，创造了灿烂的红山文化。主线而外的带有压印"之"字纹因素的遗存，应是受到这一主线的影响或作用后，融合本地区特有的文化，不断沿辽河两岸上下扩散、发展的区域性地方文化。

沈阳新乐文化由于所处的地理位置十分重要，在发展继承这一土著文化上所起到的影响和作用是十分重大的。首先，它承袭并发展了辽河中、上游早期文化遗址的风格及文化主题因素，并积极吸收来自辽北、辽西方面的细石器文化因素而形成了自身的文化特点，使这一古文化逐步向东南发展和延伸，也不断向南、向北扩散。如在辽北的康平县、吉林伊通河北岸的农安左家山遗址等十几个县内，都发现了带有"之"字纹陶和细石器文化因素的遗址。筒形罐与压印"之"字纹陶文化，在近一两千年的演变、发展过程中，新乐文化无不起着承上启下的作用，使辽西与辽东、辽北与辽南地区的古文化遗存紧密地联系、结合在一起而形成一股文化主流，创造了以压印"之"字纹陶和筒形罐＋细石器为主要特色的辽河流域土著文化。

（原载《中日古人类与史前文化渊源关系国际学术讨论会文集》，中国国际广播出版社，1994 年）

新乐遗址在东北地区史前文化区系
考古学文化研究中的地位

周阳生

（沈阳新乐遗址博物馆）

中国考古学研究在中华人民共和国成立后发展相当迅速，到了20世纪70年代末80年代初更是有了迅猛的发展，全国各地已发现新石器时代遗址6000多处，而且已被命名的考古学文化就有数十种之多，尤其是在这些众多的距今7000～4000多年前的遗存中，文化面貌各有差异，如何用新的思维方式和新的理念，来厘清各种考古学文化的相互作用和渊源关系，已成为新时期我国考古学文化研究领域的重要课题。如果仍然用"黄河流域是中华民族的摇篮"、"其它地区的文化，只是在它的影响下才得以发展"的理念，去从事考古学文化研究，显然是不全面的；还有那种"把某种考古学文化与文献上的某个族人为地联系起来，把它说成是××族的文化"的简单冠名的办法，也是不科学的。在这种大的环境背景下，苏秉琦先生等及时提出了我国考古学文化研究的"区、系"类型划分法，要求"各地同志应立足本地区的考古工作，着力于把该地区的文化面貌及相互间的关系搞清楚"，"要选择若干处典型遗址进行科学的发掘，以获取叫资分析的典型材料"。然后，在准确划分文化类型的基础上，在较大的区域内以其文化内涵的异同归纳为若干文化系统。这就是考古学"区、系"研究的新理念：区是块块，系是条条，类型则是分支[1]。考古学"区、系"新理念的提出打破了传统的研究思维观念，迅速得到全国考古工作者的认同，尤其是根据苏秉琦先生等提出的"六个大的区系"系统，经过全国考古工作者近30年的努力，有关新石器时代"区、系、类型"的课题研究，已经取得了突破性进展和重大的科研成果。考古学"区、系"研究新理念的提出，早已成为我国新时期考古学研究中最实际、最科学的方法之一。

北方区系新石器时代或史前考古学文化研究的范围极其广阔，河北地区的滦河流

---

① 苏秉琦、殷玮璋：《关于考古学文化的区系类型问题》，《文物》1981年第5期。

域，黑龙江地区的嫩江、松花江、牡丹江、黑龙江流域，吉林长春地区的第二松花江流域，辽宁、内蒙古部分地区及辽河流域的史前文化也都各具特色，既有区域性又存在着相互影响力和渗透力。按照区系考古学的理念，首先搞清本地区的史前考古学文化的基本文化内涵、文化特色及来龙去脉，应是本地区考古工作者首要的任务。

辽河是东北地区的一条主要河流，它贯穿和辐射了内蒙古、吉林、辽宁、河北的广大地区，远古先民们在辽河流域创造的原始文化更是独树一帜。从距今 8500~7500 年的辽西查海遗址、内蒙古的兴隆洼文化，到距今 7500~6500 年的新乐下层文化、小珠山下层和后洼下层文化；从距今 6500~5500 年富河沟门、红山文化、赵宝沟文化、小珠山中层及丹东后洼上层文化，到距今 5500~4500 年的辽西小河沿文化、辽东的小珠山上层，形成了东北地区极具特色的区系文化。但在 20 世纪 70 年代以前，东北地区的史前文化只有红山文化、富河沟门文化、夏家店下层和嫩江流域的"昂昂溪文化"等成为后来学者研究东北地区史前文化必读、必知的考古资料。进入 70 年代，东北地区许多重要史前遗址不断被发现，出现"满天星斗"的局面。其中，新乐遗址的发现，在辽河流域乃至东北地区史前文化研究上，再一次引起了震撼。为此，本人想借十二次年会的相关议题，仅就新乐遗址的发现及在辽河流域史前文化研究中所处的地位问题，谈一点粗浅的看法，以求更多的学者，在北方区系考古学研究和研究辽河文明起源时将新乐文化的研究列入您的视角，因为新乐文化必定是辽河文明起源的重要组成部分，更是中华文明起源的重要成员。

一　新乐遗址的发现

新乐遗址位于沈阳市区的北部，北运河北岸。北运河即是沈抚（沈阳—抚顺）地区主要河流——浑河的故道。从大环境看，沈阳新乐遗址北距辽河直线距离约 35 千米（新城子三面船与法库交界处），西距辽河直线距离约 48 千米（新民大民屯）。辽河从沈阳的北部、西侧流过。沈阳的西部应属于辽河、浑河的冲积平原。

1972 年底至 1973 年初，根据当地群众提供的线索，市文管办在新乐宿舍地区进行了一次考古调查，发现五处文化堆积地点，并采集了"之"字纹陶片、"细石器"、"煤精制品"等重要资料。为进一步确定这一地区文化堆积的相互关系，我们于 1973 年 10 月 15~31 日，在新乐宿舍地区进行首次试掘[①]，获得了科学的考古资料，取得重大收获。主要有以下几个方面：（1）发现和确定这一地区存在上下两层古文化堆积，上层文化堆积以素面三足陶器为主，属于青铜时代文化层，我们将它定为新乐上层文化。下层文化堆积，发现半地穴式居住址和以压印"之"字纹陶器、细石器、打制石器、磨

①　沈阳市文物管理办公室：《沈阳新乐遗址试掘报告》，《考古学报》1978 年第 4 期。

制石器、煤精制品为主要遗物的新石器时代文化堆积层，我们把它定为新乐下层文化。1978 年有群众在 1973 年发掘地点附近挖菜窖时发现了磨盘残块，我们以此为线索发掘了新乐下层二号房址。在二号房址中出土各类遗物 500 多件，其中包括陶器、石器、玉器、骨器、炭化谷物、炭化果壳、煤精制品、炭化木雕艺术品等①。之后，我们在 1980～1982 年，在遗址遭破坏的情况下进行了抢救清理发掘②；1982～1988 年，为配合基本建设，在一般保护区内进行了勘探式发掘③；特别是在 1991～1992 年经国家文物局批准，对新乐遗址重点保护区东南区域进行了正式的大规模发掘，并发现了新乐中层文化（即偏堡子文化层），取得了大量的考古资料④。总结多次发掘，其发掘总面积达 4000 多平方米，发现新乐下层文化遗迹，有半地穴式居住址 40 余座，各类文物 2000 余件，由于新乐下层文化遗迹、遗物的特殊性及所处年代较早，为将新乐遗址确定为全国重点文物保护单位和"新乐文化"的定名，提供了可靠的科学资料。

二　新乐文化的基本特征

（1）新乐文化是以新乐下层文化为代表，已发现半地穴式居住址 40 余座，其中长方形居多，方形次之，有大、中、小三种类型。大房址发现 3 座，面积在 90～140 平方米之间，呈"品"字形坐落在聚落遗址密集区的北部，其周围穿插分布有中、小型房址。中型房址面积为 40～70 平方米，小型房址的面积 20～30 平方米，最小的 8 平方米（仅一例）。遗址中心区域居住址分布密集，目前未发现房址间有叠压、打破的现象。房址分布：东西连绵不断约 600 米，南北分布间距 60～80 米。从居住址分布看，已构筑成某个氏族部落的聚集地（目前未见外围沟壕）。

（2）新乐文化的经济生活形态。半地穴式居住址的大量存在，说明新乐人当时已有相对稳定的定居生活；炭化谷物和磨盘、磨棒、石斧、石铲的出土，证明当时原始农业已经发生；大量的打制石网坠、石镞的出土，说明渔猎和狩猎经济占重要的地位；一些已炭化的野果、果壳的出土，证明采集野果也是新乐人的经济生活之一。

（3）新乐文化的原始工艺。制陶工艺在新乐文化中有较突出的表现。陶器多为夹砂红褐陶，90% 以上为深腹罐，均为手制，以泥片贴筑为主，器壁薄厚均匀，内壁

---

① 沈阳市文物管理办公室、沈阳故宫博物馆：《沈阳新乐遗址第二次发掘报告》，《考古学报》1985 年第 2 期。

② 沈阳新乐遗址博物馆、沈阳市文物管理办公室：《辽宁沈阳新乐遗址抢救发掘简报》，《考古》1990 年第 11 期。

③ 沈阳市文物考古工作队、李晓忠：《沈阳新乐遗址 1982～1988 年发掘报告》，《辽海文物学刊》1990 年第 1 期。

④ 发掘资料正在整理中。

有压光，外壁通体施纹，器口饰凹带纹；纹饰以压印"之"字纹、压印弦纹为主，配以刺划纹、几何形组合纹等。大型陶器通高在50厘米以上，而器壁仅厚1厘米左右，堪称奇迹。小型陶器仅高6厘米，器壁最薄者3～4毫米，反映了制陶工艺相当成熟。能反映新乐原始工艺水平的还有玉串珠、玉凿、玉刻刀、煤精制品、木雕艺术品等，尤其是玉串珠在遗址发现十余枚，均一面穿孔。有的孔径仅1.5毫米，更显工艺技术十分精湛。充分说明这个时期原始分工已经形成，其工艺水平已进入了崭新的时期。

三　新乐遗址三层文化地层关系确立的意义

新乐遗址在前两次发掘中，曾确定了新乐上下两层文化，以后的发掘中又确定了新乐中层文化。其中新乐上层文化以素面三足陶器、穿孔石刀等为主要代表，陶器中鼎、鬲、甗、钵、壶、碗等器形完备，晚期并有小型铜器出现，随葬品中未见三足器，其面貌与夏家店上层、高台山上层相似，可能属于同一文化。这一文化层在辽沈地区分布相当广泛，但在过去大多限于地表采集，或单层存在，无法确定其相对年代。后经高台山遗址年代测定数据表明，新乐上层文化堆积距今约3370年。

新乐中层文化得到确定是新乐遗址发掘中的一个重要贡献。新乐中层文化，也就是"偏堡子类型"。此类型最早发现于五六十年代的新民偏堡子村，其陶器群中，陶质多夹滑石，器形以深腹罐、高足钵、壶为主，不见三足器。主要特点是大多陶罐的口沿作三角重唇，器身多有附加堆纹、刻划纹、曲线、折线凸起的纹饰。陶器外壁饰刻划的几何纹，饰纹不到底为主要特点。石器有石斧、石锛、石镞、细石器。这种文化类型在辽沈地区的考古调查中，其文化堆积常闪现在沙坨子之中，风沙一过，散见于地面，又常混于新乐上层文化之中，难以区分早晚关系。新乐遗址的发掘，明确了"偏堡子类型"在层位上所处的地位。

新乐下层文化是一种新发现的类型，基本特征前文已做了表述。新乐上、中、下层文化内涵不同，它们之间没有直接的继承关系，但是，此次发现首次在辽沈地区找到这三层文化相互叠压的关系层，这在以后发掘新民高台山遗址中也得到了进一步的认证，进一步确定新乐上、中、下三层文化，为辽沈地区新石器时代至青铜时代几个代表性文化类型的相互关系和考古学文化序列的建立，提供了重要的科学依据。"新乐上层文化"、"新乐中层文化"、"新乐下层文化"很快被各地考古界所关注和沿用，其中新乐下层文化成为各位专家学者的研究热点。新乐遗址发现后著名考古学家苏秉琦先生先后两次到新乐馆实地考察；贾兰坡先生不但到新乐遗址发现地考察，而且还坚持到与新乐遗址相关的遗址新民高台山遗址实地考察；张忠培、黄景略、佟柱臣、林沄、刘观民、徐光冀、张文彬、张德勤等先生，也都先后多次到新乐遗址考察，对新乐遗址的发现给予高度重视与肯定。

四　"新乐文化"与"压印之字纹"的定位

新乐遗址的发现很快引起考古界的极大关注，尤其是新乐下层文化出土的一群具有独特内涵的器物群，能明确的同周围的诸文化类型区别开来，并有一定的分布区域，已形成一种新的文化类型。因在新乐电工厂宿舍内首次试掘，因此在 1973 年试掘报告中，第一次正式定名为"新乐遗址"，更由于新乐下层文化的特殊性，在 1982 年的"新乐遗址学术讨论会"上，首次提出将这层文化定为"新乐文化"。其主要根据是这个文化有明确的地层关系，出土了以压印"之"字纹为主的陶器群，带有大量细石器的居住址，碳 –14 年代最晚为 6800 ± 145 年，最早为 7245 ± 65 年，应属东北地区新石器时代早期文化。这一文化类型很快被国家文物局 20 世纪 80 年代初出版的《文博基础纲要》教材收编，列于东北地区新石器时代最早类型遗址范畴，相当于黄河流域的仰韶文化、长江流域的河姆渡文化。因此说，"新乐文化"概念的提出和确定，应是辽河流域新石器时代早期考古学文化研究成果上的一次历史性突破。

"压印之字纹"是新乐文化的重要特色。在新乐文化独具特色的器物群中，深腹罐和斜口器、高足钵在器形上显于特殊的位置，而深腹罐器表的饰纹——"压印之字纹"更显重要。在新乐遗址发现以前，许多遗址中常将这种连续折线纹按照疏密不同，称为"篦纹陶"、"篦齿纹"、"闪电纹"、"折线纹"等等。但大多数带有这类纹饰的器物在某个遗址中不是以主体纹饰出现的，并没有引起更多的注意。而新乐文化深腹罐上的"之"字纹从口沿直到最底部，无一空白点，而且每一层纹饰线路清晰，排列紧密。开始时有人以为是模压和滚压的纹带，这一现象引起初次发掘者的注意，他们开始研究和模拟制作这种纹饰的施纹方法与过程，研究发现新乐文化陶罐上的"之"字纹无一是滚压、模压而成，均是手工压印而成。具体施纹方法是：用一种有弧度的骨片，右手执具，内弧向左，以上下两点为支点，交互移动压印，形成连续的纵行横向的"之"字纹带，这样虽然花纹疏密不等，但各种纹带的宽窄是一致的，它有别于轮转式模压①。从此，压印"之"字纹陶成为新乐文化陶器花纹的重要标志。新乐文化的陶器除有极少量的素面外，也有少量的刺划纹、几何纹与压印"之"字纹相组合的纹饰。特别提及的是：新乐文化中的弦纹深腹罐也是以细密压印的横线纹组成，工艺精湛，成为新乐文化中的精品。通过研究，我们认为新乐文化是东北地区辽河流域特有的土著文化，已

---

① 于崇源：《新乐下层陶器施纹方法的研究》，《辽宁省考古博物馆学会成立会刊》，1981 年。

形成自身发生、发展和消亡的过程①。

五　新乐下层文化的细石器

细石器在东北地区的嫩江流域、松花江流域、内蒙古地区经常出现，由于这类遗址文化层单薄，常常散见于地表或沙化地区，因此在过去的研究中，也常被人们看作是一种游牧民族或草原文化。而在新乐下层所有的半地穴式居住址内都出有不同数量的细石器，细石器由燧石、玛瑙、水晶等石料制成，质地光滑、细腻。器形有石镞、刮削器、尖状器、石叶、长石片、锥状石核等，打制和压制的生产工具占相当比例。在新乐下层中，细石镞的器形多为长身三角形，有平底和有铤石镞，截面呈三角形和梯形。有的尖状器腹面中部至尖部，经二次加工压剥出锐刃。"这种在细石器时代晚期，用压制法二步加工成的小型尖状器，可视为早期的石镞"②。有的石叶腹面边缘处多有二次加工压剥的鳞状剥痕，"新乐下层中出土相当数量的细小石叶，其截面多呈三角形或梯形，利用腹面一段在其刃部再精凿成锯齿状，便于嵌装成复合工具，有的具有使用痕迹。具有类似特征的石器在辽宁省旧石器时代晚期遗址（4 万～1 万年）凌源西八间房遗址也发现过"③。

新石器时代，中国北部的农业部落较多出现细石器和农业工具——石磨盘、石磨棒、磨制石斧与陶器共有的文化，如晚期的红山文化、富河沟门文化均为亦农亦猎的经济。不同的是红山有大量的泥质陶、彩陶，有许多石铧；两面均经二次加工和精细压制的细石器中有凹底镞，而在新乐下层中均属不见。在陶器上，富河文化的"之"字纹多以横行篦点纹为主，新乐下层则以竖行压印纹为主；前者大型石器以打制为主，而新乐下层以磨制为主。细石器中新乐下层的细石叶多为柳叶形，无宽大形，其风格明显有别。新乐下层几乎不见大型农耕石器。新乐下层发现的居住址内出土的压印"之"字纹陶器，90% 以上为筒形深腹罐，器形既无耳又无瘤，不适宜游牧民族使用，很似装鱼的鱼篓；打、磨制石器、石磨盘、石磨棒及炭化谷物的出土和居住址的存在，说明此时已出现了原始农业并以定居生活为主；但细石器的大量存在，也说明狩猎活动在经济生活方面亦占相当重要地位，也许这正是从游牧走向定居的一个过渡形态的原始聚落群。

新乐下层细石器的存在，从另一角度说明，凡带有细石器因素的文化遗存，亦不一定全是游牧民族或草原文化，也可能出现在有比较稳定定居生活的遗址中。因此，"新

① 周阳生：《新乐文化源流及其相关问题》，《中日古人类与史前文化渊源关系国际学术讨论会论文集》，中国国际广播出版社，1994 年。

② 傅仁义：《新乐文化与辽宁旧石器晚期文化的有关问题》，《新乐遗址学术讨论会文集》，1983 年（沈阳市文物管理办公室编，内部刊物）。

③ 辽宁省博物馆：《凌源西八间房旧石器时代文化地点》，《古脊椎动物与古人类》第 11 卷第 2 期。

乐文化既纠正了以往认为细石器文化都是游牧或游猎氏族部落的文化之错误观点”；其制作和加工石叶的方法“也反映了新乐文化与辽宁旧石器晚期文化之间的一定渊源关系”①。

六　小结

（1）新乐文化填补了下辽河流域史前文化的空白。

辽河流域发现的史前遗址较多，属于旧石器时代早期的有辽东本溪庙后山遗址（40万年），中期的有辽南营口的金牛山遗址（28万年），属于旧石器时代晚期的辽西喀左鸽子洞遗址、建平南地乡的“建平人”、凌源八间房遗址等。属于新石器时代或稍晚的遗址，在20世纪70年代以前除红山文化、富河沟门文化、夏家店下层文化在东北地区较著名外，其他可说是寥寥无几。而且这些遗址大部分主要集中在辽河上游或辽西地区，而辽河中下游地区几乎是一片空白。新乐遗址发现后打破了这一宁静的局面。随之以后，辽河中下游、辽东、辽南地区的新石器时代遗址也不断被发现，如辽南旅大地区的小珠山下层、丹东东沟县后洼遗址、辽河中、上游地区的内蒙古兴隆洼、阜新查海遗址等，使辽河流域的史前文化呈现出星罗棋布的趋势。然而在70年代初，辽沈地区除偏堡子类型外，7000~6000年的遗址几乎无迹可寻。而新乐遗址正是在这样一个大背景下出现了。在1973年正式发掘取得科学资料后，又在新民高台山地区发现了相应时期的地层资料，因此当时就有学者认为，新乐下层是“以沈阳为代表的我国东北地区新石器时代较早的遗址之一”②。后来兴隆洼、查海遗址距今8000多年早期遗址的发现和辽南地区距今6000年小珠山下层文化遗址的发现，更显示出新乐文化居于中间显著位置的重要性。因此可以说，新乐遗址的发现在辽河流域史前文化研究中，起到了承上启下的作用，同时填补了沈阳地区、辽河中下游地区新石器时代较早文化的空白，也将沈阳有人类活动的历史从过去的5000年向前推进了2000年，上溯到距今7000多年。

（2）新乐文化已成为东北地区新石器时代的重要代表。

在新乐遗址发现以后，在辽宁境内的几处新石器时代早期文化遗址不断被发现，其中带压印“之”字纹陶因素的遗址，主要分布在辽河流域和辽东半岛的广大地区。陶器的器形都是以直筒深腹罐为主，不见彩陶。比较突出的器物是筒形罐、斜口器，与其共存的石器工具有磨制的石斧、两刃器、石凿、磨盘、磨棒和打制石器、细石器等等。

---

① 　黎家芳：《新乐文化的科学价值和历史地位》，《辽宁省本溪丹东地区考古学讨论会文集》，1985年（辽宁省博物馆学会、本溪市文化局、丹东市文物管理委员会编，内部刊物）。

② 　李仰松：《新乐文化及其有关问题》，《新乐遗址学术讨论会文集》，1983年（沈阳市文物管理办公室编，内部刊物）。

虽然如此，我们还应看到相当于 7000 年以前的文化遗存，在我国除辽河流域的新乐文化外，分布在黄河流域的有北辛文化、磁山文化、裴李岗文化、老官台文化和长江流域的河姆渡文化等等。但这些文化在各自相当长的发展过程中，都形成了各自的特点。它们在生产、生活、习俗上有许多异同之处，在史前建筑居住址方面，南方江浙一带，多为干栏式建筑；黄河流域和北方地区则多为半地穴居住址。生产工具方面南方江浙一带多为打制、磨制石器共存，但在黄河、长江流域，多以磨制石器为主；而北方的辽河流域，则以打制石器为主，常有玉器和细石器伴出。这一主要特征更应以新乐文化为代表。新乐文化相当于中原地区的裴李岗、河北的磁山文化、浙江的河姆渡文化，或稍晚于山东的北辛文化、陕西的老官台文化、甘肃的大地湾下层文化，但"新乐文化对研究辽河流域原始文化的起源发展及其考古学文化序列的建立具有重要的科学价值"[1]。李仰松先生指出"新乐文化的发现是我国考古学中的一次重要发现，它的学术意义，不亚于河姆渡，不亚于裴李岗、磁山，不亚于北辛文化。新乐文化的发现补充了新石器早期我国东北地区的空白，对开展本地区新石器时代诸文化的研究以及建立中国考古学体系的科学研究是有深远意义的"[2]。郭大顺先生也曾指出"新乐遗址的发现，不仅揭示出下辽河流域新石器时代较早阶段的文化面貌，推动了以辽河流域为中心，包括大小凌河流域和旅大沿海地区新石器时代考古研究，而且同中原等地区同一发展阶段的文化遗存一起，正在牵动着整个新石器文化全局性问题的深入，这正是新乐遗址发现的又一重要意义"[3]。

（原载《中国考古学会第十二次年会论文集》，文物出版社，2010 年）

①　黎家芳：《新乐文化的科学价值和历史地位》，《辽宁省本溪丹东地区考古学讨论会文集》，1985 年 9 月（辽宁省博物馆学会、本溪市文化局、丹东市文物管理委员会编，内部刊物）。
②　李仰松：《新乐文化及其有关问题》，《新乐遗址学术讨论会文集》，1983 年（沈阳市文物管理办公室编，内部刊物）。
③　郭大顺：《从新乐及有关遗存的发现谈我国新石器时代分期问题》，《新乐遗址学术讨论会文集》，1983 年（沈阳市文物管理办公室编，内部刊物）。

红山文化牛河梁期的确立

方殿春　朱　达

（辽宁省文物考古研究所）

20 世纪 80 年代，以牛河梁第二地点为代表的红山文化积石冢群，以及第一地点神庙址的发现与发掘，在学术界重新引起了"中华文明起源"的大讨论。因之，红山文化牛河梁遗存考古学时间期段的划分和确立，同样具有重要的学术意义。

有学者将红山文化划分为前西水泉期、后东山嘴期①。由于牛河梁遗址群考古资料的完整性与连续性、阶段性特点，将红山文化的后期遗存命为"牛河梁期"更具科学性。

一　考古资料的引用与分析

1. 遗迹、遗物名称的界定②

（1）遗迹

①敷石冢　即筒形器圈墓③。以筒形器呈圆形（直径约 6～7 米）摆放一圈，中部布置一墓；再平敷、封满 15～25 厘米厚的角砾碎石。

②积石冢　常见的地上封石、封土结构的冢体。

（2）遗物

①陶礼器　敷石冢墓内随葬的彩陶盖罍。

②陶祭器　积石冢上专用的塔形器、筒形器与扁形器④。

---

①　赵宾福：《红山文化研究历程及相关问题再认识》，《内蒙古大学学报》（人文社科版）2005 年第 4 期。

②　遗迹单位、遗物标本编号与《牛河梁遗址发掘报告》（待刊）同。

③　辽宁省文物考古研究所：《辽宁牛河梁第二地点四号冢筒形器墓的发报》，《文物》1997 年第 8 期。

④　李公笃：《辽宁凌源县三官甸子城子山遗址试掘报告》，《考古》1986 年第 6 期等。报告中称器座、钵形器。

③玉礼器　积石冢墓内陈祭的玉器（除日常佩戴的镯、耳饰与系坠外）。

2. 牛河梁有 3 组层位（叠压、打破）关系

第 1 组：

```
                 ↗（北侧）灰坑（N2Z4H1）                      ↘
N2Z4A→N2Z4B                                                  生土
                 ↘（南侧）N2Z4BD（垫土）→N2Z4M（敷石冢墓）↗
```

第 2 组：N5Z2 敷石冢墓的角砾层→N5H11（祭祀坑）→生土

```
                              ↗ N2Z4M4
第 3 组：N2Z4 敷石冢墓 N2Z4M5
                              ↘ N2Z4M6
```

以上的层位关系，可以明确三点：第一，积石冢下，更确切的是敷石冢下的祭祀坑、灰坑遗迹，为较早的遗迹单位。第二，敷石冢要早于积石冢，并且在敷石冢墓之间还有早、晚打破关系。第三，N2Z4B 必然要早于 N2Z4A。

这些遗迹单位内所包含的陶礼器和祭器可供分期的资料丰富，各器类形制的发展变化清晰、明显，少缺环现象。

3. 牛河梁第二地点的墓葬结构

试可划定为三型六亚型（图一）。A 型，土圹墓。石棺尚未形成，又分为两个亚型：Aa 型仅以数块石板（少见石块）示意性地贴敷于墓圹壁上，墓的土圹壁呈口宽、底窄的倒梯形状。可称为土圹·嵌石墓；Ab 型土圹壁竖直，立石板似棺，可称为土圹·立石墓。Aa、Ab 型墓葬形制，皆属于敷石冢的 1、2 段。至积石冢段，出现石板平砌棺壁，盖顶、铺底俱全规矩的石棺，即 Ba 型土圹·砌棺墓。中心墓及一些较深大的墓，其南侧壁出现数级台阶，可称为 Bb 型土阶·砌棺墓。A、B 型墓葬都系辟于原地表下的土圹墓。到了积石冢的第 4、5 与 6 段时，又新出现一种原地表上的墓葬。其石棺砌筑方式，是边构筑棺室的同时，边在棺室外侧随即封土、顶石加固墓壁。即这种墓无土圹开口，可统称之为 C 型。此型中也能略分为两种不同形制，即 Ca 型无圹·棺室墓，都系原葬的仰身直肢葬墓。长方形棺室，砌筑则有石块平铺、石板竖立等不同作法；Cb 型无圹·匣室墓，都是拣骨二次迁入葬。墓匣室的形式、结构更随意，甚至有的匣室非常狭窄，似仅能容纳迁骨即可。总之，C 型棺室最简洁界定方法是：墓主为仰身直肢葬者，为 Ca 型墓；那些迁入葬者，应都是 Cb 型墓。需说明的是，若以棺室的砌筑方法去界定 C 型墓的具体区别，则不可。其难度在于：既有一墓的四壁所采用的砌法不一，或石块平铺、石板竖立兼用，既此既彼，很难清晰的划分。

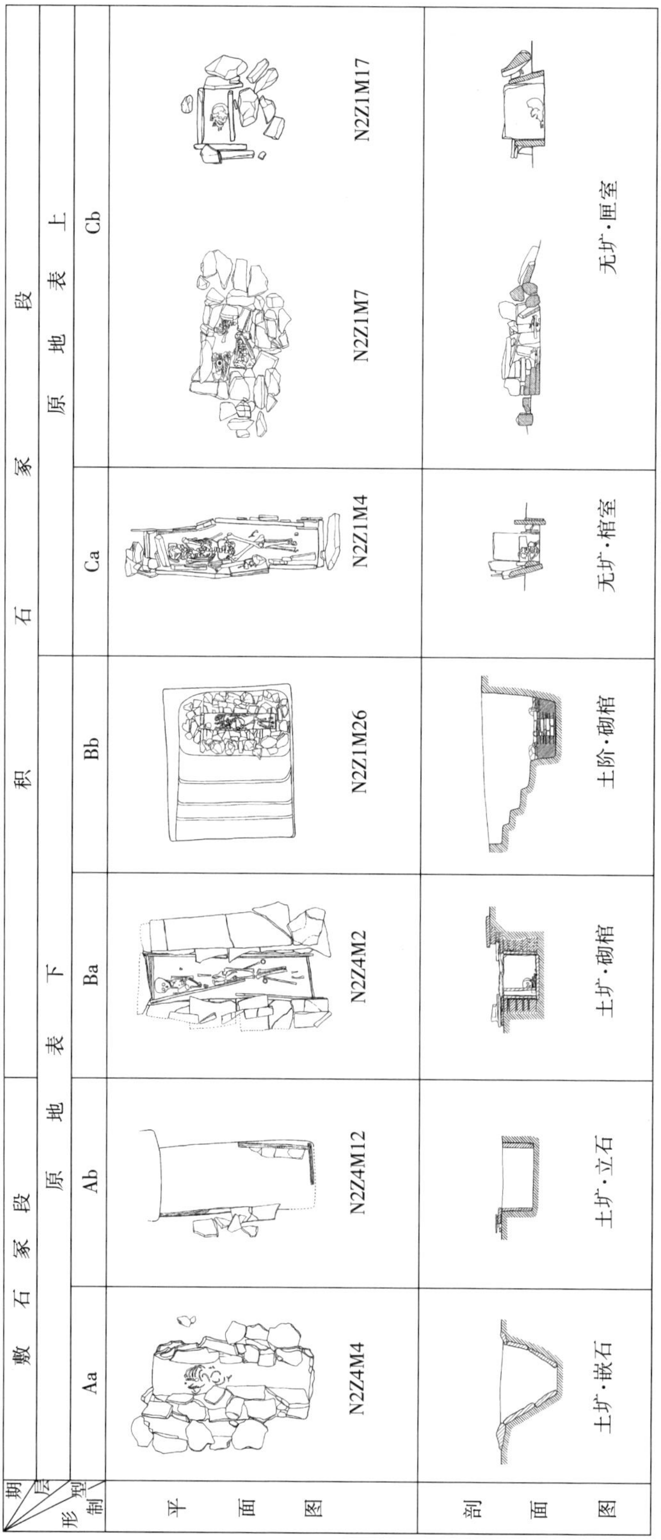

图一　第二地点墓葬结构列举图

4. 陶礼器、祭器的型式与分期（图二）

（1）礼器类

盖罍　分三式。

Ⅰ式　标本 N5Z1JK1：1（盖失），似敛口，高卵圆形器身，最大腹径靠下，腹径下附双耳。

Ⅱ式　标本 N2Z4M5：1，领口微起，广肩浑圆，最大腹径偏上，双耳位居中腹。

Ⅲ式　标本 N10M1：1，直领口，圆球状体，双耳位于肩上。

（2）祭器类

塔形器　分三型。

A 型　器顶颈部为单体的。分五式。

Ⅰ式　标本 N2Z4M9：W11、N2Z4M9：W13，覆盆状圈足底，上连起凸棱束腰，无镂孔。器表满施指甲纹。

Ⅱ式　标本 N2Z4M4：W60，圈足底器面饰 b 种无勾纹黑彩。

Ⅲ式　标本 N2Z4M4：W57，覆钵状圈足底，束腰部出现镂孔。

Ⅳ式　标本 N2Z4A：44、N2Z2：49、N6：1，上腹半球状，器表为指甲纹、窝点纹，再涂黑彩。

Ⅴ式　标本 JDT0211②，整体束腰无镂孔，喇叭状圈足底，器表饰窝点纹。

B 型　与 A 型Ⅳ式略近，只顶颈部为双并联式顶尖。如标本 N2Z2：49。

C 型　器顶浑圆。分两式。

Ⅰ式　仅发现器物的顶尖部，呈浑圆顶，顶正中通一小圆孔。标本 N2Z4BD：30，施指甲纹。

Ⅱ式　顶尖突起，标本 N13T39：1，通体绘似 b 种无勾纹黑彩。

筒形器　分四型。

A 型　口径小于圈底径，平沿外展。分四式。

Ⅰ式　标本 N2Z4M4：W5，似倒置的深腹覆盆状。平沿外敞，圈底缘平宽、外撇。口径约圈底径的二分之一。

Ⅱ式　标本 N2Z4M4：W15，腹壁近筒状。口沿尖平，圈底缘内弧曲。

Ⅲ式　标本 N2Z4M5：W3，口径稍小于圈底径，沿唇弧圆，圈底缘外平斜。最大腹径约位于器高的三分之一处。

Ⅳ式　标本 2011N1H1：18，体矮方，中腹圆弧。

B 型　矮筒状器身。分两式。

Ⅰ式　标本 N2Z4B：4，平沿，圆唇。只见绘 c 种斜线纹。

Ⅱ式　标本 N2Z4B：L1，口内沿内伸，尖唇。器身低矮。只见绘 g 种窄带纹。

名称\期\段\型	盖罍	塔形器			筒形器
		A型	B型	C型	A型
晚期·积石冢 6		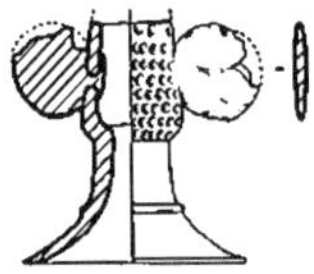 V式(JDT0211②)			
晚期·积石冢 5 4		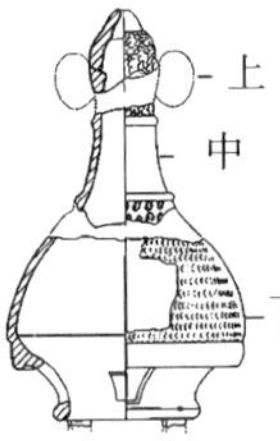 IV式(上:N2Z4A:44, 中:N2Z2:49,下:N6: 1)	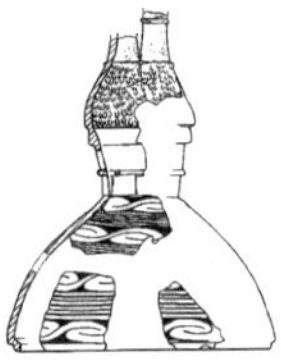 (N2Z2:49)	 II式(N13T39:1)	
晚期·积石冢 3	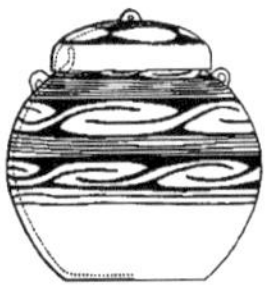 III式(N10M1:1)				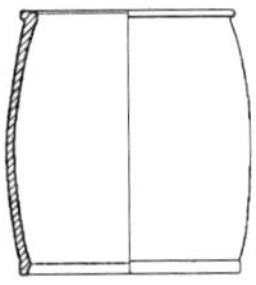 IV式(2011N1H1:18)
早期·敷石冢 2	 II式(N2Z4M5:1)	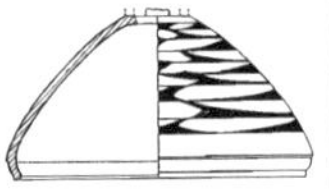 III式(N2Z4M4:W57)		 I式(N2Z4BD:30)	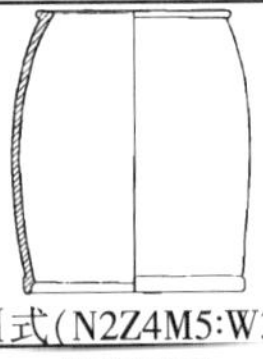 III式(N2Z4M5:W3)
早期·敷石冢 1		 II式(N2Z4M4:W60)  I式(上:N2Z4M9:W 11,下:N2Z4M9:W13)			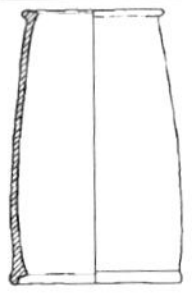 II式(N2Z4M4:W15)  I式(N2Z4M4:W5)
早期·敷石冢	 I式(N5Z1JK1:1)				

图二　陶礼器、

筒 形 器			扁 形 器	
B 型	C 型	D 型	A 型	B 型
	Ⅲ式(N1J3:20)			Ⅳ式(N16T0709②:1) Ⅲ式(N16T0813③:7)
	Ⅱ式(N2Z4A:20)		Ⅲ式(N2Z2:51)	Ⅱ式(N2Z4A:21)
	Ⅰ式(N16T1015:1)	(KDF5)	Ⅱ式(N2Z1:95)	Ⅰ式(N2Z1:133)
Ⅱ式(N2Z4B:L1) Ⅰ式(N2Z4B:4)			Ⅰ式(N2Z4B:L4)	

祭器分期图

C 型　颈部饰划纹宽带与一道凸弦堆纹。分三式。

Ⅰ式　标本 N16T1015：1，鼓腹，腹径位于中腹。

Ⅱ式　标本 N2Z4A：20，直腹，腹径偏下。

Ⅲ式　标本 N1J3：20，瘦高体。敞口，束颈。

D 型　异型。直腹，中腹贴饰"鼻状"附耳九～十二个不等，如标本 KD（喀左东山嘴）F5。

扁形器　分两型。

A 型　直或弧壁。分三式。

Ⅰ式　标本 N2Z4B：L4，直壁，折肩。

Ⅱ式　标本 N2Z1：95，外弧壁，肩部棱起。

Ⅲ式　标本 N2Z2：51，肩棱明显，全器扁平。

B 型　折曲壁。分四式。

Ⅰ式　标本 N2Z1：133，壁上部稍外敞，壁面凸曲三道棱。

Ⅱ式　标本 N2Z4A：21，壁外弧鼓，三道凸棱。

Ⅲ式　标本 N16T0813③：7，壁面两道凸棱。

Ⅳ式　标本 N16T0709②：1，壁面一道凸棱，圈底缘内曲卷较甚。器通体呈扁平状。

据遗迹层位和以上标型器的比较，可归纳为共 6 段。其中，各地点敷石冢墓遗存都属于 1、2 段。由于第五地点祭祀坑（N5H11）辟于生土，其内含的彩陶罍更早，使敷石冢墓中彩陶罍的排序脉络更加清晰，说明第 1 段的遗迹与祭祀坑间近于同时，或前、后紧凑。

属于第 3 段 N2Z4B 遗迹很关键，因为它所内含的 B 型Ⅰ、Ⅱ式筒形器，目前依然系属孤例；将敷石冢墓与积石冢遗存区分开来，又把敷石冢墓为前、积石冢在后的发展程序衔接起来。如 B 型Ⅰ、Ⅱ式筒形器的圈底内缘，已出现"起台、削平"的迹象，这是 C 型筒形器明确特征。

积石冢遗存属于 4～6 段。但通过几项发现资料暗示：（1）第一地点"陶片窝"[①]的 C 型Ⅲ式筒形器，罕见于多数冢内，却同较晚地层遗物共存。（2）第五地点未见扁形器。（3）第三地点只见 A 型Ⅰ式、B 型Ⅰ式扁形器等。如此，积石冢可分为三段。再结合塔形器，使变化清楚，更具说服力。

这样，各段代表遗迹与典型包含物为：

第 1 段：以敷石冢墓 N2Z4M4、N2Z4M6 代表。包含Ⅱ式彩陶罍、A 型Ⅰ式和Ⅱ式筒形器、A 型Ⅰ式和Ⅱ式塔形器。

---

① 辽宁省文物考古研究所：《牛河梁女神庙平台东坡筒形器群遗存发掘简报》，《文物》1994 年第 5 期。

第 2 段：以敷石冢墓 N2Z4M5 代表。包含Ⅱ式彩陶罍、A 型Ⅲ式筒形器、A 型Ⅲ式和 C 型Ⅰ式塔形器。

第 3 段：以 N2Z4B 积石冢代表。内含Ⅲ式彩陶罍、A 型Ⅳ式筒形器、B 型Ⅰ式和Ⅱ式筒形器、A 型Ⅰ式扁形器。

第 4 段：以 N2Z1 积石冢等代表。内含 C 型Ⅰ式筒形器和 A 型Ⅱ式、B 型Ⅰ式扁形器。

第 5 段：以 N2Z4A 积石冢代表。内含 C 型Ⅱ式筒形器和 A 型Ⅲ式、B 型Ⅱ式扁形器。

第 4、第 5 段中，还都内含 A 型Ⅳ式、B 型与 C 型Ⅱ式塔形器。

第 6 段：以第一地点"陶片窝"、第十六地点遗迹代表。内含 C 型Ⅲ式筒形器和 B 型Ⅲ式、Ⅳ式扁形器及 A 型Ⅴ式塔形器。

从分期图看，（1）似第 3 段为中间环节，其前后各形成一遗迹性质统一、标型器组合清晰、器物变化无缺环的两种截然有别的墓葬性质遗存，即敷石冢墓和积石冢两种遗迹；（2）有陶祭器的塔形器和筒形器一直贯穿其起止的，说明此分期还是在红山文化内涵中进行的，尽管墓葬形制区别很大。（3）还可明确：第 1、2 段为早期，第 3、4、5 和 6 段为晚期；其中第 3 段，只有 N2Z4B 积石冢遗迹的孤立存在，说明时间短暂。但有 B 型Ⅰ、Ⅱ式筒形器与 A 型Ⅰ式扁形器的明确组合，可视为是积石冢的形成期段。（4）在积石冢上的陶祭器中，又孕育一种新器物——扁形器。它与塔形器、筒形器构成积石冢上祭器，而且，扁形器变化迅速、演变规律清晰。

5. 牛河梁期时间段的参证

（1）碳 –14 测年的参考

较早的 J1B 为距今 4975 ± 85 年，树轮校正 5580 ± 110 年。

较晚的 Z1 为距今 4995 ± 110 年，树轮校正 5000 ± 130 年。

（2）后岗一期因素的渗入

因素成分：红顶钵、彩陶纹饰、D 型筒形器"鼻状纽"。

出现时间：早期（敷石冢）1 段—晚期（积石冢）4 段。

二 牛河梁期的含义

牛河梁遗存早、晚二期 6 段的划定，使得该时间段上埋葬制度演变更为清晰。若以考古学对史前时期表示方式，该段可命名为"红山文化牛河梁期"。

如果将第 3 段视为"过渡段"，那还能再划定"敷石冢段"与"积石冢段"的前、后两个大时间段。

牛河梁期遗存的确切含义有双重内容：在遗迹上，可涵盖从敷石冢至积石冢的发展全过程；在遗物上，包括以陶礼器、祭器共四种分期标型器为代表的器物组合，及其演变规律。

从分期角度而言，牛河梁期时空段内的遗存，尤其是陶礼器、祭器，既衔接紧凑，内涵组合又区别清晰。与此同时，在积石冢时间段的祭器中，又突发一种新生的内涵因素——扁形器的出现。

如此，牛河梁期将为界定红山文化晚期墓葬制度的分期研究，构架起一把基础性的标尺。

三　牛河梁期中的葬制剧变

（1）由敷石冢演变为积石冢的冢体结构

敷石冢为一人单葬墓；积石冢以中心墓为主，其周边出现祔葬丛墓。敷石冢仅平敷15～25厘米厚的角砾碎石；积石冢高筑多层递收、迭起的封石、封土，功能专一的冢界墙、冢阶墙，或冢台（如N2Z1、N2Z2）等砌石结构，皆逐一定形。

（2）葬俗的改制

1）墓向的变化

敷石冢墓为南北向，而积石冢墓则为东西向。

2）随葬品内涵因素的嬗变

敷石冢墓有彩陶盖罍（少见玉斜口箍）；积石冢墓则只葬玉器，且玉器的种类、数量增多。

3）积石冢出现原地表之上的"无圹"祔葬丛墓

这些丛葬墓的营造方式独特：以填垫土支撑、封固石构棺室。非辟凿原土墓穴，不具土圹"线"痕。

4）积石冢陶祭器——扁形器的新因素

于晚期·积石冢的3段，冢上陶祭器突发一种新器形——扁形器。它与塔形器、筒形器融为一体，最终构成陶祭器的新组合。

（3）迁入葬、迁出葬的数量比例存有差异

N2Z4迁入墓、迁出墓的数量比例相近；而N2Z1仅见迁入墓。是N2Z1系较晚遗迹原因？待解。

四　牛河梁期的意义

（1）积石冢段的冢体为原地表之上结构。这种独具特色的习俗葬制，当源于西辽河流域的红山文化牛河梁期。

（2）中国北方石棺墓，以红山文化牛河梁期的发现为最早。它孕育于敷石冢土圹·嵌石墓、土圹·立石墓之中；成熟于积石冢初的3、4段之时。

（3）牛河梁期彩陶礼器、祭器的纹样约16种（见本文附录），均取材生活器，但其祭器形制又截然与生活器无涉——冢上专用器。而后世墓葬中各类仿生活器的冥器，都无法能与之可比；是另类意境、意识形态的结晶。这从神庙址内发现的"众神"泥塑像题材中，又得以佐证。

总之，牛河梁期的敷石冢、积石冢，包括玉器在内的全部祭器这种特殊载体，共同迸发出红山文化牛河梁期蕴含着"萨满式"[①]的文明曙光！

附录：彩陶礼器、祭器纹样的分类与列举

1. 礼器类

仅彩陶盖罍1种。

黑彩纹饰见于罍的肩、腹部和器盖顶面上。因器盖顶面的局限，纹饰又缺乏普遍性。因此，只记述肩腹部的主体纹饰，共见三种。

a种勾连涡纹　标本N2Z4M5：1，由多道连续勾连涡纹带组成。

b种无勾纹　标本N2Z4M7：2，以多道平行线、间连卷弧。但无勾尖，似"之"字纹。

c种斜线纹　标本N2Z1：96，施于器物近口部。系于多道平行线间等距施向右下宽带斜线，平行线以四道居多。

2. 祭器类

有冢上专用的塔形器、筒形器、扁形器三种。

（1）塔形器

黑彩仅施绘于其硕大覆钵状器座的器面上。已见纹饰共六种：除前述的a种勾连涡纹和b种无勾纹两种外；还有"F"状纹、直三角纹、联弧纹和窄带纹四种。

d种"F"状纹　标本N2Z4BD：72，由宽道似"F"状纹组成，并两组纹饰颠倒对称。

e种直三角纹　标本N2Z4BD：74，在方形界框内划出"米"字，再有规律间隔填满四个直三角黑色彩。

f种联弧纹　标本N2Z5H2：1和标本N2Z5H2：2，由竖条带之间连接多个垂弧状纹。

g种窄带纹　标本N2Z4BD：73，系三道横向平行横带，带面一般宽约2厘米。

（2）筒形器

① 方殿春、华玉冰：《辽西区几种考古学文化中"萨满式"遗存的考察》（上），《辽宁省博物馆馆刊》（第2集），2007年。

a 种 勾连涡纹	b 种 无勾纹	c 种 斜线纹	d 种 "F"状纹
(N2Z4M5:1)	(N2Z4M7:2)	(N2Z1:96)	(N2Z4BD:72)
e 种 直三角纹	f 种 联弧纹	g 种 窄带纹	h 种 单勾纹
(N2Z4BD:74)	(上:N2Z5H2:1,下:N2Z5H2:2)	(N2Z4BD:73)	(N2Z4M4:W23)
i 种 双勾纹	j 种 宽带纹	k 种 垂弧纹	l 种 倒三角纹
(N16)	(N2Z1:132)	(N2Z4A:20)	(N2Z2M2:T8)
m 种 宽道"人"字纹	n 种 窄道"人"字纹	o 种 弧三角纹	p 种 细斜线纹
(N2Z1:142)	(N2Z2M2:T2)	(N2Z2:50)	(N2Z1:95)

彩陶礼器、祭器纹样分类与列举

这是陶祭器中数量最多、形制变化大、纹饰丰富的一种器物。均为泥质红陶、绘黑彩，黑彩下施红陶衣；敷石冢中筒形器绘彩纹饰的数量较少，积石冢的筒形器则与此相反，有彩纹饰居多。筒形器的彩陶纹饰中，除前述的 a 种勾连涡纹、b 种无勾纹、c 种斜线纹、d 种"F"状纹、e 种直三角纹和 g 种窄带纹五种纹饰外，还见有八种。

h 种单勾纹　标本 N2Z4M4：W23，略似 b 种无勾纹，但其勾尖朝上的弧勾，一般相邻两道弧勾的朝向相反。

i 种双勾纹　标本 N16，很似 h 种单勾纹，是勾尖朝上的双弧勾，平行等距。

j 种宽带纹　标本 N2Z1：132，为三道横向平行宽带，带宽约 8～10 厘米。

k 种垂弧纹　标本 N2Z4A：20，一般以三道宽垂弧带组成，似幔状。

i 种倒三角纹　标本 N2Z2M2：T8，于平行线下施倒三角，且相邻两道的三角纹规律交错。

m 种宽道"人"字纹　标本 N2Z1：142，斜竖向多组相交几何直线，似重叠的"人"字互相上下规律排列。

n 种窄道"人"字纹　标本 N2Z2M2：T2，纹饰形式与 m 种宽道"人"字纹近似，仅纹饰的线条更为纤细、稠密。

o 种弧三角纹　标本 N2Z2∶50，上下相对、弧腰两个扁三角形。

（3）扁形器

扁形器的纹饰，除已见的 c 种斜线纹和 g 种窄带纹两种纹饰外，还有细斜线纹。

p 种细斜线纹　标本 N2Z1∶95，斜线与平行线宽度略相近。

以上这些纹样，都是以主体纹样装饰器表的。但在盖罍与筒形器上，还常常出现两种或两种以上的不同纹饰母题，再重组为复合式的纹样。如 k 种垂弧纹上饰 a 种勾连涡纹带或 c 种斜线纹、a 种勾连涡纹上饰 c 种斜线纹等等。两种纹饰灵活组合装饰器表，多出现于筒形器 C 型Ⅰ、Ⅱ式之上。不过，一般情况下两种纹饰间还是有主、次之分的。本文叙述的纹样，也是以主纹来称谓的。

总之，此所描述的 16 种彩陶纹饰，还可归纳为三大类，即勾连纹类：包括 a 种涡纹、b 种无勾纹、h 种单勾纹和 i 种双勾纹四种；弧纹类：有 k 种垂弧纹和 f 种联弧纹两种；几何纹类：余下的十种纹样通属此类。

红山文化聚落遗址研究的重要发现

——2010 年赤峰魏家窝铺遗址考古发掘的收获与启示 *

内蒙古自治区文物考古研究所
吉林大学边疆考古研究中心　联合考古队

红山文化是中国北方地区新石器时代一支重要的考古学文化。自 20 世纪 30 年代内蒙古赤峰红山后遗址发掘以来①，随着中国考古学的发展，学界对红山文化的特征、类型与去向、分期与年代等问题的研究有了深入的认识②。特别是 20 世纪 80 年代辽宁喀左东山嘴红山文化建筑基址群③、牛河梁"女神庙"与积石冢群④等发现，引发了学界对于红山文化的社会性质、文明起源等问题的讨论，使红山文化研究成为探索中国文明起源的重要课题之一。

聚落遗址是考察红山文化社会性质问题的重要依据。红山文化遗址数量较多，仅在内蒙古的赤峰和通辽市就发现 830 余处⑤。在红山文化分布的北至乌尔吉木伦河流域，南达朝阳、凌源、河北北部，东至锦西，西达克什克腾旗的广阔区域内⑥，遗址的数量应更多。然而，2009 年以前大规模发掘的红山文化环壕聚落遗址仅有赤峰市敖汉旗

* 本成果得到教育部人文社会科学基地重大项目"东北及其邻境地区的新石器文化研究"（2008JJD780115）、吉林大学基本科研业务费（哲学社会科学）项目（2010JC004）、"985"工程项目资助。

① 滨田耕作、水野清一：《赤峰红山后》，《东亚考古学会》，1938 年。

② 赵宾福：《东北石器时代考古》，吉林大学出版社，2003 年。

③ 郭大顺等：《辽宁省喀左县东山嘴红山文化建筑群址发掘简报》，《文物》1984 年第 11 期。

④ 辽宁省文物考古研究所：《辽宁牛河梁红山文化"女神庙"与积石冢群发掘简报》，《文物》1986 年第 8 期。

⑤ 李少兵、索秀芬：《内蒙古自治区东南部新石器时代遗址分布》，《内蒙古文物考古》2010 年第 1 期。

⑥ 中国社会科学院考古研究所内蒙古工作队：《赤峰蜘蛛山遗址的发掘》，《考古学报》1979 年第 2 期。

西台一处①，缺少红山文化典型的聚落遗址布局的完整材料②。

从 2009 年开始，内蒙古自治区文物考古研究所与吉林大学边疆考古研究中心组成联合考古队对魏家窝铺遗址进行考古发掘。2010 年 7～10 月，联合考古队对魏家窝铺遗址进行了为期三个多月的发掘。2010 年度共发掘 4000 多平方米，发现了丰富的红山文化时期遗存，为红山文化聚落遗址的分期与年代、文化成分、居住情况以及生业方式等问题的研究提供了重要线索。

一

魏家窝铺遗址位于赤峰市红山区文钟镇魏家窝铺村东北约 2 千米处的丘陵台地上，是内蒙古境内目前发现的规模较大、保存最完整、发掘面积最大的红山文化时期聚落址。

2010 年魏家窝铺遗址的发掘出土了丰富的红山文化遗物。以陶器为大宗，按用途可分为陶容器和陶制品，另外有一定数量的石器和少量骨角制品。陶容器可分夹砂、泥质两大类。根据典型单位（G1、G2、F2 等）的统计，夹砂陶占 60% 以上，泥质陶次之。纹饰以“之”字纹最多占 20% 以上，刻划纹、戳印纹、压印纹次之。还见有少量的编织纹、弦纹和彩绘陶。彩绘陶以红彩为主，图案有弧线条带纹、折线纹、几何状方格纹、三角纹等；亦有少量的黑彩，图案有弧边三角纹、平行折线纹等。陶器以平底器为主，还包括少量圜底器和有足器。器类有筒形罐、斜口器、釜、双耳罐、瓮、鼓腹罐、盆、钵、碗、鼎、器盖、杯等。陶制品有陶纺轮、陶球等。石器主要有磨制石器、打制石器和细石器，包括石磨盘、石磨棒、石斧、石锛、穿孔石刀、石耜、石砧、磨石、石镞、石饰品、石叶、刮削器、砍砸器等。

本次发掘揭示出几组具有分期意义的红山文化单位间的叠压、打破关系，为进一步解决红山文化陶器的分期和年代问题提供了条件。魏家窝铺遗址 2010 年的发掘材料显示，其年代大致相当于红山文化早、中期，与白音长汗红山文化遗存的年代接近。

该遗址发现的红山文化时期陶器群的特征多样。从底部特征看，不仅有平底器，亦有圜底器、有足器；在口部特征上，不仅发现了以筒形罐为代表的无沿类陶器，还发现有以釜为代表的宽折沿类陶器和以瓮为代表的敛口陶器。这些情况表明，魏家窝铺红山文化时期陶器群，不仅具有红山文化的传统特征，还有部分外来文化因素。

① 杨虎：《敖汉旗西台新石器时代及青铜时代遗址》，《中国考古学年鉴·1988》，文物出版社，1989 年。
② 朱永刚：《东北先史环壕聚落的演变与传播》，《华夏考古》2003 年第 1 期。

　　魏家窝铺遗址发现的三足钵形鼎、双耳鼓腹罐、红顶钵、圜底釜等陶器具有后岗一期文化特征[①]。弧线三角纹彩陶则具有庙底沟文化的特征[②]。该遗址还发现了敛口瓮，在陕晋豫地区的半坡文化遗存中就有敛口瓮的发现，在内蒙古中南部受到后岗一期和庙底沟文化影响的阿善一期遗存中亦发现了同类器物。敛口瓮类遗存大抵也是自燕山以南延太行山脉向北传播而来的。有趣的是，魏家窝铺遗址敛口瓮下腹部的制法与筒形罐如出一辙。无独有偶，双耳鼓腹罐的器形既具有后岗一期文化的特征，其上装饰的"之"字纹又具有浓厚的红山文化特征。这显示出南北方文化传统在红山文化中交融的现象。从该遗址早、晚期遗存中各类文化因素交替出现的情形可以看出，面向海洋的后岗一期文化与后来传播至燕山以北的庙底沟文化因素相继影响了魏家窝铺遗址红山文化遗存。

　　该遗址出土的生产工具可分为大型打制或磨制石器和细石器两类。大型石器主要为挖土、研磨、敲砸类工具，可能与农业和手工业生产密切相关。细石器，包括切割、刮削等类工具，与动、植物原料的进一步加工有关。此外，还发现有少量鹿角、大型淡水蚌类等动物骨骼。魏家窝铺先民的生业方式当以农业为主，兼营少量的渔猎采集活动。

二

　　2010年魏家窝铺遗址的发掘，共发现红山文化时期房址36座，灰坑62个，灰沟2条，灶4座。房址均为地穴或半地穴式。平面形状呈圆角方形、梯形或平行四边形等。房址的面积在10余平方米至50余平方米不等。墙残高约数厘米至60多厘米不等。剖面形状基本为直壁。灰坑的坑口形状有圆形、椭圆形、圆角方形和不规则形等类；坑体结构有直壁筒形、倒梯形、袋状、锅底形等；坑底形态有平底和二层台等样式。

　　在聚落的布局上，发现了两条灰沟对其他遗迹呈环绕之势。两灰沟均位于遗址的东侧。一条灰沟（G2）较宽，宽1.5～3米，深0.65～1.1米，在发掘区内揭露出约50米。另一条灰沟（G1）位于G2的东边，较窄，宽0.5～0.8米，深0.79～0.9米，在发掘区内的部分长约13.5米。发现的房址朝向大致可分为西南和东南两大类，少数房址朝向西，绝大多数房址的门道与火道朝向一致。大部分西南向和部分东南向的房址被G2围绕，G2和G1之间房址的朝向大都为东南，G2以东没有发现房址。

　　G2拱卫区域内的西边发现了本次发掘中面积最大的房址F18。F18朝向西南，面朝

① 张忠培、乔梁：《后冈一期文化研究》，《考古学报》1992年第3期。
② 张星德：《红山文化分期初探》，《考古》1991年第2期。

着一个小型的空场，其东、西和北边各发现有数座西南向房址，以 F18 为中轴线东西向成排分布。两座西向的房址位于 F18 的东边，朝向以 F18 为中心的西南—东北向中轴线，位于西南向房址群的某一排上，属西南向房址群的一部分。

在 G2 内西南向房址群的东部和南部，还发现有南北向成排分布的东南向房址群。有两座东南向房址打破了 G2。这些房址与 G1、G2 之间的东南向房址构成一群。在 G2 和 G1 之间，还发现了少量西向和西南向的房址，位于东南向房址群内的某一排上，与相关的东南向房址群围绕成"院落"或"街巷"。

房址的朝向、布局均与房屋的建造和使用年代具有一定关系。据此次发现的层位关系和出土器物判断，西南向房址群和 G2 的年代较早，东南向房址群和 G1 的年代较晚。据此可以推测本次发掘聚落建筑的顺序和布局情况。以 F18 为中心的西南向房址群代表了 G2 为环壕的聚落使用时期，这个时期的房屋布局呈现出一种"向心式"结构。随着时间的推移，由于人口的膨胀或某种原因东南向的房址群出现了。G1 则可能是东南向房址群出现后，环绕聚落边缘的新环壕。两座东南向房址打破 G2 证明，东南向房址群的出现是在 G2 被填埋或废弃之后，这个时期的房屋布局出现了以东南向房址为代表的背离 F18 中轴线的"离心式"结构。G2 的废弃客观上将西南和东南向的房址群连成一片，两群房址之间罕见叠压打破关系。因此，在 G1 为环壕的时期，也不排除一些西南向的房址仍在使用的可能。G1 和 G2 的宽窄和深度相差悬殊提示我们，建造 G1 使用的工程量较小。可能在 G1 为代表的时期，魏家窝铺红山文化聚落已进入了衰落时期。G1 尚未深挖，聚落便可能已消亡。通过 2010 年发掘获得的材料，我们可以窥见魏家窝铺遗址红山文化聚落的扩张和兴衰历程。

与以往发现相比，2010 年魏家窝铺遗址发现的环壕聚落形态，在红山文化的研究史尚属首次。此次发掘的材料，对进一步丰富红山文化聚落研究的认识提供了启示。

从房址朝向上看，白音长汗红山文化遗存中也发现了不同朝向的房址在年代上存在早晚关系的情况。白音长汗遗址北部房址朝东南年代较早，中南部房址多为东向或东北向年代稍晚[①]。可见，红山文化居民对于房屋朝向的选择不仅考虑到地形地势等自然因素，在某个时期也保持着共同的风格，体现了一定的规划和设计思想。

从环壕位置上看，敖汉旗西台遗址也发现了保存较好的两条环壕，以东西向的壕沟为界，将聚落遗址分割围绕成东南、西北两个部分[②]。东南部规模较大，平面呈不规则长方形，东南侧发现有供出入的通道；西北部的面积较小，亦为长方形。魏家窝

① 内蒙古文物考古研究所：《白音长汗——新石器时代遗址发掘报告》，科学出版社，2004 年。
② 杨虎：《敖汉旗西台新石器时代及青铜时代遗址》，《中国考古学年鉴·1988》，文物出版社，1989 年。

铺遗址此次发现的环壕与西台遗址既有相似性又存在差异。相似的是，两遗址的环壕均有划分遗址边缘的功能。不同的是，西台遗址环壕划分出了两个相对独立的区域，而魏家窝铺环壕则体现出了遗址的扩张过程。虽然，西台遗址两条环壕的相对早晚关系及其建筑顺序仍有待进一步研究，但魏家窝铺遗址的发掘提示我们，红山文化环壕聚落的形成应是一个过程。在此过程中，聚落的规模可能不断扩大，布局会有一定的调整。

从聚落结构上看，有学者认为，西台遗址的两个环壕分别代表了两个不同血亲集团，通过姻亲方式组成高一级的社会组织①。这也提示我们，红山文化聚落可能体现出当时社会结构方面的信息。本次发现的魏家窝铺西南向房址群以面积最大的 F18 为中心成排建造，东南向房址群背离 F18 的中轴线成排分布。两类房址群的分布都以 F18 为核心或主轴。因此，本次发掘出的房址可能属于聚落中的某个集团。在同时期的陕西临潼姜寨半坡文化环壕聚落址就发现了由大、中、小型房屋组成五个圆圈状布局的房屋建筑单元的情形②。2009、2010 年发掘的区域大致位于遗址的北、东部。该遗址 2009 年的发掘在 2010 年发掘区以西发现了面积约 60 平方米的大房子，较 F18 更大。由此推测，以魏家窝铺遗址为代表的红山文化聚落也可能存在多个由不同大小的房址组成的单元或中心。魏家窝铺聚落既可见到陕晋豫地区以大房址为中心的特征，又保持着辽西地区新石器时代房址成排分布的个性。

三

红山文化目前发现的房址有内蒙古赤峰西水泉 3 座③、巴林右旗转山子 1 座④、敖汉旗西台 17 座⑤、南杨家营子 4 座⑥、兴隆洼 1 座⑦、巴林左旗友好村二道梁 15 座⑧、

---

① 朱永刚：《中国东北先史环壕聚落的演变与传播》，《华夏考古》2003 年第 1 期。

② 西安半坡博物馆、陕西省考古研究所、临潼县博物馆：《姜寨——新石器时代遗址发掘报告》第 352 页，文物出版社，1988 年。

③ 中国社会科学院考古研究所内蒙古工作队：《赤峰西水泉红山文化遗址》，《考古学报》1982 年第 2 期。

④ 内蒙古文物考古研究所等：《查干诺尔新石器时代遗址调查简报》，《内蒙古文物考古》2000 年第 2 期。

⑤ 杨虎：《敖汉旗西台新石器时代及青铜时代遗址》，《中国考古学年鉴·1988》，文物出版社，1989 年。

⑥ 中国社会科学院考古研究所：《红山文化的发现》，《新中国的考古发现与研究》，文物出版社，1984 年。

⑦ 杨虎：《关于红山文化的几个问题》，《庆祝苏秉琦考古五十五年论文集》，文物出版社，1989 年。

⑧ 内蒙古文物考古研究所：《巴林左旗友好村二道梁红山文化遗址发掘简报》，《内蒙古文物考古论集》（第一辑），中国大百科全书出版社，1994 年。

林西县白音长汗 17 座①、克什克腾旗南台子 1 座②、辽宁凌源县三官甸子城子山 1 座③、喀左县东山嘴 1 座④等共计 61 座。2010 年魏家窝铺发现的 36 座房址不仅在数量上丰富了红山文化的研究资料，而且为探讨红山文化房址的相关问题提供了启示。

关于红山文化房址的"瓢形坑灶"及其位置问题。红山文化房址内坑灶的形状大致有两类，一类带有与灶坑相连的火道，形状似瓢形；一类无明显的火道，形状近圆形，偶见方形。白音长汗遗址发现了瓢形坑灶早于圆形坑灶的层位关系⑤，西水泉遗址在一处房址内发现了位于居住面中央的瓢形坑灶与靠近北壁的椭圆形烧坑共存的情况⑥。可见，瓢形坑灶与椭圆形坑灶的出现可能有早晚关系，灶坑的位置对判断其结构和功能应具有重要意义。

魏家窝铺此次发现的均为"瓢形坑灶"。值得注意的是，灶坑位于房址中部，大都靠近门道，保存较好的瓢形灶的火道都延伸至门道附近。这样的结构便于将房外的空气引入灶坑。目前尚未发现排烟设施。从火道和灶坑的位置可以推测，在灶上方还可能存在某种结构，使进入火道和灶坑的空气形成环流，从而达到从房顶排烟的效果。此外，在大多数火道内都发现了大型石器或石块，可能用于清理灶坑内的烧灰、封堵灶口和拢火。

关于红山文化房址的附属建筑问题。红山文化房址内发现的附属建筑较少，仅在白音长汗 BF67 内发现一个半圆形壁龛。魏家窝铺 2010 年发现了两类附属建筑：一类是房内窖穴，以 F3 内窖穴为代表。窖穴位于房址的东北角，呈圆形，坑底发现有保存较好的灰白色硬面。窖穴南部发现有二级土台阶，将窖穴与房址相连。另一类是房内土台，以 F26 为代表。位于房址东北部居住面上，使用灰白色泥抹成，形状不规则。土台南面紧靠圆形灶坑，由西到东半包围在灶坑外侧。土台表面的灰白色泥面与居住面连成一体，台上凌乱地摆放着彩陶罐、夹砂黑陶罐以及陶支脚、鹿角、石器等遗物。这两类遗迹的发现，无疑为进一步了解红山文化居民的生活场景提供了宝贵的资料。

魏家窝铺遗址地处红山文化分布的腹心区域，南隔燕山山脉与华北平原相望，东北

① 内蒙古文物考古研究所：《白音长汗——新石器时代遗址发掘报告》，科学出版社，2004 年。
② 内蒙古文物考古研究所：《克什克腾旗南台子遗址》，《内蒙古文物考古文集》（第二辑），中国大百科全书出版社，1997 年。
③ 李恭笃：《辽宁凌源县三官甸子城子山遗址试掘报告》，《考古》1986 年第 6 期。
④ 郭大顺等：《辽宁省喀左县东山嘴红山文化建筑群遗址发掘简报》，《文物》1984 年第 11 期。
⑤ 内蒙古文物考古研究所：《白音长汗——新石器时代遗址发掘报告》第 473 页，科学出版社，2004 年。
⑥ 中国社会科学院考古研究所内蒙古工作队：《赤峰西水泉红山文化遗址》，《考古学报》1982 年第 2 期第 185 页。

越科尔沁草原可达松嫩平原，对研究红山文化时期南北方的文化交流与碰撞、人文地理环境的变迁、社会结构与发展等问题具有重要的意义。2010 年的发掘资料显示，魏家窝铺遗存不仅保留着以筒形罐为代表的辽西地区新石器时代文化传统，还接受了来自燕山以南的考古学文化影响，体现出了南北交融的文化特征。魏家窝铺聚落的布局既有辽西地区新石器时代房址成排分布的特征，也可以看到华渭文化区环壕聚落的影子。此外，该遗址发现的房址内部结构方面的信息为进一步研究红山文化相关问题提供了重要资料。

执笔：段天璟　成璟瑭　曹建恩

（原载《吉林大学社会科学学报》2011 年第 4 期）

凌源市西梁头红山文化石棺墓地的发掘与研究

王来柱

（辽宁省文物考古研究所）

　　2009 年 3 月，辽宁省凌源市博物馆在配合第三次全国文物普查时，在大凌河支流渗津河左岸、行政隶属于三家子乡河南村田家沟组左近，发现了三处红山文化墓地（图一）。西梁头红山文化石棺墓地就是其中的一处。在此前后，墓地曾遭不法分子盗掘，辽宁省文物考古研究所于 2009 年 7～10 月，对墓地进行了抢救性发掘。

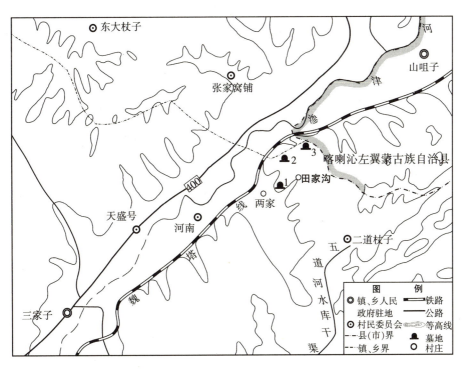

图一　田家沟红山文化墓地群地理位置示意图

1. 西梁头墓地　2. 夹鼻子梁墓地　3. 东梁岗墓地

一 墓地发掘

墓地选址在田家沟西梁南端平缓的坡岗之上，坡岗呈东北—西南走向，海拔高程404米。这里为山地南坡的边缘突出部，属典型的山麓地貌。由于风力、重力以及片状洪流的长期、反复作用，使得山坡不断后退，形成山麓缓斜的平整基岩面，上覆薄层松散堆积物，现已被辟为耕地。坡岗中间高，东西两侧及南端低。中间地带又沿东北—西南向高且平坦，西北—东南向高差较大，前者高差约0.95米，后者高差约1.75米。揭开表层耕土（厚0.1~0.2米），即为大面积山体风化基岩，局部基岩上附少量第四系棕黄色生土。经辽宁省第三地质大队鉴定，基岩地质时代属中生代白垩纪九佛堂组，距今约1.4亿年，为火山碎屑沉积于水盆地中，经水选作用形成的凝灰质沉积岩，属湖沼相浅水沉积，层面上可见不甚明显波痕。基岩在坡岗上自北而南沿东北—西南岩脉走向呈条带状出露。北部为黄色凝灰岩酥朽石块；中部为黄色凝灰质粉砂岩石板，表面经雨水冲刷碳酸钙析出黄中泛白，层理面发育好，硬度适中，单层厚4~10厘米；南部为含大量石灰石结核经胶结作用形成的凝灰岩坚硬石块，石块形状不规则，层间有缝隙，由于白色石灰石结核呈颗粒状，较为醒目，当地俗称"仔石"。三种岩石自北而南呈单斜向依次叠压，交错分布，即凝灰岩酥朽石块在上，凝灰质粉砂岩石板居中，凝灰岩坚硬仔石在下。墓地就选址在坡岗中部高差较小，南北长17、东西宽9.7米，天然层理面发育好、硬度适中的凝灰质粉砂岩石板富集的区域（图二）。

发掘布5米×5米探方21个，发掘面积525平方米。发现遗迹计有墓葬7座，墓祭遗迹（MJ1）、祭祀坑（H1）、采石坑（H2）各1座（图三；附表一、二）。所有遗迹均以基岩面作为活动面。

祭祀坑（H1）位于墓地最南部，在坑底和坑口南侧出土鹿角2段，为1个个体。

采石坑（H2）位于墓地最北部，坑壁边缘不规则，从坑壁和坑底中部的小坑壁断面观察均为粉砂岩石板，石板块度较大，成层性好，总厚度达0.48米（小坑底面为凝灰岩仔石），可见该处是这个丘岗优质粉砂岩基岩石板堆积较厚的地方，加之在坑底的石板上见有多处敲琢的痕迹，再考虑到砌筑石棺的石板、盖板与此处的完全相同，我们认为该坑为解决或补充石棺用材的采石坑。

在采石坑和祭祀坑之间，南北长11.9、东西宽9.7米的区域为墓葬区。墓葬平面分布形状呈"环"形，西南有一缺口。其中M5位于北部较高处，其他墓葬在其北、东、南三面呈半圆形展开。所有墓葬的墓坑均挖凿在基岩（或基岩上附生土）上，坑壁基岩岩性上半部为石板（板岩），下半部为仔石（块岩）。凿挖下来的石板多用来垒砌圹内石棺两侧长壁的棺墙（棺壁石板平砌，因而较宽，起主承重作用，形状似墙，故用此称谓），成材好的也可单独做石棺头、脚两端的立置厢板或石棺盖板使用，辟凿下来的

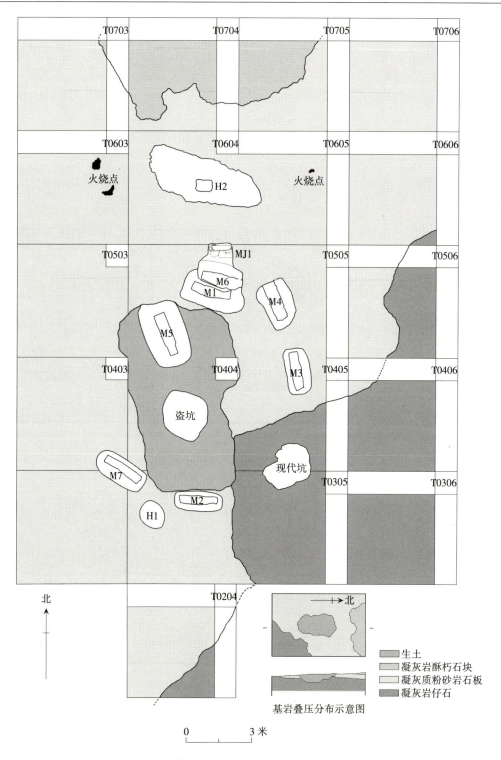

图二　西梁头墓地基岩与遗迹分布关系示意图

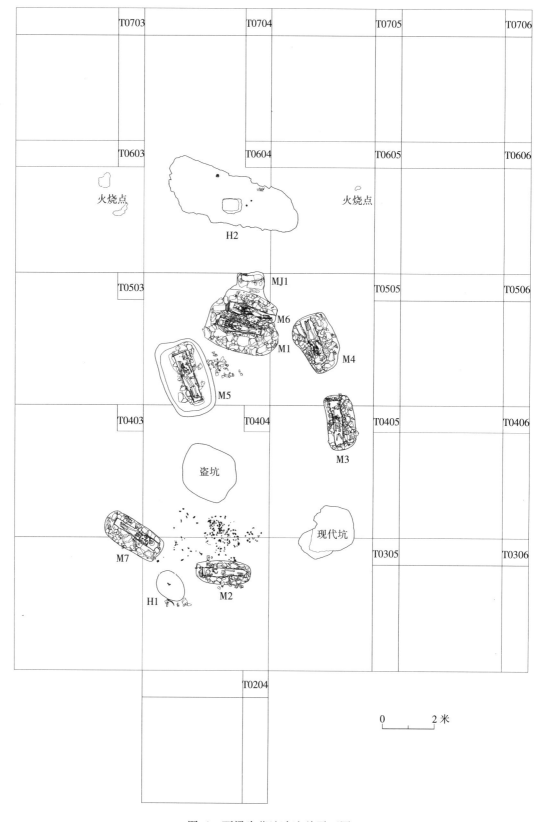

图三　西梁头墓地遗迹总平面图

仔石碎块多用作圹内石棺盖板之上的填石使用。墓圹平面均呈圆角长方形，长2.1～2.96、宽0.84～1.88、深0.24～0.96米；剖面形状呈口大底小的倒直角梯形，其中M5为有基岩二层台的倒"凸"字形，圹穴也最深。圹内石棺均为长方形，长1.64～2.06、宽0.36～0.7、深0.24～0.38米。石棺四壁用石板（或石板加少量石块）砌筑，也有局部利用基岩壁的情况。一般头、脚厢棺壁多石板立置，两侧长壁棺墙多用石板（或石板加石块）采用错缝法平置叠砌，为了加固两侧长壁棺墙中段，往往在棺墙内壁贴附石板。石棺有盖板，无底板，基岩做底。基岩底由于仔石多凹凸不平，多采用凹处垫土或铺垫小石板找平，个别墓底采用小石板加泥烘烤找平的方式，如M5。墓向各个方向均有，唯独不见东北—西南向（或称西南—东北向）。葬式均为单人一次仰身直肢葬，M1与M6情况有些特殊，M6利用M1已有的北壁棺墙做南壁局部棺墙使用，墓穴头、脚端略有错位，深度也不同，可称之为异穴合葬墓。人骨保存情况一般，个别墓葬头骨由于上部石棺盖板断裂塌陷、填石脱落等原因产生位移。年龄均为成年。棺内淤土为黄褐土，较松软，土质细腻，厚0.2～0.35米。圹内（棺上）填土为开凿墓圹的原岩土与石块，较坚硬，薄厚与墓圹的深浅同步；较浅的墓圹由于圹口高度和石棺高度所差无几，填土较薄，在棺墙和棺盖板上部（棺盖板通长采用半覆盖棺墙的方式）往往用与周边基岩岩性相同的石块或石板封填，石缝间用原岩土填充，石料多于原岩土；较深的墓圹填土较厚，多用原岩土夹碎石块回填，回填土上部也有融于周围环境的石材或生土覆盖，原岩土多于石料；填土均经踩踏处理，高度与圹口大体相平。M5回填土厚达0.5米，分两层：上层与其他墓葬处理手法相同；下层经夯砸处理，非常坚硬。此种经夯砸处理的填土也见于牛河梁第二地点一号冢深穴中心大墓M26①（以下简称牛2Z1M26，牛河梁其他地点墓葬也依此简称）。

出土遗物有玉器（含广义的绿松石）和陶质筒形器等。玉器发现5件（图四），均出土在石棺内，种类有玉镯、绿松石坠饰、玉蚕形器，分属于四座墓葬，其中M5出土玉镯、绿松石坠饰两件玉器。陶筒形器发现数量（较牛河梁单个墓地）少且破碎，不见完整器，主要出土在墓圹的填土内和个别墓葬的墓圹周边，在石棺淤土内也有零星发现，均属于牛河梁红山文化上层积石冢出土的晚期筒形器形制。陶质"祖"形器仅在M5的墓圹填土内发现一块残片（以往考古报告将其称作塔形器、镂空瓶形器等）。此外，在墓圹填土和石棺淤土内还发现有少量木炭屑和啮齿类动物骨骼，前者在填土内发现较多，后者在淤土内有较多发现，蚌壳仅在M7填土内发现一块。在M6石棺内还发现一残断成四段、复原长98厘米的木棍，放置在墓主右手腕至右脚部位，木质已腐朽，

---

① 辽宁省文物考古研究所：《牛河梁红山文化第二地点一号冢石棺墓的发掘》，《文物》2008年第10期。

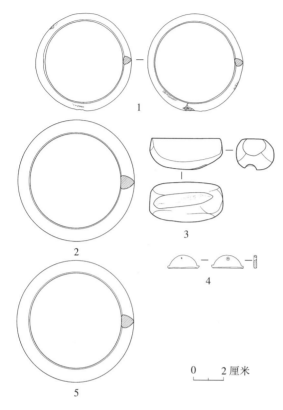

图四　墓葬出土玉器

1、2、5. 玉镯（M4:1、M1:1、M5:2）

3. 蚕形器（M2:1）　4. 绿松石坠饰（M5:1）

从纵断面的顺直均匀的长维管束看有可能是水曲柳，推测应是手杖之类的遗物。

下面重点介绍出土玉器。

M5:1，绿松石坠饰。出土于头骨右侧，两面材质不同。出土面为绿松石质，颜色绿中泛蓝，另面为黑色石皮。片状，甚平整，近半圆形，底部直边两端外凸，弧形上缘正中（从背面）单面桯钻一坠孔。器形小巧，通体抛光。直径 2.05、高 0.83、厚 0.22 厘米（图四，4）。此种绿松石坠饰在牛 16M4 深穴中心大墓①、牛 2Z4M2 重要墓葬②也各出土一对，形制完全相同，其中牛 2Z4M2 出土在双耳附近；在牛 2Z1M23 深穴墓中也出土一件③，形制虽不同，但坠孔也位于上端边缘中部，且明确出土在左耳部，可知这种形制的坠饰当为耳坠。

M5:2，玉镯。套在墓主人右手腕上。青绿色，玉质内有黑色杂质，器表泛白，见多处冰裂纹，局部有土渍。通体琢磨精细，光素无纹。镯体近正圆形，横截面呈圆三角形，内缘厚而外缘薄。直径 7.85、孔径 6.1、厚 0.82～0.85 厘米（图四，5）。

M1:1，玉镯。出土于墓主右胸上，平置。颜色、质地、工法、形制均同 M5:2。直径 7.85、孔径 6.1、厚 0.85～0.88 厘米（图四，2）。

上述两件玉镯形体较大，制作精良，在牛河梁红山文化上层积石冢的深穴中心大墓中多有出土，多戴在男性墓主的右手上。由于两者在质地、工法、形状上完全相同，尺寸也完全一致，应是同时制作的一对玉镯。

① 辽宁省文物考古研究所：《牛河梁第十六地点红山文化积石冢中心大墓发掘简报》，《文物》2008年第 10 期。

② 方殿春、朱达：《牛河梁第二地点发掘报告》，资料待发表。

③ 辽宁省文物考古研究所：《牛河梁红山文化第二地点一号冢石棺墓的发掘》，《文物》2008 年第 10 期。

M4∶1，玉镯。套在墓主人左手腕上。玉质白色，器表白中泛黄，微见土渍，局部有瑕疵。镯体近圆形，不甚规整，横截面呈圆三角形，内缘厚而外缘薄。内缘两面对磨，一面磨痕较深，缘面斜平。通体抛光。直径 6.3 ～ 6.4、孔径 5.22、厚 0.48～0.52 厘米（图四，1）。此件玉镯形体较小，玉肉窄薄，如果不是套在手腕上很难将其与大玉镯的佩戴功能联系在一起，在以往的报告中多将其称作玉环，现在看来，这类玉环亦应称作"小玉镯"。

M2∶1，蚕形器。出土于墓主右臂肱骨下，横置。非蛇纹岩质玉，置于清水中不冒泡。通体沁成鸡骨白。整体近扁圆横柱状，中间厚，两端略有收分，一端收分较大，形状似蚕。上面光平，见有灰渍，其余三面呈弧面，底面正中见一纵向长沟槽，似象征蚕翼的分界线，沟槽剖面呈圆缓"V"字形，左近见大面积土渍。通体抛光。长 4.9、宽 2.5、厚 2.05 厘米，沟槽长 3.9、宽 0.9、深 0.3 厘米（图四，3）。此种形制的玉器有学者将其称作

1

2

3

图五　玉蚕

1. 牛 2Z1M11　2. 建平东山岗墓葬
3. 牛 5 上层 Z1 上部碎石层内出土

"有槽箭杆整直器"①，但考虑到在牛河梁红山文化墓地及其附近"玉蚕"也多有出土，且均出土于牛河梁红山文化上层积石冢的浅穴墓葬中，为便于进行比较和确定年代早晚，还是暂时将其称作"蚕"形器，是否妥当，留待以后的更多出土物再议。在牛 2Z1M11 曾出土一件玉蚕，原简报称作玉棒形器②，头端和尾端明确，用一周弦纹和两匝凸起将头、胸、腹分开，没有腹节的表现（图五，1）；2006 年配合京四高速公路建设在建平东山岗红山文化积石冢墓葬中也发现一件，头、尾端明确，背上有纵向浅沟槽，似象征两翼分界线，腹下有腹节的明确表现（图五，2）；在牛 5 上层积石冢 Z1 上

---

① 李新伟：《我国史前有槽箭杆整直器》，《考古》2009 年第 6 期。
② 辽宁省文物考古研究所：《辽宁牛河梁红山文化"女神庙"与积石冢群发掘简报》，《文物》1986 年第 8 期。

部扰乱的碎石层中（也应出自墓葬）也出土一件蚕宝宝，头、尾明确，有腹节表现①，外形轮廓和本次发现的蚕形器最接近（图五，3）。

二　墓地研究

1. 墓葬布局与排序

（1）墓葬数量的确认

墓地发现墓葬 7 座，这些墓葬均选址在凝灰质粉砂岩石板富集的区域，均有完整的人骨架，且呈大半圆形分布。但在墓葬分布的圆心地带发现一个盗坑，呈圆形排列的墓葬圈东南链条带上发现一个现代坑，只有对这两处扰坑是否有墓葬下葬做出准确的认定，才能确知墓地墓葬的数量，这是探讨墓葬布局的前提和基础。盗坑虽处在板岩地带且又位居"中心"，但在盗坑的扰乱堆积中没有发现哪怕是零星的人骨碎片，故此排除盗坑的墓葬性质。现代坑虽处在圆形墓葬圈的链条带上，但坑壁很浅，又位于坚硬仔石的裸露带上，被墓葬选址所抛弃。

（2）墓葬布局及初步排序

7 座墓葬以位于西北的 M5 为中心，其余 6 座墓葬做大半圆形排列。这种环形布列是受到周围不同地势高度、不同基岩属性制约的结果，也是墓地刻意选址与规划的结果。这样，除 M6 与 M1 之间为并联墓葬外，其余墓葬之间均可以看做是没有缺环呈环形布列的串联墓葬。虽然 M1 与 M5 之间看起来不像串联墓葬，但 M5 作为中心墓葬（详见下文），需要位置向心，才在脚向上作了向心调整，否则，依照环形布列的弧度走向，M5 更应该是头向东北而非头向西北，因此，M1 与 M5 之间实则为串联墓葬。当然，M5 头向西北而非头向东北除了作为中心墓葬的考虑外，更有受山体基岩走向制约的深层原因。一般地说，墓穴方向与山岩走向一致或平行时，易造成穴壁坍塌等工程病害，不利丁墓穴的营建与墓葬的保护；而当墓穴方向与山岩走向垂直或交义时，穴壁较为结实，利于墓葬的营建与尸骨和随葬品的长久保全。从牛河梁红山文化上层积石冢的晚期早段深穴墓葬开始，就已经基本摒弃了东北—西南向墓穴方向（牛河梁附近山岩走向也为东北—西南走向），本墓地也如此。

7 座墓葬依据位置的远近关系和尸骨的摆放特点可以分成三组，M5、M1、M6 为第一组，M4、M3 为第二组，M2、M7 为第三组，组内墓葬相距较近、墓葬头对头，组间墓葬脚对脚。那么，这些墓葬是以组别为单位，大体同时下葬呢，还是以 M5 为龙头，分时段早晚相继下葬呢？或者说，这片墓地是早晚相继的单一家族的继嗣群茔区呢，还

---

① 辽宁省文物考古研究所：《辽宁凌源市牛河梁遗址第五地点 1998～1999 年度的发掘》，《考古》2001 年第 8 期。

是不同家族大体同时、有主有次，以 M5 为代表的主体家族的附葬墓地呢？由于上述墓葬均以基岩面作为茔地茔葬的活动面，没有叠压打破关系，也由于出土的陶筒形器均为牛河梁红山文化上层积石冢的晚期筒形器，沿用时间较长，并且没有完整器，彩陶纹样也漫漶不清，对墓葬之间早晚关系的判定带来了一定难度。好在这批墓葬的每一组都出土了玉器，还是为墓葬关系的甄别提供了可靠依据。据研究，绿色系色调的玉器（含广义上的绿松石材质类玉器）多出土在牛河梁红山文化上层积石冢的晚期早段墓葬（或称深穴墓葬）内；通体沁成鸡骨白的玉器多出土在牛河梁红山文化上层积石冢的晚期晚段墓葬（或称浅穴墓葬）内，早段墓葬绝不见；玉质为白色的玉器虽出土较少，但大体位于二者之间，这样，这三种色调的玉器阶段性特征明显。由于该墓地距离牛河梁红山文化墓地仅 51 千米，两者不仅地域邻近，而且在时代特征、文化内涵、墓葬形制及随葬品等方面均存在着诸多的一致性和同步性，所以牛河梁墓葬出土玉器的早晚关系同样适用于该墓地。再看三组墓葬，M5 组出土玉器为绿色调，M4 组为白色调，M2 组为通体沁成鸡骨白，显然，三组墓葬是早晚关系而非同时关系。同时还可以进一步认定的是，墓葬由早及晚下葬时间依次为：第一组最早，第二组其次，第三组最晚。这样，墓葬布局与排序也可以初步表述为：以 M5 为龙头，由早及晚按顺时针排序。

（3）组内墓葬与组间墓葬解析

下面试从墓葬的形制与尸骨摆放特点、分布位置与墓壁借用关系（位置关系与墓壁借用也是墓葬下葬早晚关系的一种表现形式）、出土玉器等三方面，对墓葬间的关系做一详细梳理。

①组内墓葬

以第一组墓葬为例，M5 位置居中，是唯一一座二层台式深穴墓坑，填土经夯砸和踩踏处理，在填土内不仅出土其他墓葬均见的陶祭器——筒形器，还出土了其他墓葬所不见的祭礼器——"祖"形器，加之随葬玉器较多，以及高等级玉器——绿松石耳坠出土，这些均具备了中心墓葬的诸多特征，同时在牛河梁墓地的中心大墓或重要墓葬中均能找到一一对应关系（如前所述）。如果考虑到墓地的形成一般跟中心墓葬有关，那么可以推测其他墓葬都是在中心墓葬埋好之后陆续葬入的，M5 墓坑优先选择在板岩上附生土便于深葬的位置也说明了这一点；同时其他墓葬都较 M5 埋藏浅，依照牛河梁红山文化墓葬（在中心大墓出现以后）埋葬的早晚规律，一般深穴墓葬在埋葬时间上要早于浅穴墓葬。因此，M5 虽位于第一组墓葬内，但它同时还具有中心墓葬和肇始墓葬的性质。

再看 M5 与 M1。M5 与 M1 在平面位置分布上相距较近，仅 0.4 米，从出土玉器看，M5 与 M1 出土的玉镯在质地、工法、形状上完全相同，尺寸也完全一致，应是同时制作的一对玉镯。成对玉镯分葬在两座墓葬中，一方面说明两座墓葬的下葬时间相隔较近，另一方面也体现了玉器的继承关系，从而也暗示出两座墓的墓主存在着较近的亲缘关系。又因两座墓葬体现的是有一定距离的头对头、脚背离的串联墓葬关系而非头、脚向相同并零距离紧密接触的并联墓葬关系（如 M1 与 M6），从而反映出两位墓主应是较近的亲缘关系中的不同辈分关系而非同辈关系。如果再将两位墓主均为成年男性，加之贵重物品玉镯的传承有序等情况考虑在内，那么，两位墓主的关系极有可能是血亲关系中不同辈分的父子关系或祖孙关系。

反观 M1 与 M6。从人骨的非测量性观察看，M1 墓主为成年男性，M6 墓主为成年女性，考虑到 M6 在人骨右侧随葬一件类似手杖之类的木棍，推测 M6 墓主极有可能是老年女性。再看 M6 利用 M1 已有的北壁棺墙做南壁局部棺墙使用，反映下葬时间有先有后，两座墓为异穴合葬，同时在合葬时还举行了合葬仪式，即 M6 北侧墓祭遗迹 MJ1。这种墓葬关系上紧密并联，墓主性别上相异，还有合葬仪式，极有可能体现的是同辈关系中的姻亲关系——夫妻异穴合葬墓。

最后说 M6 与 MJ1。MJ1 铺底石板面与 M6 棺口面齐平，北、东、西三穴壁的高度和 M6 棺盖板高度同，同时南侧向 M6 敞开，相距仅 0.2 米，故此二者在营建时间上应同时。

②组间墓葬与墓地沿用时间

从上面的论述可知第一组墓葬中的串联墓葬为不同辈分的关系，那么同理可证，第二组和第三组的组内墓葬以及三组组间墓葬之间（M1 与 M6 之间除外）由于均为串联墓葬，加之各组墓葬出土的玉器早晚有别，因此也应是不同辈分的关系。只是相比较而言，组内墓葬相差辈分较小，组间墓葬相差辈分较大。这样，从第一组到第三组沿顺时针旋转的墓葬圈体现的正是从老辈到小辈的多辈人的墓葬下葬关系，即墓地从 M5 起开始营建并使用，到 M7 下葬完成后，墓地自行废止。由于 M7 为墓地最后下葬的一座墓葬，因此，在墓葬圈的西南部有一较大的空白地带。综观这片墓地的所有墓葬关系便不难发现，既有体现不同辈分的血亲关系，又有体现同辈关系中的姻亲关系（如 M1 与 M6），虽然姻亲关系仅此一例，但毕竟两种关系交织在这片墓地中。而这正是家族继嗣群墓地的典型特征。

与此同时，也应该看到，组内墓葬和组间墓葬在墓葬串联方式上有所不同：组内墓葬头对头，组间墓葬脚对脚。尤其是头对头的墓葬串联方式在墓地中不断重复出现并呈现出有规律分布的特点，才构成了墓地墓葬的有序排列，因此，头对头的墓葬串联方式——每组墓葬就可以看成是墓地的最小单位。我们知道，构成家族的基本单位是家庭，那么如前所述，既然整个墓地是家族墓地，那么每组墓葬就理所应当是家庭墓葬了。

经非测量性肉眼观察，墓地所葬的 7 具人骨个体，均为成年人，这说明未成年人是没有资格葬入家族墓地的，牛河梁红山文化墓地也是相同的情况。原海兵、赵欣等学者对牛河梁红山文化积石冢石棺墓地出土的 70 例人骨个体进行了详细的研究①。研究结果表明，13 ~ 15 岁正是红山文化古人的青春期发育年龄，也是是否步入成年人的分水岭。也就是说，只要年龄不小于 13 ~ 15 岁就是成年人了，因此，每两辈间的最小年龄差也应在 15 年左右。研究结果还表明，牛河梁红山文化墓地男性平均死亡年龄约为 34. 10 岁，女性的约为 31. 52 岁，男女两性的平均死亡年龄约为 32. 81 岁。从男女两性的平均死亡年龄看，他（她）们生前是可以看到隔辈人的，即在家庭生活中二世同堂或者三世同堂都是有可能的。再来看第一组墓葬，M5 与 M1 出土的玉镯之间属于馈赠行为，一般地说，只有生前能够见到的人才能谈到馈赠，因此，依照牛河梁男女两性的平均死亡年龄估算，M5 生前只能见到儿、孙辈，见到重孙辈的可能性较小，这也从另一个侧面证明我们原先推测的 M5 与 M1 之间为父子关系或祖孙关系还是较为合理的。M6 墓主极有可能是一老年女性，在下葬时随葬一手杖，这正是家庭生活中敬老尊亲习俗在墓葬中的反映。综合看三组墓葬出土遗物，除了在填土内均有陶筒形器出土外，在玉器随葬方面也存在着一些共性：葬玉与不葬玉相互对应——老辈葬玉，少辈不葬玉。如前所述，未成年人是没有资格葬入家族墓地的；成年人虽有准入家族或家庭墓地的资格，但只有那些通过能力并为家族或家庭做出了贡献的成年人，才有资格葬入，否则，填土内均有的彩陶筒形器又在为谁流光溢彩呢？葬入墓地的成年人，又有葬玉与不葬玉之别，说明在能力与贡献大小上还是区别对待的；同一家庭墓地内老辈人佩玉，少辈人不佩玉，说明老辈人在经验、知识甚至技巧方面更有能力为家庭或家族做出更大的贡献。从这个意义上说，玉已具有"礼"的含义，同时也说明，玉器的获得靠的是能力与贡献大小。当然，玉器的获得还有另外一条途径，那就是家庭或家族的赠与，但在葬仪上还是有所区别的。如 M5 随葬的玉镯是佩戴在手腕上，而 M1 靠赠与得来的玉镯只能摆放在胸上而不是佩戴在手腕上（此玉镯从尺寸上看是完全可以穿戴在手腕上的），这也从反面证明只有靠突出的能力和贡献得来的玉器才是正理（礼）。这一墓地三个不同时段的家庭也正是以不断重复的方式从葬仪和祭仪上来强化这一理念的。同时也说明，玉器的佩戴与摆放是具有不同含义的。

从上面的分析可知：这片墓地是单一家族墓地，葬入墓地的都是为家族做出贡献的不同辈分的成年人，这些成员在空间上可以聚合成三个不同时段的家庭，家庭内二世同堂或三世同堂，少辈从老辈家庭中分离出来另组家庭以有突出能力和贡献获得玉

---

① 原海兵、赵欣等：《牛河梁红山文化积石冢石棺墓出土人骨研究》，《牛河梁遗址发掘报告》，待刊。

器为标志，每两辈间最小年龄差约为 15 年。上述结论为我们合理地推测墓地沿用时间提供了可能。如果每组墓葬辈分关系以两辈计，那么，整个墓地是六辈人的关系，辈分差为五辈，墓地沿用时间约为 75 年；如果每组墓葬辈分关系以三辈算，那么，整个墓地是九辈人的关系，辈分差为八辈，墓地沿用时间约为 120 年。综合两种计算结果，墓地平均沿用时间约为 97.5 年。当然，上述的推论也存在诸多变数，主要是人骨的体质人类学和分子考古学还未来得及做科学鉴定与研究，仅凭肉眼观察难免会出现一些偏差，结论也将随之做一定的调整。但无论如何，墓地沿用时间约当百年，还是较为可信的。

2. 墓地选址与石材利用及填土处理

墓地刻意选址在高度适中的山麓基岩平整面上凝灰质粉砂岩石板富集并裸露的区域。凝灰质粉砂岩石板具有较好的水平层理面，便于开采，岩性硬度既不算太坚硬，又相对结实，非常适合开凿墓穴和营建石棺，加之分布位置适中，方便就地取材与降低墓葬营建成本，为墓地选址所相中。

就地取材的墓葬营建方式可从如下两层意思来理解：首先，合理利用凿挖墓穴产生的石材来营建石棺；其次，如果凿挖墓穴产生的可用石材不足以满足建造石棺之需要，尤其是不能满足诸如立板、棺盖板等优质石材的需要，就从墓地北部的 H2 采石坑开采优质石板。建棺石板的截断方法通常采用敲琢法，但对于技术要求高的特殊石板诸如棺盖板和立置厢板，往往还采用火烧取直的截断方法，墓地多个石棺的棺盖板和立置厢板上沿规整直边边缘多见红色火烧痕就是证明。

墓葬填土均经踩踏处理，填土较厚的墓葬如 M5 在其填土的下半部还使用了夯砸等特殊处理；同时在所有墓葬的填土表面，还往往使用与圹口周围岩性和颜色相同的石材进行封盖，使其融于周围山岩，具有防盗功能。

3. 祭祀方式与墓地类型

经发掘可知，墓地祭祀方式有三种：（1）围绕墓口周围摆放陶筒形器等相关祭器的墓祭方式，如在 M2 圹口北半部摆放筒形器就属于这种祭祀仪式；（2）坑祭仪式，如H1；（3）合葬仪式，如 MJ1。

在墓地外围不见石围墙和成排立置的陶筒形器，不同于常见的积石冢墓地类型，与牛河梁第三地点石棺墓地[①]有较多相似之处，应属于一种新的墓地类型——单纯的石棺墓地类型。需要提及的是，在本墓地发掘的同时，也对距此约 2 千米的夹鼻子梁红山文化墓地进行了抢救性发掘，发掘结果表明，夹鼻子梁墓地属于典型的红山文化积石冢墓地，出土的陶筒形器形制与本墓地完全相同，均属于红山文化晚期墓地。因此，我们可

① 魏凡：《牛河梁红山文化第三地点积石冢石棺墓》，《辽海文物学刊》1994 年第 1 期。

以有理由推断，在红山文化晚期阶段，两种墓地类型大体同时并存。

三　余论

本次发掘出土的 3 件玉镯在出土位置和随葬方式上均有所不同。M4∶1 戴在墓主左手腕上，形体较小，M5∶2 戴在墓主右手腕上，形体较大，考虑到 M5 墓主为男性，M4 墓主为女性，我们认为上述差异主要是基于性别的差异和佩戴的习惯不同造成的。而 M1∶1 和 M5∶2 大小相同，M1 性别也为男性，我们推测 M1 墓主生前也是将玉镯戴在右手腕上，但却在死后随葬上将其摆放在胸上而不像 M5 墓主那样生前死后均佩戴在手腕上。造成上述差异如前所述，M5 玉镯是靠突出贡献挣来的，M1 玉镯是靠家庭继承得来的，家族成员虽也承认这种继承权，但在死后随葬上给予了佩戴和摆放两种不同的处理方式。在牛河梁红山文化墓地出土的不同种类玉器中，哪一类玉器的出土数量和出现频率也没有玉镯玉环多（多达 50 余件）、高，哪一类玉器在表达墓主的身份和地位时也没有玉镯和玉环直接，牛河梁各地点中心大墓墓主均佩戴玉镯就是明证。玉镯和玉环虽大小有异，但在观念形态和价值取向上并没有本质的不同，且二者又经常共出，甚至在出土部位上也基本趋同，只是在佩戴和摆放的随葬方式上不同，这在原葬墓或称一次葬的墓葬中表现得尤为明显。透过现象看本质。正如上面分析的那样，只要在随葬方式上是佩戴的，都是靠能力和贡献博取的；只要在随葬方式上是摆放的，不论形体大小，称镯或称环，都是靠继承得来的。如果说佩戴玉镯所表达的是实至名归的贵族身份和地位的话，那么，摆放玉镯（或玉环）所表达的仅仅是一个贵族出身，虽然这种出身也为时人所认可。这大概就是中华文明肇始阶段的家族古礼吧！

红山文化玉器除了在宗教、礼仪等精神生活方面有所表达外，在物质生活方面尤其是经济类型所呈现的生业方式层面上也有较为充分的表现。如 M1 出土的玉蚕形器，以及牛河梁红山文化墓地及其附近，包括赤峰地区[①]出土的多件玉蚕，就是这种生业方式的物化载体的外在表现。玉蚕不仅出土数量多，而且在蚕的不同发育阶段也都有较为精准的表现。这说明，在红山文化晚期阶段，养蚕缫丝所形成的家庭纺织业对于解决当时人们的穿衣保暖问题，是多么的重要。墓地还出土了 1 件鹿角和 1 片蚌壳，数量虽少，但也是狩猎和捕捞等不同生业方式在家族经济生活中的反映。

综上所述，西梁头红山文化石棺墓地是单一家族的小型继嗣群茔区。这个墓地在家族埋葬礼俗上具有如下特点：同辈关系上，生相亲爱，死亦合葬；家庭关系上，生

---

① 于建设主编：《红山玉器》第 136～141 页图版，远方出版社，2004 年。

则同处，死亦同地，传承有序；家族葬制上，老少有序，敬祖尊亲，特殊标识，中心明确①。此种家族式的小型继嗣群茔区墓葬在牛河梁各地点墓地聚群分片，从而成为牛河梁更大规模、更高等级的继嗣群茔区的最小单位和基层单位。相信随着出土人骨的体质人类学与分子考古学的进一步研究，这一问题将变得更加清晰明了。

（原载《玉魂国魄——中国古代玉器与传统文化学术讨论会文集》（四），浙江古籍出版社，2010 年）

---

① 本文初稿完成之时，有幸拜读卜工先生文章《古礼时代的家族及其联盟》（《新果集——庆祝林沄先生七十华诞论文集》，科学出版社，2008 年），受此启发，在此致谢。

附表一　西梁头墓地墓葬统计表

（单位：米）

墓号	方向	墓扩形状尺寸（长×宽-深）	石棺结构	石棺尺寸（长×宽-深）	人骨		葬式	随葬品	备注
					性别	年龄			
M1	282°	圆角长方形 2.86×1.5-0.48	长方形。有盖板，基岩底。四壁均用石板平砌，南壁、西壁、东壁较直，北壁上口向外倾斜	1.82×0.7-0.38	男	成年	单人仰身直肢葬	玉镯1	与M6为合葬墓，下葬时间早于M6
M2	274°	圆角长方形 2.14×0.86-0.24	长方形。盖板仅在头端残存一块，基岩底。南、北、东三壁石板平砌，西壁石板立置，南壁、西壁上口向外倾斜	1.72×0.38-0.2	不详	成年	单人仰身直肢葬	玉蚕形器1	
M3	350°	圆角长方形 2.1×1.06-0.4	长方形。有盖板，基岩底。东、西壁石板平砌，南、北壁石板立置	1.64×0.46-0.34	不详	成年	单人仰身直肢葬	无	
M4	157°	圆角长方形 2.2×1.46-0.66	长方形。有盖板，基岩底。西壁下部为基岩，上部立置石板，北壁基岩底，东、南壁石板平砌。南壁上口向内倾斜，其余三壁向外倾斜	1.86×0.5-0.36	女	成年	单人仰身直肢葬	玉镯1	

续附表

墓号	方向	墓圹形状尺寸（长×宽－深）	石棺结构	石棺尺寸（长×宽－深）	人骨		葬式	随葬品	备注
					性别	年龄			
M5	341°	圆角长方形2.96×1.88－0.96	长方形。有盖板，基岩底。南、北壁石板立置；东壁多为基岩壁，只在北侧石板平砌；西壁中间为基岩壁，内立置石板，两侧石板平砌	1.94×0.5－0.36	男	成年	单人仰身直肢葬	玉镯1、绿松石坠饰1	中心墓葬，墓圹见生土二层台，剖面形状为倒"凸"字形
M6	288°	圆角长方形2.1×0.92－0.3	长方形。有盖板，基岩底。西壁立置石板，东壁基岩石板，南壁利用M1北壁棺墙，内立置石板，石板向外倾斜，北壁石板平砌	1.9×0.4－0.24	女	成年	单人仰身直肢葬	无	在人骨左手腕部至左脚部放置一根木棍，已朽成四段，复原长0.98米
M7	121°	圆角长方形2.50×1.16－0.42	长方形。有盖板，基岩底。东壁石板立置，上口向外倾斜，其余三壁石板平砌	2.06×0.36－0.24	男	成年	单人仰身直肢葬	无	

附表二　西梁头墓地其他遗迹一览表　　　　（单位：米）

名称	位置	形状与结构	遗迹尺寸（长×宽－深）	出土遗物及其他
H1	位于墓地南部，东距 M2 约 0.6 米	椭圆形，斜壁，平底	1.3 ×0.96 － 0.3	在坑底及坑口南侧出土鹿角 2 段，为 1 个个体
H2	位于墓地北部，南距 MJ1 约 1.7 米	圆角长条形，边缘不规则，直壁，壁面凹凸不平，平底	5.04 ×1.86 － 0.18	在坑底中部见一长方形小坑，深 0.3 米。在大坑底部石板面上见三处经敲击所形成的"花"形遗迹。在 H2 东、西两侧发现 3 个火烧岩石点
MJ1	位于墓地北部，南距 M6 约 0.2 米	长方形。北、西壁立置石板，分别向内、外倾斜，东壁基岩壁，南壁无，向 M6 敞开，铺底板，无盖板，底板面与 M6 棺口大体齐平	1.04 ×0.8 － 0.24	在底板面上见有琢刻图案，形状似"花"或"人"形

牛河梁第十六地点四号大型墓及相关问题探讨

刘国祥

（中国社会科学院考古研究所）

　　牛河梁第十六地点位于整个遗址群的西南部，坐落在隆起的丘陵高台地上，地表西高东低，略呈斜坡状。东北向距离第一地点女神庙址约 4500 米，东向距离第十三地点大型土石建筑址和第十四地点积石冢分别约为 1500、3000 米，三个地点大体沿东—西向等距离直线分布。1979 年 6 月，辽宁省文物普查训练班在凌源县文物普查时首次发现该遗址[①]；同年 10 月进行了试掘，清理出红山文化房址 1 座、墓葬 3 座及夏家店下层文化房址 1 座、灰坑 3 座；1986 年，李恭笃先生在《考古》第 6 期上刊发了《辽宁凌源县三官甸子城子山遗址试掘报告》一文，介绍了此次发掘成果。1983 年，对牛河梁红山文化遗址群进行统一编号，该地点被编为第十六地点，取代了原名城子山遗址。2002～2003 年，辽宁省文物考古研究所对该地点进行了大规模发掘[②]，清理出红山文化墓葬 13 座、灰坑 3 座及夏家店下层文化房址 8 座、灰坑 99 座、灰沟 7 条。其中，红山文化四号墓的发现最为重要，是目前所知规格最高的一座红山文化石棺墓，所出玉人和玉凤的造型新颖独特，在正式发掘出土的红山文化玉器群中系首次发现，对红山文化晚期用玉制度及相关问题研究具有十分重要的意义。

一　墓葬形制分析

　　四号大型墓位于牛河梁遗址第十六地点中心部位的山梁主脊上，圹穴是在山体最坚硬的变质花岗岩的岩脉上直接开凿而成，平面近似长方形，北侧穴壁呈斜坡状，东、西和南侧穴壁竖直。圹穴底部砌筑长方形石棺，四面棺壁均用石板平铺叠砌而成，共有

---

①　李恭笃：《辽宁凌源县三官甸子城子山遗址试掘报告》，《考古》1986 年第 6 期。

②　国家文物局主编：《2003 中国重要考古发现》，文物出版社，2004 年。

17 层，内壁齐整。底部平铺石板，顶部用长条形石板搭砌作盖板。扩穴长 3.9、宽 3.1 米，深 4.68 米。石棺内壁长 1.9、宽 0.5～0.55 米，高约 0.65 米。

红山文化的石棺墓有大、小型之分，大型石棺墓多分布在积石冢内中心部位，扩穴和石棺的规模较大；小型石棺墓均分布在积石冢内边缘部位，扩穴和石棺的规模偏小。牛河梁遗址所发现的红山文化晚期大型石棺墓除第十六地点四号墓（简称牛十六 M4）外，已发表的资料中还有以下 4 座，分别为第二地点一号冢二十一号墓①（简称牛二 Z1M21）、第二地点二号冢一号墓②（简称牛二 Z2M1）、第五地点一号冢一号墓③（简称牛五 Z1M1）、第十六地点二号墓④（简称牛十六 M2）。牛二 Z1M21 扩穴开凿在风化的基岩层内，平面呈长方形，穴壁竖直，底部平整。内砌石棺，棺壁采用厚薄不均的石板或石块平铺叠砌而成，共有 5～6 层，中部略宽，两端稍窄，底大口小，内壁较齐整。棺底未铺石板，顶部未搭盖板。扩穴长 3.25、宽 1.1 米，深 1.12 米。石棺口长 2.1、最宽 0.48 米，底长 2.15、最宽 0.53 米，高 0.37 米。牛二 Z2M1 位于方形积石冢的中部，墓室是一个石砌的方台，边长 3.6 米，方台的四壁用石块垒砌 5～6 层，向上内收，似覆斗状。方台中部为棺室，呈长方形，棺壁用 4～6 层较规整的石板、石块平铺叠砌，内壁平直，顶部搭盖薄石板。石棺长 2.21、宽 0.85 米，高 0.5 米。牛五 Z1M1 位于积石冢的中部，扩穴直接开凿在基岩层内，平面呈圆角长方形，穴壁呈台阶状内收，由墓口往下深 0.95 米处，扩穴四周留有原基岩二层台，再由二层台以下深约 0.55 米，可见一周封石，中部砌筑长方形石棺，两侧长壁由 6～7 层石板平铺叠砌而成，前、后短壁立砌整块石板，内壁齐整。石棺顶部用薄石板搭砌封盖，底部为基岩层，较平整。扩穴口部长 3.8、宽 3.1 米，墓深 2.25 米。石棺长 1.98、宽 0.55 米。牛十六 M2 扩穴开凿在基岩层上，平面近似长方形，中部垒砌长方形石棺，棺壁由石板或石块平铺叠砌而成，内壁齐整，棺底铺一层石板，顶部有盖板。扩穴长 2.54、宽 1.5 米，深 1.2 米。石棺内壁长 2、宽 0.45 米，高 0.6 米。

在上述五座大型墓中，牛十六 M4 扩穴的规模最大，石棺砌筑最精致，是目前所发现的红山文化规格最高的一座墓葬。

二　出土玉器分析

牛十六 M4 内随葬品共有 8 件，其中玉器有 6 件，分别为玉环 3 件及凤、人、箍形

---

① 辽宁省文物考古研究所：《辽宁牛河梁第二地点一号冢 21 号墓发掘简报》，《文物》1997 年第 8 期。

② 辽宁省文物考古研究所：《辽宁牛河梁红山文化"女神庙"与积石冢群发掘简报》，《文物》1986 年第 8 期。

③ 辽宁省文物考古研究所：《辽宁牛河梁第五地点一号冢中心大墓（M1）发掘简报》，《文物》1997 年第 8 期。

④ 李恭笃：《辽宁凌源县三官甸子城子山遗址试掘报告》，《考古》1986 年第 6 期。

器各 1 件，还出有 2 件小型绿松石坠饰。

　　从出土位置看，玉凤横枕在墓主人头顶骨下侧，正面朝上；箍形器出自墓主人右侧胸部偏下，压放在第六根肋骨上，斜口朝向头部一侧；1 件玉环佩戴在墓主人右臂上，出自右肱骨和右尺骨、桡骨连接处偏下部。玉人、2 件玉环和绿松石坠饰集中放置在墓主人左下腹部，其中玉人紧靠左盆骨外侧边缘，斜放，面部朝下，头部朝向墓主人右肩部；2 件玉环相叠放在左盆骨上；2 件绿松石坠饰放在玉环内。从玉器的造型看，玉箍形器、环与常见的红山文化同类器相近，其中箍形器为筒状，下端为圆形平口，上端为椭圆形斜口。玉人和玉凤的造型独特，雕琢精美，是首次正式发掘出土的红山文化玉器新器形。玉人呈长条状，淡绿色，正面隆起，背面光平，自头部至足部渐细，颈部和腰部明显内收。面部五官清晰，双目、鼻、嘴及双耳均外凸，肩部对称下斜，臂肘弯曲，双手平放在前胸部，手指分开，肚脐凸鼓，双腿并立，双脚合拢，形成略外凸的椭圆形台面。颈部两侧及颈后偏中钻三孔呈三通状。通高 18.5 厘米。玉凤为板状体，淡绿色，呈卧姿，颈部弯曲，作回首状，冠部呈尖弧状隆起，圆目外鼓，喙部较长，呈弯钩状，身部呈椭圆形，背羽上扬，呈斜直状，尾羽下垂，呈斜弧状，背面光平，有四组横穿洞孔。通长 19.5 厘米。从玉器的组合关系看，玉人、玉凤和箍形器在同一座墓内共出，代表了一种新型的玉器组合关系，是红山文化晚期高规格用玉制度的重要体现。

　　另外四座大型墓内随葬玉器的数量、种类及玉器的出土位置可概述如下：牛二Z1M21 内出土玉器共 20 件，是目前所知出土玉器数量最多的一座红山文化墓葬，分别为玉璧 10 件，箍形器、双联璧各 2 件，勾云形器、兽面形器、龟、环、菱形器、珠各 1件。从出土位置看，菱形器出自墓主人头部西侧上方，紧靠西侧墓壁中段内侧；一件箍形器横置在墓主人头顶上方，另一件出自右肩部；勾云形器出自左肩上部；2 件双联璧出自右肩上部，相叠放置；龟出自左胸部；珠出自上腹偏中部；兽面形器平放在腹部正中部；环出自右腕部。玉璧的出土位置自头至脚依次为：左、右下颌两侧各 1 件，右肩部 1 件，左、右臂内侧各 1 件及左手部 1 件、右手部 2 件、小腿骨下侧 2 件。牛二Z2M1 早年被破坏，扰土中发现一段人骨、少量红陶片和猪、牛骨骼，未发现玉器。牛五 Z1M1 内出土玉器共 7 件，分别为璧、龟各 2 件及勾云形器、箍形器、环各 1 件。2件玉璧分别放置在墓主人头骨的左右两侧；勾云形器和箍形器放置在右侧胸部，局部相叠；环佩戴在墓主人右腕部；2 件龟分别放置在左右手部。牛十六 M2 内出土玉器共 9件，分别为环 3 件、璧 2 件及勾云形器、箍形器、鸟和珠各 1 件。从出土位置看，勾云形器放置在头部；2 件玉环、1 件玉璧和箍形器放置在胸部；另有一件玉璧放置在右下腹部；玉珠放置在腹部左侧，紧靠东北侧棺壁；右小腿骨下端放置 1 件玉环，其南侧放置 1 件玉鸟，靠近西南侧棺壁的东南端内侧。

　　从玉器的出土数量和种类看，牛二 Z1M21 内最多，共有 20 件玉器，其造型分为八类；牛十六 M2 内出有 9 件玉器，其造型分为六类；牛五 Z1M1 内出有 7 件玉器，其造型分为五类；牛十六 M4 内出有 6 件玉器，其造型分为四类。尽管从圹穴和石棺的规模看，牛十六 M4 明显大于其他 3 座墓葬，但从随葬玉器的数量和种类看，牛十六 M4 又少于其他 3 座墓葬，特别是和牛二 Z1M21 形成较大的反差，这种现象反映出在红山文化大型墓葬中，用玉制度存在复杂性和多样性。从现已发表的资料看，随葬玉器数量的多寡是判断红山文化大、小型墓葬用玉制度差异最主要的标准，但对大型墓葬间用玉规格进行深入比较和再次排比，随葬玉器的种类和不同器类间的组合关系成为首要标准，单纯依据随葬玉器数量多寡进行高低排比所得结论与圹穴和石棺的规模大小不符。同样，对小型墓葬间用玉规格进行排比分析，也要注重随葬玉器种类及其组合关系，不能简单依靠随葬玉器数量多寡判断用玉规格的高低。

　　牛二 Z1M21、牛五 Z1M1、牛十六 M2 三座大型墓内均出有勾云形器和箍形器，这两种器类形成一种较稳定的组合关系，是红山文化高规格用玉制度的重要体现。牛二 Z1M21 内出有 2 件箍形器和 1 件勾云形器，其中一件箍形器横置在墓主人头顶骨上侧，高 10.6 厘米，另一件放置在右肩上部，高 3.5 厘米；勾云形器放置在左肩上部，器体较小，造型独特，中部为圆孔，未见勾角，是勾云形器的早期形态①，长 8.8、宽 4.3 厘米。牛五 Z1M1 内出有箍形器和勾云形器各 1 件，集中放置在右胸部略偏下侧，勾云形器的一角叠压在箍形器之上。箍形器造型独特，器体较矮，上下两端均为平口，内壁较直，外壁外鼓，高 4.2 厘米；勾云形器扣放，钻孔的背面朝上，是此墓所出 7 件玉器中器体最大的 1 件，长 12.9、宽 12.4 厘米。牛十六 M2 出有勾云形器和箍形器各 1 件，其中，勾云形器放置在头部位置，平放，正面朝上，是此墓所出 9 件玉器中器体最大的 1 件，长 22.5、宽 11.2 厘米；箍形器放置在右胸部，斜口一端朝向足部，高 14.2 厘米。这 3 座大型墓内均出有玉璧和玉环，数量不一。牛二 Z1M21 内出有 10 件玉璧，是目前所知红山文化单座墓葬中出土玉璧数量最多的一例，自肩部至下腿部对称摆放，玉璧大小不一，外径为 4.8~14.7 厘米。牛五 Z1M1 内出有 2 件玉璧，对称平放在墓主人头骨的左右两侧，外径分别为 12、12.9 厘米。牛十六 M2 内出有 2 件玉璧，外形呈圆角长方形，其中一件平放在左胸部，长 11.5、宽 10.1 厘米；另外一件平放在右胸部偏下侧，长 11.2~12.7、宽 10.2 厘米。牛二 Z1M21 和牛五 Z1M1 内各出有 1 件玉环，均佩戴在右手腕部，外径分别为 7.8、8.5 厘米。牛十六 M2 内出有 3 件玉环，其中两件平放在胸部，外径分别为 6.25、8 厘米，另外一件佩戴在右腿腕部，外径为 6.4 厘米。牛二 Z1M21 和牛五 Z1M1 内均出有玉龟，其中牛二 Z1M21 内出有 1 件，放置在左胸部，造型独特，平面呈椭圆形，龟背隆起，用阴线刻划出规整的龟背纹，不见头、尾及四足。龟

① 刘国祥：《牛河梁第二地点二十一号墓玉器新探》，《中国文物报》1999 年 8 月 4 日。

体长5.3、宽4.1厘米。牛五Z1M1内出有2件，分别出自左右手部，龟背微隆，表面光素，头、尾及四足外伸。出自左手部位的龟体长9.4、宽8.5厘米，出自右手部位的龟体长9、宽7厘米。牛十六M2内未见玉龟。牛二Z1M21和牛十六M2各出有1件亚腰状玉珠，分别出自上腹部和左胸部外侧，靠近棺壁，高度分别为3.8、1.1厘米。牛五Z1M1内未见玉珠。牛十六M2内出有1件玉鸟，位于右足外侧，靠近棺壁，长2.5、宽2厘米。牛二Z1M21和牛五Z1M1内未见玉鸟。牛二Z1M21内出有菱形器1件，位于墓主人头部正上方，紧靠西侧棺壁，长5.6、宽4.8厘米；双联璧2件，相叠放置在右肩部，其中一件长5.5、宽4.7厘米，另一件长6.1、宽4.9厘米；兽面形器1件，平放在腹部正中，双耳硕大，呈尖弧状竖起，双目及鼻孔镂空呈圆形，眉际、鼻、嘴等部位用阴刻线纹勾勒出轮廓，宽14.7、高10.2厘米。牛五Z1M1和牛十六M2内未见菱形器、双联璧和兽面形器。

　　牛十六M4内出有1件玉箍形器，位于右侧胸部，与牛五Z1M1和牛十六M2内箍形器的出土位置相同。牛十六M4内出有3件玉环，与牛十六M2内出土玉环数量相同，但出土位置有别。牛十六M4内有两件玉环相叠放置在左盆骨上，而牛十六M2内有两件玉环并列放在胸部，另一件佩戴在右足腕部；牛十六M4内有1件玉环佩戴在墓主人右腕部，与牛二Z1M21和牛五Z1M1内玉环的佩戴部位相同。牛十六M4内出有玉人和玉凤各1件，在目前所知其他红山文化大、小型石棺墓中均未发现。玉人出自左盆骨外侧，面部朝下，颈部钻孔朝上，排除了殓葬时缀挂在衣物上的可能性，考虑到玉人的出土位置与左手部位齐平，推测殓葬时玉人应该是握在墓主人左手的，与牛五Z1M1内墓主人双手各握1件玉龟的殓葬方式相近。牛十六M4内所出玉凤横枕在墓主人头顶骨下侧，而在牛二Z1M21内墓主人头顶上方横置1件箍形器，牛五Z1M1内墓主人头骨下侧对称摆放了2件玉璧，牛十六M2内未见头骨，头部位置平放了1件勾云形玉器。尽管器类有别，但在墓主人头骨下侧或周围放置重要器类已成为红山文化晚期大型墓葬用玉制度的一个显著特征。牛十六M4内虽然未见勾云形器、璧、龟等大型墓葬中常见的典型器类，但玉人、凤和箍形器同出一墓的现象表明，这三种器类构成了一种新型的玉器组合关系，是红山文化晚期高规格用玉制度的重要例证。

　　如果对上述四座红山文化晚期大型墓葬用玉规格进行高低排比，玉人、凤和箍形器的组合应高于勾云形器、箍形器、璧、龟的组合，这点与牛十六M4圹穴和石棺的规模大于牛二Z1M21、牛五Z1M1、牛十六M2正相吻合。

三　相关问题讨论

　　牛十六M4保存完整，经过科学发掘，圹穴和石棺的规模在已知的红山文化墓葬中最大，玉器的出土位置和组合关系明确，是近年红山文化田野考古工作中最重要的一项学术成果。在墓葬形制和出土玉器分析结果的基础上，拟从三个方面对相关问题进行讨论。

1. 关于墓主人的地位与身份

牛十六 M4 的位置选择在遗址最中心部位的山梁主脊上，圹穴开凿在山体最坚硬的花岗岩的岩脉上，石棺精心砌筑，底部平铺石板，顶部搭砌盖板，砌筑棺壁的石板多达 17 层，随葬玉人、凤和箍形器代表一种高规格的玉器组合关系，墓主人应是牛河梁遗址已发现的墓葬中生前社会地位最显赫的人物。已有的研究结果表明①，红山文化积石冢不仅是埋葬死者的茔地，同时也是生者举行祭祀活动的场所，牛河梁遗址集坛、庙、冢于一体，是红山文化晚期规模最大的中心性祭祀遗址。被埋在积石冢石棺墓内的少数死者并非普通社会成员，生前应是掌管祭祀活动的祭司，同时也是掌管社会政权的统治阶层，死后成为被祭祀的对象②。牛十六 M4 墓主人应是红山文化已知级别最高的祭司，兼具王者的身份。经鉴定，牛十六 M4 墓主人是一位 45～50 岁的成年男性，而牛二 Z1M21 和牛五 Z1M1 墓主人亦为成年男性（牛十六 M2 骨骼不全，性别不明），这说明在红山文化晚期高层统治者中男性占据主导地位。

2. 关于红山文化晚期的用玉制度

红山文化晚期玉器的使用具有严格的规定性，随葬玉器种类和数量的多寡及不同器类间的组合关系成为墓主人生前社会等级和地位的标志，出现了较完备的玉礼制系统。在牛河梁遗址已发掘的数十座石棺墓中，有随葬品和无随葬品的墓大体持平，在有随葬品的墓中，仅随葬玉器的占绝大多数，少数墓葬随葬玉器的同时也随葬少量陶器或石器，或仅随葬陶器。在随葬玉器的墓中，大、小型墓葬间随葬玉器的种类和数量有明显的差异，大型墓葬随葬玉器的数量为 6～20 件，小型墓葬随葬玉器的数量多为 1～5 件，牛十六 M14 内随葬 7 件玉器，是目前所知随葬玉器数量最多的 1 座小型墓。在大型墓葬中，玉人、凤、箍形器代表最高规格的玉器组合关系，勾云形器、箍形器、璧、龟代表次高规格的玉器组合关系。在小型墓中，少数墓葬内出有勾云形器或箍形器，但未见两种器类共出的现象。作为红山文化典型器类之一的猪龙形玉器，在大型墓葬中尚未发现，正式发掘出土猪龙形玉器的仅有 2 座墓葬，即牛二 Z1M14 和牛十六 M14，均为小型墓，且同出有箍形器，猪龙形器和箍形器在小型墓葬中构成一种较高规格的玉器组合关系，出有勾云形器或箍形器的用玉规格次之，出有璧、环等其他类玉器的渐次。这些现象表明，红山文化晚期的用玉制度既有严格的规定性，同时也具有多样性和复杂性的特征，有待深入探讨。

---

① 郭大顺：《中华五千年文明的象征——牛河梁红山文化坛庙冢》，《牛河梁红山文化遗址与玉器精粹》，文物出版社，1997 年。

② 刘国祥：《牛河梁玉器初步研究》，《文物》2000 年第 6 期。

3. 关于红山文化晚期是否进入文明社会

自 20 世纪 80 年代初牛河梁遗址发现以来，学术界围绕红山文化晚期是否进入文明社会这一议题进行了广泛而又热烈的讨论，至今仍在继续，学术界并未达成共识。如果按城市的出现、金属器的铸造和使用、文字的发明这三项标准来判断，结论应是否定的，即红山文化晚期并未进入文明社会。张光直先生在讨论文明界说的标准时主张："我相信我们不妨将每个地区的文化社会发展史个别看待，检讨它的发展过程经过什么样的程序，在这个过程中有几次飞跃性或质变性的变化，然后根据这个历史本身内部所呈现的变化把它分为若干阶段或时期。这里面发展程度较高的一个阶段或时期也许便相当于我们观念中所谓文明。"[1] 张先生的观点对探讨红山文化晚期是否进入文明社会具有理论指导意义。

从西辽河流域史前考古学文化发展和演进的过程看，红山文化之前，本地区经历了小河西文化、兴隆洼文化、富河文化、赵宝沟文化，其中，兴隆洼文化和赵宝沟文化代表了新石器时代文化发展的两个繁荣阶段，小河西文化为兴隆洼文化的先导，富河文化则代表了兴隆洼文化向赵宝沟文化的过渡阶段，红山文化晚期西辽河流域史前社会面貌发生了重大变化，突出表现在以下几个方面：（1）出现了超大规模的居住性或祭祀性中心遗址；（2）出现了掌管宗教祭祀大权和社会政治大权的特权阶层，进入等级化社会，牛十六 M4 墓主人可能具备了王者的身份；（3）农业经济取代狩猎—采集经济占据主导地位，出现了配套的谷物种植、收割和加工工具，红山文化之前，本地区未见成形的收割工具；（4）生产力水平显著提高，建筑、制陶、泥塑、玉雕等行业得到了空前的发展，西台遗址还发现了 2 件用于铸造钩形饰件的长方形陶质合范[2]；（5）出现了较完备的玉礼制系统；（6）从天文学的角度观察，牛河梁遗址第二地点三环石坛作为早期的盖天图解[3]，不仅描述了一整套的宇宙理论，同时准确地表现了分至日的昼夜关系，对宇宙的认识水平超过以往；（7）从泥塑、玉雕、女神庙内彩绘图案和彩陶图案看，艺术创造力和审美水平空前提高；（8）与中原地区、东部沿海地区及东北其他地区不同文化间的交流达到顶峰，确立了红山文化在东北地区史前文化发展进程中的核心地位。

综上所述，红山文化晚期社会与以往相比已发生了显著的质变，可称其为初级文明阶段。从这个角度看，牛十六 M4 具有王者身份大型墓葬的发现，在红山文化研究中具有不可替代的重要学术价值。

---

① 张光直：《论"中国文明的起源"》，《文物》2004 年第 1 期。

② 杨虎：《敖汉西台新石器时代及青铜时代遗址》，《中国考古学年鉴·1988》，文物出版社，1989 年。

③ 冯时：《红山文化三环石坛的天文学研究——兼论中国最早的圜丘与方丘》，《北方文物》1993 年第 1 期。

从牛河梁遗址第二地点一号冢 M21 出土玉器看红山文化玉器的北方因素

周晓晶

（辽宁省博物馆）

自 20 世纪 80 年代红山文化玉器被确认以来，一直是学术界研究的热点。大致来说，80 年代的研究主要局限于对玉器特征的描述和时代特征的考证，而到了 90 年代，则在玉器的器形分类、玉材质地、制作工艺、使用功能等方面的综合研究以及对某些重要器类（如勾云形器、筒形器、玉猪龙、三孔器等）和玉材、工艺等方面的个案研究有了很大进展；在 90 年代末和 21 世纪以来，对红山文化玉器的研究有两个方面的进展可圈可点：一是对红山文化玉器属性的探讨，确认红山文化玉器及其他地区史前玉器的主要功能是古代巫师的法器，这为史前玉器在器形、纹饰的解读及各种玉器种类具体用途的确认开辟了一个有利的切入点；二是对红山文化玉器时空分布及源流问题的探讨。

笔者向来非常关注红山文化玉器起源的问题，在这里首先对此前有关这一问题的研究做一梳理。因为牛河梁红山文化遗址第二地点一号冢 M21（下文简称 M21）及其中出土的玉器具有特殊性，即 M21 与其上的第二地点一号冢 M4、M14 有明确的相互叠压关系，可知这座墓的年代偏早；M21 中出土玉器的数量是所有红山文化墓葬中最多的，这些玉器的年代也是在红山文化晚期阶段的玉器中偏早的，所以它们在红山文化玉器的发展演变过程中具有承前启后的重要作用①。本文重点对 M21 出土玉器进行详细分析，并将其与吉黑地区出土的史前玉器进行比较研究，希望能够对进一步探索红山文化玉器发展演变的轨迹有所裨益。

一 关于红山文化玉器来源问题研究回顾

距今约 8000~7000 年的兴隆洼文化与距今约 6000~5000 年的红山文化，都是以西

---

① 周晓晶：《承前启后的红山文化玉器——牛河梁第二地点一号冢 21 号墓玉器研究》，《古玉今韵》，中国文史出版社，2008 年。

辽河流域为主要分布区，由于二者在地域上基本吻合，在时间上先后相续，文化面貌上有很大的相似性和继承性，所以将兴隆洼文化作为红山文化的源头之一，基本上是学术界没有异议的共识，绝大多数研究红山文化玉器的论著都是以此为立足点的。

在 20 世纪 90 年代末期以来，有学者开始关注西辽河流域红山文化玉器与其北方的吉林、黑龙江地区出土史前玉器的关系，有关这方面的研究主要有：

1996 年，郭大顺先生指出：在黑龙江地区新石器时代诸遗址中出土的玉器，"有的年代偏早或表现出偏早线索"，"如小南山和莲花泡所出一种匕形玉饰，特征也十分接近查海遗址所出同类器"[①]。

笔者在北京大学攻读硕士学位及撰写硕士毕业论文的时候，也已经注意到吉黑地区玉器年代偏早的现象[②]。在 1998 年 1 月北京"出土玉器鉴定与研究研讨会"上宣读的论文中，通过对依兰倭肯哈达洞穴遗址及吉黑地区其他遗址出土的刃边璧形器年代的考证，提出"璧形器最早出现于吉黑地区，后来逐渐传播到辽西地区"的观点，认为"在吉黑地区与辽西地区玉器的关系上，以吉黑地区玉器对辽西地区玉器的影响较大"[③]。笔者在 2000 年发表的《吉黑地区新石器时代玉器探究》一文中，又对这一观点做了进一步的论证和阐述[④]。

从 1999～2001 年，刘国祥先生也发表了多篇关于吉林、黑龙江地区新石器时代遗址出土玉器研究的文章，有对饶河小南山、镇赉聚宝山、尚志亚布力遗址出土玉器的个案研究[⑤]，也有对吉林和黑龙江地区新石器时代玉器的综合研究[⑥]。他的基本观点也是认为在东北地区史前玉器发展的第一阶段，"黑龙江东部地区的玉器比较发达，玉器的雕琢工艺明显高于吉林和辽西地区"[⑦]。

由于牛河梁第二地点一号冢 M21 出土玉器的特殊性，引起学者们的极大关注。刘国祥先生曾专门撰文对此墓出土玉器进行探讨[⑧]；在 2007 年"中国朝阳牛河梁红山玉

① 郭大顺：《玉器的起源与渔猎文化》，《北方文物》1996 年第 4 期。
② 周晓晶：《东北新石器时代玉器初探》，《辽宁省博物馆学术论文集》（第三辑）第 1 册，辽海出版社，2009 年。
③ 周晓晶：《倭肯哈达玉器及相关问题探析》，《出土玉器鉴定与研究》（为 1998 年 1 月北京"出土玉器鉴定与研究研讨会"论文集），紫禁城出版社，2001 年。
④ 周晓晶：《吉黑地区新石器时代玉器探究》，《北方文物》2000 年第 4 期。
⑤ 刘国祥：《黑龙江饶河小南山遗存的文化性质与年代探讨》，《中国文物报》1999 年 3 月 24 日；刘国祥：《聚宝山遗址出土玉器年代分析》，《中国文物报》1999 年 12 月 8 日；刘国祥：《黑龙江尚志亚布力遗存试析》，《中国文物报》2000 年 1 月 12 日。
⑥ 刘国祥：《黑龙江史前玉器研究》，《中国历史博物馆馆刊》2000 年第 1 期；刘国祥：《吉林史前玉器试探》，《北方文物》2001 年第 4 期。
⑦ 刘国祥：《吉林史前玉器试探》，《北方文物》2001 年第 4 期。
⑧ 刘国祥：《牛河梁第二地点二十一号墓玉器新探》，《中国文物报》1999 年 8 月 4 日第 3 版。

文化国际论坛"上，许晓东女士和笔者不约而同地都是以 M21 出土的玉器为研究对象①。下面笔者拟在上述研究的基础上，通过对 M21 出土玉器所蕴含信息的深入挖掘，探索红山文化玉器发展演变的轨迹，重点讨论红山文化玉器的早晚演变及其与吉黑地区史前玉器的关系问题。

二　M21 在墓地中的层位关系

M21 是 1989 年秋发现并发掘的。它位于第二地点西端的一号冢南石墙的外侧（即南区），墓主为一成年男性，墓中随葬品均为玉器，有菱形饰、刃边璧形器（简报中称璧、双联璧）、镯、斜口筒形器（简报中称"箍形器"）、小勾云形器、兽面形器、龟、管状饰等，共计 20 件，这是迄今所知出土玉器最多的一座红山文化墓葬②。在墓主尸骨的关键部位，都放置在规格和形制上较有分量的玉器，如头顶放置一斜口筒形器，左肩部放置刃边璧形器和小勾云形器，右肩部也放置刃边璧形器，胸部为一玉龟，腹部正中放置大型的兽面形器，双手和足部置有刃边璧形器等等（图一），可见墓主对这些玉器的重视程度非常高，同时也说明这些玉器都有不同的重要功能。

据牛河梁遗址发掘学者的研究，M21 所在牛河梁第二地点一号冢内的墓葬之间存在着叠压关系，为研究它们的相对年代关系提供了依据。一号冢的中部残存一道东西方向的石墙，将冢区分为南北二区。南区是众多的小型石棺墓，根据地层关系可以分出几个不同的层次：最下层为 M21、M22、M23、M24，规模较大，埋藏较深，全部为一次葬，随葬玉器较多；中层为 M1、M4、M14 等，规模较小一些，埋藏较浅，随葬品减少，出现二次葬，玉器出现玉猪龙、大型勾云形器；最上层包括

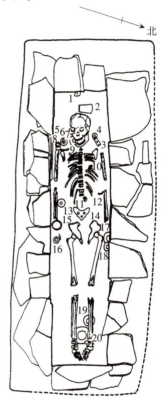

图一　牛二冢 1M21 平面图

1. 菱形玉饰　2. 玉箍形器　3. 勾云形玉佩　4、5、9、12、13、16～20. 玉璧　6、7. 双联玉璧　8. 管箍状玉器　10. 玉龟　11. 竹节状玉器　14. 兽面玉牌饰　15. 玉镯

① 　许晓东：《纵使相逢未尽识：牛河梁ⅡZ1M21 出土玉器探析》，《古玉今韵》，中国文史出版社，2008 年；周晓晶：《承前启后的红山文化玉器——牛河梁第二地点一号冢 21 号墓玉器研究》，《古玉今韵》，中国文史出版社，2008 年。

② 　辽宁省文物考古研究所：《辽宁牛河梁第二地点一号冢 21 号墓发掘简报》，《文物》1997 年第 8 期。

M7、M17 等，石棺更小，全部是二次葬①，好像南区墓主人的地位呈逐渐下降的趋势。出土地层关系表现为 M21 被 M4 和 M14 叠压，M21 随葬品有可能早于 M4 和 M14 的，这为我们提供了进行比较研究的可能性和可行性。

三　M21 与 M4、M14 出土玉器的比较

M4 和 M14 叠压在 M21 之上，因此这两座墓中出土的与 M21 相同器形玉器之间形制的差别可能反映了红山文化玉器在早晚之间的差别。

M4 出土了 1 件斜口筒形器（M4∶1）和 2 件玦形猪龙（M4∶2、3），M14 出土了 1 件勾云形器（M14∶1）和 2 件镯（M14∶2、3）②。M21 出土玉器中与它们相同的器形有斜口筒形器、玉镯、勾云形器以及猪龙题材的玉器，通过对这些器形之间的异同做简要地分析，基本上可以分为以下几种情况：

（1）上下层之间没有明显变化的器形，主要是玉镯。M21∶15 为规矩的圆形，内壁竖直，剖面呈三角形，直径 7.8、好径 6.2、厚 0.7 厘米，出土时佩戴于墓主人右腕上（图二，1）。叠压于 M21 之上的 M14 出土了 2 件玉镯，也是规矩的圆形，剖面呈三角形，一件直径 6.8、好径 5.75、厚 0.6 厘米，另一件直径 7.3、好径 5.9、厚 0.45 厘米，出土时也是佩戴于墓主人腕部上（图二，2、3）。上下层出土的镯相比，基本没有明显的区别，说明这种玉器器形已经发展成熟。

（2）在形制上有大小和繁简变化的器形，主要是勾云形器、斜口筒形器和刃边璧形器。

M21 和叠压于其上的 M14 均有玉勾云形器，即 M21∶3 与 M14∶1（图二，4、5）。二者在出土时均置于墓主人的胸前，但在形体大小和造型做工的难易程度上均有所差别，其间的区别有三：一是 M21∶3 形体较小，为小型勾云形器，长度只有 8.8、宽 4.3 厘米，而 M14∶1 长 15.8、宽 6.9 厘米，为典型的勾云形器（典型的勾云形器长度一般在 10~24 厘米之间）；二是 M21∶3 的造型简单，中央为一大圆孔，没有弯勾，而 M14∶1 造型复杂，中心镂空一弯勾，四角对称地向外呈卷勾状；三是 M21∶3 的做工朴素，器表为磨平处理，而 M14∶1 则做工精致，在正面通过钝型铊具进行反复打磨，琢磨出与器体轮廓走向一致的浅凹槽。

斜口筒形器与勾云形器的情况类似，M21∶2 器形较为矮粗，器物粗糙，而叠压于上层的 M4∶1，则较为精美，二者在出土时均置于墓主人的头部（图二，6、7）。

① 吕学明、朱达：《牛河梁红山文化墓葬分期及相关问题》，《玉魂国魄——中国古代玉器与传统文化学术讨论会论文集》（三），北京燕山出版社，2002 年。
② 辽宁省文物考古研究所：《辽宁牛河梁红山文化"女神庙"与积石冢群发掘简报》，《文物》1986 年第 8 期。

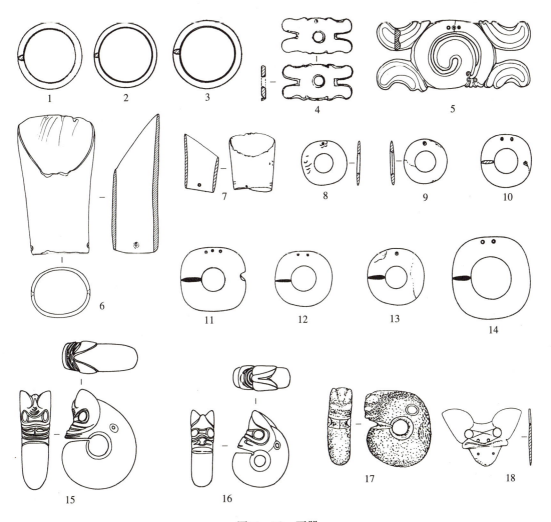

图二　玉、石器

1~3. 玉镯（牛二冢1M21：15、M14：2、M14：3）　4、5. 玉勾云形器（牛二冢1M21：3、M14：1）　6、7. 斜口筒形
玉器（牛二冢1M4：1、1M21：2）　8~14. 玉璧形器（牛二冢1M21：5、13、18、9、17、19、20）　15. 玉猪龙断口
（牛二冢1M4：2）　16. 玉猪龙未断口（牛二冢1M4：3）　17. 石猪龙（左家山 T4②：1）　18. 玉兽面形器（牛二冢
1M21：14）（"牛二"指"牛河梁第二地点"）

　　M21 共出土了 10 件刃边璧形器，可根据其形体的大小不同分为两类：一类为形体
较小者，直径不到 8 厘米，如 M21：4、M21：5（图二，8）、M21：12（残）、M21：13
（图二，9）、M21：16、M21：18（图二，10）等，在形制上表现出原始形态的特征，如
外廓不甚规则，内缘的棱线较突出，与吉黑地区出土的刃边璧形器基本相同，可能时代
较早，这一点在下文还将谈到；另一类为形体相对较大的刃边璧形器，如 M21：9（图
二，11）、M21：17（图二，12）、M21：19（图二，13）、M21：20（图二，14）等，外径

在 8～15 厘米之间，形制相对较为规矩，制作工艺相对精致，与常见的红山文化典型刃边壁形器相同，为红山文化晚期的典型器形。

根据上述几种器形在上下层墓葬中形制的变化，我们暂可做出这样的推论：红山文化玉器有在形体上从小向大、在造型上从简单向复杂、在做工上从朴拙向精致发展的演变趋势，这种推断符合新石器时代玉器发展的基本轨迹。

（3）在 M21 及叠压于其上的 M4 中都有以猪龙为造型题材的玉器，虽然在造型的设计上有所不同，但在创型的理念上是相同的，如兽面形玉牌饰（M21∶14）与玦形猪龙（M4∶2、3）。猪龙题材在红山文化玉器中占有非常重要的地位，其创型理念和使用功能都与原始宗教观念有关①。M4 中出土了 2 件玦形猪龙，均为立体圆雕，头较大，似猪首，躯体蜷曲如玦形，首尾间的缺口或连或断，中央为管钻的大孔，背部有一桯钻的小孔，出土时均置于墓主的胸部，表明其重要性（图二，15、16）。在吉林农安左家山遗址 T4②层出土的一件石质猪龙形器（图二，17），与 M4 出土的玦形猪龙类似，它属于左家山中层文化，年代约距今 6500～6000 年②，早于红山文化晚期，说明这种猪龙题材分布的时间和空间都比较广泛，超出了红山文化的时间和空间界限。M21∶14 兽面形器为片状器，头上的两只大耳上竖，面部阴刻大眼阔嘴，实际上是玉猪龙头部的平面表现形式，这相对于立体圆雕的玦形猪龙，工艺上较为简略，两者之间除了制作工艺方面的精致与简略，也许还意味着存在时代早晚的差别（图二，18）。

四　M21 出土玉器与吉黑地区玉器的比较

在牛河梁第二地点一号冢 M21 出土的 20 件玉器中，以扁平形状的刃边玉器占绝大多数。这种玉器风格在辽西和内蒙古东部红山文化分布区内早于红山文化的兴隆洼文化玉器上表现得并不显著，反而是在吉黑地区有大量的发现。正是由于这种现象，笔者提出："从考古资料看，扁平形玉器的边缘逐渐磨薄呈刃状、剖面似柳叶形的制玉工艺，在距今 7000～6500 年左右最先产生于吉黑地区，并在该地区得到发展，开始时多为不规则形状的佩饰，逐渐进化为圆角方形、圆角长方形或近圆形的壁；并在距今 6000 年左右逐渐传播到辽西地区。"从而提出如下观点：吉黑地区的刃边形玉器早于辽西红山文化分布区，红山文化的玉刃边壁形器是受到吉黑地区玉器风格影响的结果③。这种观

①　周晓晶：《红山文化玉器的创型理念与使用功能研究》，《辽宁省博物馆馆刊》（第 1 辑），辽海出版社，2006 年。
②　吉林大学考古教研室：《农安左家山新石器时代遗址》，《考古学报》1989 年第 2 期；赵宾福：《东北石器时代考古》，吉林大学出版社，2003 年。
③　周晓晶：《倭肯哈达玉器及相关问题探析》，《出土玉器鉴定与研究》，紫禁城出版社，2001 年。

点与学术界一些同仁的观点不谋而合①。

　　从逻辑上看，严格意义上的"玉器"产生于新石器时代早期，玉器在整个新石器时代都处于上升发展的阶段，因此，新石器时代玉器应该是遵循器形从小到大发展、工艺从简单到复杂发展的演变轨迹。牛河梁遗址 M21 出土的一些与吉黑地区形制接近的刃边玉器，带有较原始的形态特征，说明其制作年代较早。具有这类性质的玉器主要有如下几种：

　　第一种是不规则形状的刃边片状玉器。如 M21∶1 菱形饰，为不规则形状，中央钻一小孔，可穿绳系佩，内外边缘均磨成钝刃状（图三，1）。在吉林长岭腰井子②、黑龙江密山新开流下层 M18③、杜尔伯特李家岗④（图三，2）、齐齐哈尔滕家岗⑤等遗址均出土了同类玉器，这些玉器的年代距今约 7000～6000 年。

　　第二种是器体较小、制作粗放的刃边璧形器。辽西红山文化与吉林、黑龙江地区史前的共性是均多为圆角方形或圆角长方形，正圆形较少，内外边缘均逐渐磨薄呈刃状，使削面如柳叶形；区别是吉黑地区刃边璧形器的器体较小，一般外径在 3～7 厘米之间（只有李家岗的一件例外），且肉上无小孔，而辽西地区的璧器体较大，以外径在 8～15 厘米之间居多，且肉上一般有一至三个小孔⑥。在 M21 中共出土了 10 件刃边璧形器，其中有 6 件体形较小，直径不到 8 厘米，占总量的一半以上，它们是 M21∶4（图三，3）、M21∶5、M21∶12（残）、M21∶13、M21∶16（图三，4）、M21∶18。这几件小型刃边璧形器在形制上表现出原始形态的特征，如外廓不甚规则，内缘的棱线较突出。类似的特征在吉黑地区的刃边璧形器上表现得非常明显，如在吉林长岭腰井子⑦（图三，5）、

①　刘国祥：《黑龙江饶河小南山遗存的文化性质与年代探讨》，《中国文物报》1999 年 3 月 24 日第 3 版；刘国祥：《聚宝山遗址出土玉器年代分析》，《中国文物报》1999 年 12 月 28 日第 3 版。吉黑地区史前文化的年代还可参考：赵宾福：《东北新石器时代考古》，吉林大学出版社，2003 年；刘国祥等：《内蒙古、辽宁、吉林、黑龙江地区出土玉器概述》，《中国出土玉器全集》（第 2 卷）前言，科学出版社，2005 年。

②　吉林省文物考古研究所、白城地区博物馆、铁岭县文化局：《吉林长岭县腰井子新石器时代遗址》，《考古》1992 年第 8 期。

③　武威克、刘焕新、常志强：《黑龙江省刀背山新石器时代遗存》，《北方文物》1987 年第 3 期。

④　杜尔伯特蒙古族自治县博物馆：《黑龙江省杜尔伯特李家岗新石器时代墓葬清理简报》，《北方文物》1991 年第 2 期。

⑤　孙长庆、殷德明、干志耿：《黑龙江新石器时代玉器研究——兼论黑龙江古代文明的起源》，《考古学文化论集》（四），文物出版社，1997 年。

⑥　周晓晶：《吉黑地区新石器时代玉器探究》，《北方文物》2000 年第 4 期。

⑦　吉林省文物考古研究所、白城地区博物馆，铁岭县文化局：《吉林长岭县腰井子新石器时代遗址》，《考古》1992 年第 8 期。

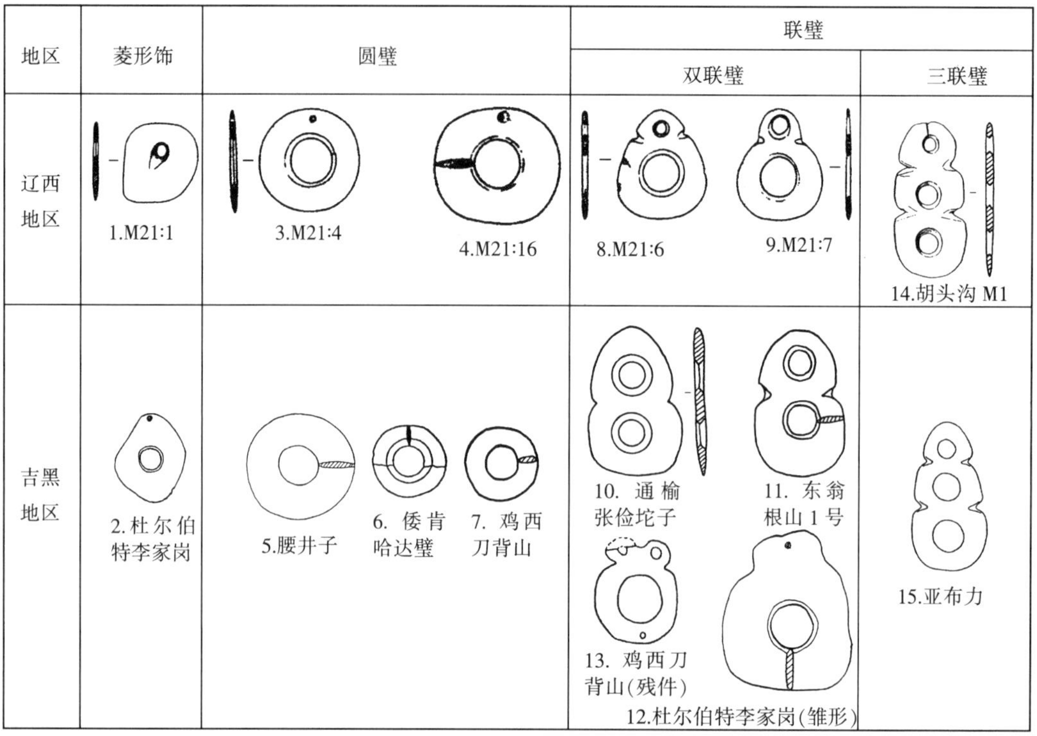

地区	菱形饰	圆璧		联璧		
				双联璧		三联璧
辽西地区	1.M21:1	3.M21:4	4.M21:16	8.M21:6	9.M21:7	14.胡头沟 M1
吉黑地区	2.杜尔伯特李家岗	5.腰井子	6.倭肯哈达璧　7.鸡西刀背山	10. 通榆张俭坨子　13. 鸡西刀背山(残件)	11. 东翁根山 1 号　12.杜尔伯特李家岗(雏形)	15.亚布力

图三　辽西与吉黑地区出土玉器比较

（图中 M21 指"牛河梁第二地点 1 号冢 M21"）

洮南双塔①、通榆良井子牧场②、黑龙江依兰倭肯哈达③（图三，6）、泰来东翁根山④、齐齐哈尔滕家岗⑤、鸡西刀背山⑥（图三，7）等遗址都出土了这样的玉器。两者的区别是 M21 的刃边璧形器在肉上都有小孔，而吉林和黑龙江地区的刃边璧形器则肉上没有小孔，这应该是辽西刃边璧形器的地域性特征。

　　第三种是联璧。辽西和吉黑地区的史前文化中都有双联璧和三联璧，二者之间既有共性，也存在着区别。如 M21:6 和 M21:7 均为双联璧，在制作工艺上与前述的刃边璧

① 赵宾福：《吉林省新石器时代玉器初探》，《博物馆研究》2001 年第 1 期。
② 赵宾福：《吉林省新石器时代玉器初探》，《博物馆研究》2001 年第 1 期。
③ 李文信：《依兰倭肯哈达洞穴》，《考古学报》第 7 册，1954 年。
④ 孙长庆、殷德明、干志耿：《黑龙江新石器时代玉器研究——兼论黑龙江古代文明的起源》，《考古学文化论集》（四），文物出版社，1997 年。
⑤ 孙长庆、殷德明、干志耿：《黑龙江新石器时代玉器研究——兼论黑龙江古代文明的起源》，《考古学文化论集》（四），文物出版社，1997 年。
⑥ 武威克、刘焕新、常志强：《黑龙江省刀背山新石器时代遗存》，《北方文物》1987 年第 3 期。

形器相似，刃边部位的棱线比较明显（图三，8、9），这种特点在通榆张俭坨子[①]和泰来东翁根山[②]出土的双联璧（图三，10、11）、尚志亚布力出上的三联璧[③]（图三，15）上也可以看到，而在红山文化晚期的阜新胡头沟 M1 中出土的三联璧，刃边部位则打磨得非常均匀（图三，14）。其间的区别可能不仅仅是地域间的差别，也许还意味着时代的差别。在杜尔伯特李家岗出土的一种凸出的璧形器，形体较长，除了下部的璧形，上部穿孔部分肉的面积较大，可能是联璧类器形的雏形[④]（图三，12）；在鸡西刀背山出土的一件玉佩饰，应该是一件双联璧下部残断后，再在上面钻两个小孔制而成（图三，13）。因此可以得出这样的推论：联璧这类器形最先是出现于黑龙江和吉林地区，后来传播到辽西地区的。

此外，笔者认为在对玉材的审美标准方面，牛河梁 M21 玉器的生产者在很大程度上受到了吉黑地区的影响。目前研究红山文化玉器的学者大多认同红山文化玉器的玉料来自岫岩玉矿，而岫岩玉矿出产透明度较高的蛇纹石玉和透明度不高的透闪石玉两种玉材[⑤]。在出土的牛河梁晚期阶段的玉器中，所用玉材基本上是透明度不高的透闪石玉，即岫岩老玉，包括油润无瑕的黄色河磨玉和开片较多的苍青色山料；而在时间上较早的下层 M21 中，则能够见到占相当比例的透明度较高的蛇纹石玉，产生这种现象的原因很值得思考。

从肉眼观察，红山文化晚期玉器常用的玉料有两种：一种温润干净，油性好，应为仔料或河磨料，如 M4∶2 块形猪龙、牛河梁第十六地点出土的玉人等；另一种较干，有杂质、开片和裂纹，应为山料，如牛河梁第五地点中心大墓出土。透明度较高的蛇纹石玉料所占比例不大。在 M21 中，与红山文化晚期玉器风格相近的玉器主要采用上述的两种常见玉料，如小勾云形器、玉龟为仔料型，斜口筒形器、兽面形器为山料型。但具有吉黑地区玉器风格的玉器，如不规则的菱形器、小型刃边璧形器、双联璧，绝大多数玉料的透明度较高，呈淡绿、黄绿和淡青色，较洁净或有少许杂质，与上述两种常见玉料不同。值得注意的是，在吉黑地区出土的玉器中，较为细腻的玉料都是透明度较高，并且有杂质和开片，如吉林腰井子、通榆张俭坨子、黑龙江杜尔伯特李家岗、泰来东翁

① 王国范：《吉林通榆新石器时代遗址调查》，《黑龙江文物丛刊》1984 年第 4 期。
② 孙长庆、殷德明、干志耿：《黑龙江新石器时代玉器研究——兼论黑龙江古代文明的起源》，《考古学文化论集》（四），文物出版社，1997 年。
③ 黑龙江省文物考古研究所：《黑龙江尚志县亚布力新石器时代遗址清理简报》，《北方文物》1988 年第 1 期。
④ 杜尔伯特蒙古族自治县博物馆：《黑龙江省杜尔伯特李家岗新石器时代墓葬清理简报》，《北方文物》1991 年第 2 期。
⑤ 王时麒、赵朝洪等：《中国岫岩玉》，科学出版社，2007 年。

根山等地出土的玉器材质都有上述特点。因此笔者认为牛河梁 M21 玉器生产者在对玉材的审美标准方面受到了吉黑地区的影响，这种影响在此后逐渐弱化，这可能与 M21 墓主人的身份及经历有关。

五　关于对 M21 墓主人身份的推测

牛河梁遗址坛、庙、冢三位一体，建筑规模宏大，这里是附近各部落在经过较长时间的生活以后，逐渐选定并共同建造的一处集神灵崇拜与祖先崇拜于一体的祭祀中心，"这绝非一个氏族甚至一个部落所能拥有，而是一个更大的文化共同体崇拜共同祖先的圣地"[①]。位于积石冢中的石棺墓基本上只随葬玉器，极少随葬陶器；而牛河梁红山文化玉器基本上是出土于这些墓葬中。因此可以认为，牛河梁积石冢石棺墓中所埋葬的就是集神权与政权于一身的巫师，墓中随葬的玉器则是他们用来通神的法器，同时也是他们的身份和权力的象征物[②]。

在牛河梁第二地点一号冢的中部残存一道东西方向的石墙，将冢区分为南北二区。北区有两座东西并列的大型墓葬，墓上积石，等级较高（已被破坏）。南区是众多的小型石棺墓，墓上封土而不积石，与北区做法迥然有别，而且可以分出几个不同的层次，说明一号冢南区的形成经历了较长的时间，墓葬有从早至晚规模逐渐减小、随葬品逐渐减少的明显趋势。因此，有学者认为北区墓葬的等级要高于南区，南区的众多中小型石棺墓是北区两座大型墓葬的陪葬墓[③]。从一号冢南、北区在形制、规模和时间上的差别，我们有理由认为：南区所埋葬的人身份与北区有所区别，他们虽然也是巫师，但在权力和地位上都逊色于北区大墓的主人，而且其地位呈逐渐下降的趋势。

前文已阐明作者的一个基本观点，即认为：在辽西红山文化与吉黑地区史前玉器的相互关系中，以吉黑地区玉器对辽西地区玉器的影响较大，尤其是扁平的刃边玉器首先出现了古黑地区，辽西地区红山文化后期的圆角方形、圆角长方形和近圆形璧是在本地区前期制作玉器的基础上，吸收了吉黑地区制作刃边器的工艺技术以后发展起来的[④]。在 M21 中随葬的玉器形制比较原始，从不规则的菱形器、小型刃边璧形器、双联璧等玉器上，都可以看出浓郁的吉黑玉器风格，而且很多玉器的材质与黑龙江地区玉器的材质相同，有异于典型的红山文化玉器材质，也是受到了吉黑地区玉材审美观的影响。所

①　孙守道、郭大顺：《牛河梁红山文化女神头像的发现与研究》，《文物》1986 年第 8 期。
②　周晓晶：《红山文化玉器的创型理念与使用功能研究》，《辽宁省博物馆馆刊》（第 1 辑），辽海出版社，2006 年。
③　吕学明、朱达：《牛河梁红山文化墓葬分期及相关问题》，《玉魂国魄——中国古代玉器与传统文化学术讨论会文集》（三），北京燕山出版社，2002 年。
④　周晓晶：《吉黑地区新石器时代玉器探究》，《北方文物》2000 年第 4 期。

以，墓主人的身份比较特殊，可能与吉黑地区有密切关系。因此笔者作出如下的两种推测：

其一，M21 的墓主人是曾到过北方的吉黑地区的巫师。

其二，M21 的墓主人是来自吉黑地区的巫师，并受到红山文化社会上层所重用，但在等级上有所差别。

这两种推测都可以解释为何他墓中随葬的玉器明显带有吉黑玉器的风格。这些玉器是他生前使用的法器，可能是从北方吉黑地区带过来的，也可能是他指导玉工按照他的要求制作的。

由于从考古发掘来看，一号冢中的墓葬分为具有不同标准的南北两区，南区墓葬有从早至晚规模逐渐减小、随葬品逐渐减少的现象，说明南区墓主的地位逐渐降低，所以对于 M21 的墓主人身份，采取第二种推测更为合适。即 M21 的墓主人是从吉黑地区较早来到红山文化区的巫师，地位较高，而其后代虽继承其衣钵，但地位逐渐降低。

六　小结

M21 出土的 20 件玉器基本可以归为三类：

（1）不规则的菱形器、小型刃边璧形器、双联璧，与吉黑地区玉器风格相同，时代较早。

（2）勾云形器、斜口筒形器、较大的刃边璧形器和平面猪龙头像，在形体上从小向大，在造型上从简单向复杂、从平面向立体，在做工上从朴拙向精致发展的演变趋势，反映了红山文化玉器的发展过渡状态。

（3）剖面呈三角形的镯，与上层 M14 所出玉镯相同，说明器形已经发展成熟。

综之，M21 在牛河梁第二地点一号冢中属于时代偏早的墓葬；M21 具有浓厚的北方文化因素，其中所出土的玉器具有强烈的吉黑地区玉器的风格特征；从玉器风格和 M21 在墓地中位置及地层关系分析，墓主人可能是来自吉黑地区的巫师。所以 M21 反映出红山文化玉器在发展过程中，受到来自吉黑地区文化的较大影响，而吉黑地区的玉器很可能还受到更北的俄罗斯西伯利亚东部和远东地区史前玉文化传统的影响。

（原载《玉文化论丛·4·红山文化专号》，众志美术出版社，2011 年）

牛河梁等红山文化遗址所见"祖先崇拜"的若干线索

郭大顺

（辽宁省文化厅）

　　早在东山嘴遗址和牛河梁遗址发现之初的 1983～1984 年，苏秉琦先生在为《座谈东山嘴遗址》中就提出：

　　值得注意的一个现象是：在它们之间的广阔地带没有发现过和它们属于同一时期的古遗址和墓群，却连续发现过相当殷周之际的青铜器群窖藏达六处之多。我们有理由推测，这里还有可能发现与窖藏同一时期的、具有特殊意义的建筑物或建筑群遗迹。这里的"坛"（东山嘴）、"庙"（牛河梁）、"冢"（积石冢）和窖藏坑，我们是否可以理解为四组有机联系着的建筑群体和活动遗迹？远在距今五千年到三千年间，生活在大凌河上游广大地域的人们，是否曾经利用它们举行重大的仪式，即类似古人传说的"郊"、"燎"、"禘"等祭祀活动？这是值得深入研究的。[1]

　　1987 年他在考察牛河梁遗址并观摩了女神头像后，又进一步提出：

　　辽宁发现的五千五百年前的"女神庙"，还有相关的祭坛、积石冢等遗存，消息一发布，立即引起震动，这不难理解。因为，"女神"是由五千五百年前的"红山人"模拟真人塑造的神像（或女祖像），而不是由后人想象创造的"神"，"她"是红山人的女祖，也就是中华民族的"共祖"。[2]

　　在此，苏先生是从祖先崇拜的角度来思考东山嘴和牛河梁遗址特别是牛河梁女神庙的发现的，并将牛河梁遗址的祭祀级别与中国上古最高等级的祭礼"郊"、"燎"、"禘"相联系，还意外地对牛河梁女神庙作了中华民族的"共祖"的定位。

　　按照苏先生的基本思路，此后我们对女神庙的试掘材料有两个方面的认识，一是庙

---

①　苏秉琦：《我的一点补充意见》，见《座谈东山嘴遗址》文（《文物》1984 年第 11 期）。
②　苏秉琦：《写在"中国文明曙光"放映之前》，《中国文物报》1989 年 5 月 12 日。

图一　女神庙遗址鸟瞰

的平面为有主室的多室布局，庙内人体塑像也相应有不同规模的人像置于不同位置，其中相当于真人约三倍的残鼻与残耳，出在主室中心，相当于真人二倍和真人原大的人像，分别置于西侧室和主室西侧，显示女神群像有主有次，为不同层次，可以推测是"围绕主神的群神"崇拜；二是人体塑像都高度写实，身体各部位比例适当，所获女神头像也是在写实基础上予以夸大，以达到神化目的的，而积石冢也有祭祀遗迹，如积石冢前的烧土面和冢与祭坛的组合，这应是在墓地对祖先亡灵的祭祀，女神庙的人物群像，当是被祭祀的祖先形象，其在遗址群所处的中心位置和大规模的群像表明，女神庙应是较墓地更高层次的祭祖场所（图一、二）。巫鸿在论述中国古代祭祀时有"远祖与近亲"之说①，受此启发，可以认为，牛河梁积石冢墓葬所祭祖先亡灵为近亲，而女神庙所祭应为远祖，当时已有"远祖与近亲"之区别。

图二　女神头像

---

①　巫鸿：《从"庙"至"墓"》，《庆祝苏秉琦考古五十五年论文集》，文物出版社，1989 年。

　　90 年代后，在内蒙古敖汉旗草帽山、辽宁建平东山岗红山文化积石冢陆续有人的石雕像和陶塑像出土①，牛河梁第三、十六地点也辨认出人体塑像残件②，联系 80 年代初在东山嘴遗址发现的人体塑像，既有小型孕妇雕像，也有较大的人物塑像③（图三至七）。与牛河梁遗址女神庙的人物塑像群相比，以上诸积石冢所见的人体塑（雕）像，数量少，多只一尊，规模小，相当真人原大或更小，与女神庙内所见人体塑像的大规模、多层次的女神群像相比，差异甚大，且这些地点都尚无明确的庙址发现。相同的是，人体塑（雕）像的写实性都甚强，可看出性别的都为女性。东山嘴遗址陶塑人像，双手交叉于胸前、双腿正盘坐的姿态，也应是被崇拜偶像的姿态，表明各个有积石冢地点的人体塑像也应是被祭祀的对象。由于红山文化积石冢或积石冢群，是以所在的每个山岗为基本社会单元的，所以积石冢所见人体塑（雕）像，应是每个山岗所代表的群体祭祀的偶像，而女神庙的女神群像则应为红山文化这一文化共同体所拥有，是红山人共同崇拜的偶像。这就部分证明了苏先生有关"共祖"的观点，即女神庙供奉的可能就是红山文化这一文化共同体的"共祖"，而诸地点所代表的基本社会单元各自所崇拜的偶像，则可称为"个祖"。可知红山文化时期又有"个祖与共祖"之别。

　　在这里要特别提到，女神庙的规模甚小，有人由此怀疑庙的性质和功能，其实，这正说明当时直接与神对话的，只能是极少数人甚至就是"一人"的事，表明高等级的祭礼，是以极端的封闭性和神秘性来体现严格的垄断性和专一性的，而这种通神的独占，正是文明起源阶段的一个主要特点。

图三　东山嘴陶塑人像上部　　　　　图四　东山嘴陶塑人像腿部

---

① 《敖汉旗发现红山时代石雕神像》，《中国文物报》2001 年 8 月 29 日《收藏鉴赏周刊》33 期；辽宁省文物考古研究所：《辽宁考古年报——铁朝高速公路特刊》第 16 页，2006 年。
② 辽宁省文物考古研究所：《牛河梁遗址发掘报告》，待刊。
③ 郭大顺、张克举：《辽宁省喀左县东山嘴红山文化建筑群址发掘简报》，《文物》1984 年第 11 期。

图五　东山嘴陶塑孕妇小塑像正面　　　　图六　建平东山岗积石冢人像手部残件

　　此外，还在各积石冢辨认出一种特异型陶器，暂称"塔"形器。此类器不仅个体较大，而且造型甚为独特与复杂，可分为口、腹、束腰和底座四个部分，口小如瓶口，上腹圆鼓，饰窝点纹，下有起棱的裙边，以下为束腰，束腰有成排的长方形镂孔，束腰以下为底座，底座如倒置的钵盆，且满绘彩色图案，其中如瓶状的口部两侧还各附一椭圆状竖錾，可知此器其实是男性崇拜物，或可直称为"祖"形器（图八）。这种器类与积石冢所见的另一种特异型的筒形器相比，都无底部，显示它们都不是与生活有关的实用器，也不是与实用器有关的明器一类，而是具祭祀功能的专用器物，可能有寓上下贯通之意，但筒形器成排列于积石冢冢界之上，所见数量甚多，多以数百计，而这类"塔"形器或"祖"形

图七　敖汉旗草帽山积石冢石雕人像

器，在积石冢所见数量甚少，多只一件或几件，所处位置也不在冢的边缘，而在冢的中心。值得注意的是，在女神庙也出有一件这种器类的残片，器壁厚达2厘米，烧制火候均匀，质地十分纯洁而坚硬，器的裙边直径约50厘米，底座残片壁近直，显示该器体型特大，复原高度可达1.5米上下，应非一般祭器。牛河梁女神庙和各地点积石冢所见人体塑像都为女性，而这种"祖"形器，应是庙内及诸积石冢中与女神塑像并存的男性崇拜物。由此可以推测，当时可能还有"女神

与男祖"的区别。许倬云先生将文献与考古资料相结合，曾提出红山文化与良渚文化的礼仪中心和随葬以玉器为主，反映神祇信仰；而半坡等仰韶文化遗址与陶寺文化墓地是随葬以陶器为主的墓葬，反映以人鬼信仰为主的祖先崇拜；商代以祖先信仰为主，但神祇已存在；到周代则已是神祇与祖灵配合成套，神祇也有远祖的含义①。红山文化人体塑像只有女性而男性以器物表示，说明在史前时期的同一文化中，也可能已经出现这种神与祖的观念划分，而且是女神与男祖。

　　既有围绕主神的群神不同层次，又有远祖与近亲、个祖与共祖的区别，还有女神与男祖的分野，可见，红山文化时期的祖先崇拜已进入相当发达的阶段。女神庙已具宗庙雏形。

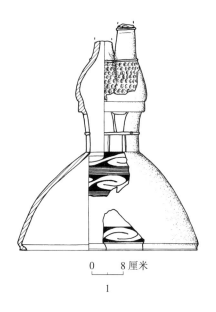

0　　8厘米

1

2

图八　"塔"形陶器

1. 牛河梁"塔"形器（N2Z2：49）　2. 建平东山岗"塔"形器

　　一般以为，祖先崇拜起源于父系氏族社会时期，进入阶级社会，供奉先祖的宗庙已是政权象征。中国历代都以体现人间血缘关系的祖先崇拜为祭祀的主要内容。对祖先的祭礼当然是中国古代礼制中第一位的大事。但从考古学上迄今尚缺乏具有明确宗庙性质的实证。商代卜辞记载对先公先王们的奉祀，是国家重典，礼繁而隆重，殷墟王陵区和宫殿区发现的成百上千个祭祀坑多是这类祭祖场所，但宗庙尚在殷墟无明确发现②。夏

① 许倬云：《神祇与祖灵》，《玉魂国魄——中国古代玉器与传统文化学术讨论会文集》（三），北京燕山出版社，2002年。

② 杨锡璋：《商代的人牲和人殉》、《西北岗祭祀坑》，《中国大百科全书·考古学卷》第438、556页，中国大百科全书出版社，1986年。

和早商时代的河南偃师二里头遗址发现的一处面积达 1 万平方米的大型宫殿建筑基址，曾被认为具宗庙性质，但更多认为是宫殿；另一处 2 号宫殿主殿后中央部位出有一座目前所知二里头文化规模最大的墓葬，据此有推测 2 号宫殿具宗庙性质的可能性更大①，但发掘者以为此宫殿可能与大墓的享堂有关，所以也未得确认。陕西岐山凤雏发现的西周早期四合院式建筑群，也被认为具宗庙性质，甚至有以为就是周天子的太庙，但也有以为是王宫一类，更有认为这种"四合院式"不具皇家一级，不过是诸侯官署甚至宅院②。以上这几组近于宗庙规模和特征的建筑址，所以最终不能确认为宗庙，其主要原因是缺少祭祀，特别是缺少祭祀对象的直接证据。至于以偶像作为祖先崇拜的对象，虽然世界各地从史前到青铜时代都普遍流行偶像崇拜，包括祖先偶像崇拜，但中国因为长期缺少这方面的考古材料，已可确认人像雕塑和有关偶像崇拜在中国历来并不发达。殷周对先公先王的祭祀多主张是以设置木、石的祖位作为祖先神灵替代物的，即"宗"中之"示"是其中所住神主的象征③。牛河梁女神庙发现最直接的重要价值就在于，有明确被供奉的对象发现，证明是庙或宗庙性质，而且是以人的偶像作为祭祀对象的，从而提出了中国上古到夏商周时期由偶像崇拜到祖位崇拜是如何演变的新课题。然而无论如何，红山文化女神庙及有关人体塑像的发现所提供的祖先崇拜的线索，已触及到复原中国古史和探索中华文明起源的核心所在，是中国文明探源项目不容回避的大课题。

① 中国科学院考古研究所二里头工作队：《河南偃师二里头早商宫殿遗址发掘简报》，《考古》1974 年第 4 期；邹衡：《夏商周考古学论文集》第 167~171 页，文物出版社，1980 年；中国社会科学院考古研究所二里头队：《河南偃师二里头二号宫殿遗址》，《考古》1983 年第 3 期；严文明：《中国王墓的出现》，《考古与文物》1996 年第 1 期。

② 陕西周原考古队：《陕西岐山凤雏村西周建筑基址发掘简报》，《文物》1979 年第 10 期；陈全方：《周原与周原文化》第 37~69 页，上海人民出版社，1988 年；丁乙：《周原的建筑遗存和铜器窖藏》，《考古》1982 年第 4 期。

③ 杨宽：《古史新探》第 167~170 页，中华书局，1965 年；俞伟超：《先秦两汉美术考古材料中所见世界观的变化》，《庆祝苏秉琦考古五十五年论文集》第 111~120 页，文物出版社，1989 年。

关于辽西史前玉器的几个问题

赵宾福

（吉林大学边疆考古研究中心）

在无数璀璨夺目的中国古代文化瑰宝中，举世闻名、最具特色的要数玉器、青铜器和瓷器，而三者之中又以玉器的制造和使用最为源远流长，影响深广。特别是玉器作为以艺术表现为形式，以精神生活为内容的中国古代传统文化的一种载体，它从史前社会出现开始，一直沿用到明清两代，贯穿于中华文明形成与发展历史的全过程，形成了鲜明的时空特点，蕴涵着多重的文化寓意，因此备受学者们的关注。

关于古代玉器的功用与发展，学术界以往主要是将其划分为两个阶段，第一阶段从史前时代到魏晋南北朝时期，其特点是以礼制为中心，造型和纹饰充满了神秘感；第二阶段从隋唐到明清，其特点是以实用为主，充满了生活气息[1]。就宏观角度来看，这种认识是基本符合中国古玉的客观发展实际的。但问题是，玉器产生之初究竟是礼器还是实用器？是否从它出现的那一天起，就被赋予了神秘的"礼"的内容？或者说在玉器作为礼器使用之前，是否曾存在过一个实用器阶段？我认为这是一个值得学术界进一步思考和探讨的问题。

史前时代是中国玉器产生和发展的初创时期，最新研究结果表明，这一时期的玉器可区分为东北、东南、西北三个原生型的主要系统和海岱、华中、江淮、北方四个次生型的亚系统[2]。东北地区作为原生型的主要系统之一，一方面具有得天独厚的开采玉料的矿源，另一方面也形成了鲜明的史前区域性玉文化特点。特别是以西拉木伦河和大小凌河流域为重心的辽西地区，目前发现的史前玉器材料较多，不仅出土了国内迄今为止最早的玉器[3]，而且玉器的发展自成体系，既表现出不同的时段特征，又保持了发展阶段的连续性和使用功能的传承性，反映出这里应是我国史前玉文化发端较早的一个中

---

① 古方：《天地之灵——中国古玉漫谈》，四川教育出版社，1996 年。

② 黄翠梅：《中国新石器时代玉器文化谱系初探（提要）》，《古代文明研究通讯》总第 7 期。

③ 魏运亨、卜昭文：《阜新查海出土七八千年前的玉器》，《中国文物报》1990 年 2 月 8 日。

心，在中国古代玉器的发展史上占有十分重要的地位。

　　基于以上认识，本文拟在前人研究成果的基础上，试就辽西地区史前玉器的起源、发展阶段、造型特点、功能及寓意等问题再做一次具体的分析。希望这项研究能够对于正确认识和把握中国早期玉器的特点及中国古代玉器的阶段性发展过程，起到一定的参考作用。

一

　　辽西地区已经确立的自新石器时代至早期青铜时代考古学文化的编年和各考古学文化出土玉器的种类与特点，是辽西史前玉文化分期研究的基础。以往关于辽西地区史前玉器发展阶段的认识，学术界主要有两种意见。一是认为该地区的史前玉文化主要经历了三个不同的发展阶段，即以兴隆洼文化玉器为代表的初创阶段，以红山文化玉器为代表的繁盛阶段和以夏家店下层文化玉器为代表的阶段[①]；二是认为辽西史前玉器自约公元前6000～前2000年，在长达四千年之久的历史进程中，至少可区分为五个发展阶段，即以查海遗存为代表的先红山玉文化阶段；以白音长汗等遗存为代表的早红山玉文化阶段；以牛河梁遗存为代表的红山玉文化阶段；以大南沟遗存为代表的小河沿玉文化阶段和以大甸子遗存为代表的夏家店下层玉文化阶段[②]。

　　陶器和玉器是两种不同质地、不同用途的类型品，两者的演化进程和变化速率并不同步。因此在探讨玉器的分期问题时，除需要参照根据陶器形态和组合变化关系所确立的考古学文化年代标尺以外，更重要的应该是特别注重玉器本身的形制特点和组合关系。从这种认识出发，参考已有的分期结果，我们认为辽西地区的史前玉文化主要经历了三个较大的发展阶段。

　　第一阶段：以兴隆洼文化、赵宝沟文化和红山文化早期玉器为代表，年代大约为公元前6000～前4000年，基本相当于中原地区史前阶段的前仰韶时代和仰韶时代的早期，即老官台文化和半坡文化时期。这一阶段的玉器主要出自辽宁阜新查海遗址[③]、内蒙古敖汉旗兴隆洼遗址[④]、巴林右旗锡本包楞遗址[⑤]、翁牛特旗小善德沟遗址[⑥]、林西县白音

① 杨虎、刘国祥：《兴隆洼文化玉器初探》，《东亚玉器·Ⅰ》，香港中文大学中国考古艺术研究中心，1998年。
② 孙守道：《中国史前东北玉文化试论》，《东亚玉器·Ⅰ》，香港中文大学中国考古艺术研究中心，1998年。
③ 辽宁省文物考古研究所：《辽宁阜新县查海遗址1987～1990年三次发掘》，《文物》1994年第11期。
④ 中国社会科学院考古研究所内蒙古工作队：《内蒙古敖汉旗兴隆洼聚落遗址1992年发掘简报》，《考古》1997年第1期。
⑤ 朝格巴图：《内蒙古巴林右旗锡本包楞出土玉器》，《考古》1996年第2期。
⑥ 任世楠：《公元前五千年前中国新石器文化的几项主要成就》，《考古》1995年第1期。

长汗遗址①和克什克腾旗南台子遗址②。所见种类主要有斧、锛、凿、玦、管、匕形器和弯条形器等（图一，上）。

第二阶段：以红山文化中晚期玉器为代表，年代大约为公元前4000～前3000年，基本相当于中原地区史前阶段的仰韶时代中、晚期，即庙底沟文化和半坡四期文化时期。该阶段经正式发掘并有明确出土单位的玉器③，主要出自辽宁建平牛河梁遗址第二地点④、第三地点⑤、第五地点⑥，凌源三官甸子城子山（现被改称为牛河梁第十六地点）遗址⑦，阜新胡头沟遗址⑧和喀左东山嘴遗址⑨。主要器形有璧、环、珠、臂饰、带棱棒形器、勾云形器、斜口筒形器（箍形器）、兽首玦、兽首弓形器、兽面牌饰、鸟（鸮）、龟和鱼等（图二）。

第三阶段：以小河沿文化和夏家店下层文化玉器为代表，年代大约为公元前3000～前1500年，基本相当于中原地区史前阶段的龙山时代和夏商之际。出土本阶段玉器的地点较少，只有内蒙古翁牛特旗大南沟小河沿文化墓地⑩和敖汉旗大甸子夏家店下层文化墓地⑪两处。所见玉器种类为斧、钺、玦、管、匕形器、弯条形器、璧、环、珠、勾云形

① 内蒙古自治区文物考古研究所：《内蒙古林西县白音长汗新石器时代遗址发掘简报》，《考古》1993第7期。

② 内蒙古文物考古研究所：《克什克腾旗南台子遗址发掘简报》，《内蒙古文物考古文集》（第一辑），中国大百科全书出版社，1994年；内蒙古文物考古研究所：《克什克腾旗南台子遗址》，《内蒙古文物考古文集》（第二辑），中国大百科全书出版社，1997年。

③ 关于红山文化玉器的研究，在以往发表的许多文章中都不同程度地存在以下两种倾向：一是将没有明确出土单位的采集玉器确认为红山文化玉器，二是将没有明确出土地点的国内外博物馆、文物店甚至社会个人手中的收藏品认定为红山文化玉器。笔者注意到这两类玉器与考古研究单位正式发掘出土的红山文化玉器相比，要么形似神非，要么根本就找不到可供对比的同类器形。为保证认识的科学性，本文对于红山文化玉器的认识，主要依据的是具有明确出土地点和出土单位的发掘品，而对于上述两类玉器不予涉猎或仅供参考。

④ 辽宁省文物考古研究所：《辽宁牛河梁红山文化"女神庙"与积石冢群发掘简报》，《文物》1986年第8期；辽宁省文物考古研究所：《辽宁牛河梁第二地点一号冢21号墓发掘简报》，《文物》1997年第8期。

⑤ 魏凡：《牛河梁红山文化第三地点积石冢石棺墓》，《辽海文物学刊》1994年第1期。

⑥ 辽宁省文物考古研究所：《辽宁牛河梁第五地点一号冢中心大墓（M1）发掘简报》，《文物》1997年第8期。

⑦ 李恭笃：《辽宁凌源县三官甸子城子山遗址试掘报告》，《考古》1986年第6期。

⑧ 方殿春、刘葆华：《辽宁阜新县胡头沟红山文化玉器墓的发现》，《文物》1984年第6期。

⑨ 郭大顺、张克举：《辽宁省喀左县东山嘴红山文化建筑群址发掘简报》，《文物》1984年第11期。

⑩ 辽宁省文物考古研究所、赤峰市博物馆：《大南沟——后红山文化墓地发掘报告》，科学出版社，1998年。

⑪ 中国社会科学院考古研究所：《大甸子——夏家店下层文化遗址与墓地发掘报告》，科学出版社，1996年。

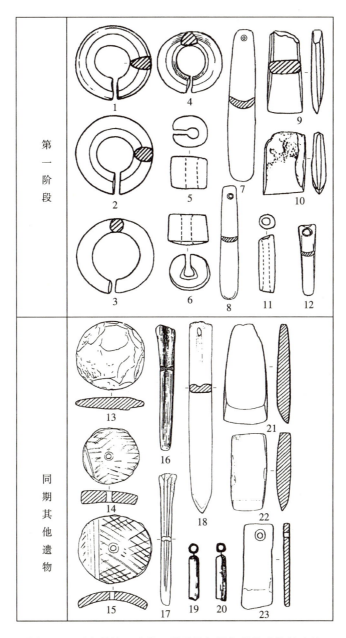

图一　辽西史前第一阶段玉器及其与同期其他遗物的比较

1~6. 玉玦（兴隆洼 M117：1、M117：2，锡本包楞墓葬，查海 T0407②：6、T0505②：1，兴隆洼 M118：29）　7、8. 玉匕形器（锡本包楞墓葬，查海 T0307②：1）　9. 玉斧（查海 T0604②：2）　10. 玉锛（查海出土）　11. 玉管（查海 T0607②：1）　12. 玉凿（查海出土）　13. 饼形石器（南台子 F25：16）　14、15. 陶纺轮（兴隆洼 F10：8、F1：10）　16、18. 骨匕形器（兴隆洼 F3④：20，南台子 T2③：8）　17. 骨凿（南台子 H23：5）　19、20. 石管（兴隆洼 M118：33、35）　21. 石斧（南台子 H23：19）　22. 石锛（南台子 F7：16）　23. 条形石饰（南台子 F13：19）

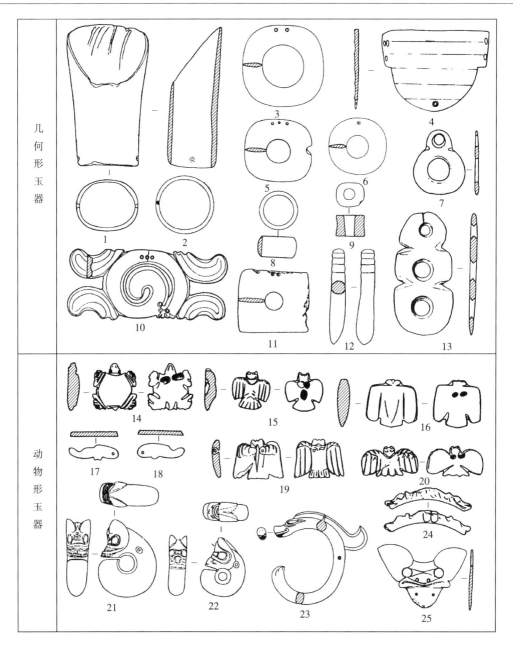

图二　辽西史前第二阶段玉器

1. 斜口筒形器（牛河梁ⅡZ1M4：1）　2. 环（牛河梁ⅡZ1M15：2）　3、5、6. 圆璧（牛河梁ⅡZ1M21：20、M21：9、M21：19）　4. 臂饰（牛河梁ⅢM9：1）　7、13. 联璧（牛河梁ⅡZ1M21：7、胡头沟 M3：3）　8. 箍（牛河梁ⅤZ1M1：1）　9. 珠（牛河梁ⅢM7：27）　10. 勾云形器（牛河梁ⅡZ1M14：1）　11. 方璧（牛河梁ⅡZ1M11：2）　12. 棒形器（牛河梁ⅡZ1M11：3）　14. 龟（胡头沟M1）　15、16、19、20. 鸟（19 为东山嘴 TC6②：12，余均为胡头沟 M1 出土）　17、18. 鱼（胡头沟 M3：1、2）　21～23. 兽首玦（牛河梁ⅡZ1M4：2、3，大沁他拉采集）　24. 兽首璜形器（东山嘴 TE6②g1：1）　25. 兽面器（牛河梁ⅡZ1M21：14）

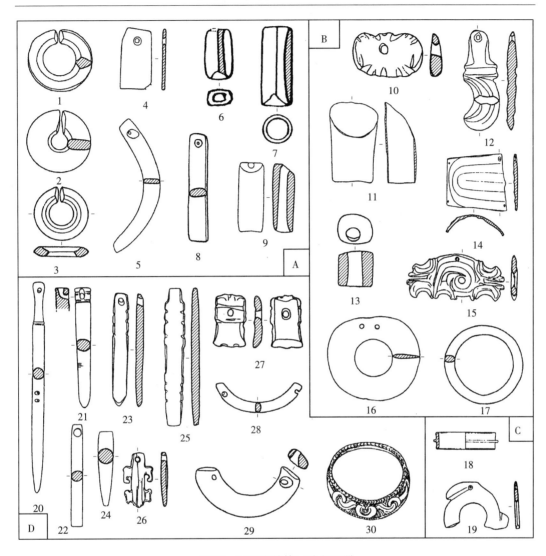

图三　辽西史前第三阶段玉器

A. 兴隆洼式玉器：1~3. 玦（M1232：2、M1032：4、M1214：1）　4、8. 匕形器（M372：1、M317：6）　5. 弯条形器（M371：16）　6、7、9. 管（M14：3、M56：6、M659：8）

B. 红山式玉器：10. 鸟形器（M1257：4）　11. 斜口筒形器（M833：2）　12. 勾形器（M308：1）　13. 珠（M677：13-2）　14. 臂饰（M659：7）　15. 勾云形器（M821：5）　16. 璧（M853：13）　17. 环（M453：6）

C. 大汶口—龙山式玉器：18. 臂饰（M453：8）　19. 璇玑形器（M454：27）

D. 大甸子式玉器：20~22、24. 棒形器（M371：31、M371：32、M180：2、M726：12）　23、25. 有齿条形器（M706：1、M905：13）　26、27. 带齿坠饰（M383：11、M383：6）　28、29. 璜（M1102：7、M817：3）　30. 臂饰（M458：2）　（6、7为大南沟墓地出土，余均为大甸子墓地出土）

器、勾形器、斜口筒形器、鸟形器、臂饰、璇玑形器、璜、穿孔棒形器、带齿坠饰、有齿条形器等（图三）。

比较一、二、三段玉器，可以得出以下几点认识：

（1）辽西地区从兴隆洼文化开始到红山文化早期这一发展阶段，玉器数量较少，种类比较单一，造型简洁古朴，全部为几何形器。器形当中以玦和匕形器最具特色，并与管珠、弯条形器和斧、锛、凿一起构成最基本的组合方式。在很大程度上表现出辽西史前玉器发生期的原始性和简单性。

值得注意的是，玦和匕形玉器除了辽西地区以外，在天津宝坻牛道口①、黑龙江饶河小南山②以及日本绳文时代的福井金津町桑野③等遗址或墓葬中亦有发现。从这些地点出土的玉器来看，一种可能是辽西地区早在史前玉器发展的第一阶段就对周边地区产生了广泛的影响，另一种可能是大约在公元前6000～前4000年，上述遗址所在的地区也同时进入了制造和使用玉器的初期阶段，并且在用玉的种类和习惯上存在着相当的一致性。但不管哪种情况，都说明玉玦和玉匕形器在东北及东北亚地区分布范围广泛，是该地区早期玉器发展阶段所体现出来的一种共同的时代特点。

（2）本地区以红山文化中晚期为代表的第二阶段玉器，无论是器物造型方面还是制作技术方面都较第一阶段有了长足的发展。首先是玉器的种类明显增多，形制也更加趋于复杂，除增加了璧、环、勾云形器、斜口筒形器等主要几何形玉器以外，还新出现了以兽、鸟、龟、鱼等为题材的动物形玉制品。其次是玉器制作技术有了明显的进步，与前一阶段普遍表现为素面无纹的玉器群相比，该阶段的玉器有些被局部雕琢出简单的纹饰，如凸棱纹、阴线纹、瓦沟纹等，特别是在动物形玉器和勾云形玉器上，还使用了浮雕、圆雕和镂雕等加工手段。在钻孔技术方面，除继续使用上一阶段见于匕形器和管珠上的单面钻和双面对钻方法以外，还在许多玉佩饰的背面采用了一种斜向对钻的方法制作出了横向对穿的小孔。此外穿孔玉器十分普遍，并且由前一阶段的一器一孔变成了一器一至多孔不等。这些体现了本地区史前玉器发展期的进步性和复杂性。

根据目前发表的材料，与红山文化中晚期形制相同的玉璧和玉环，在东北地区的吉林洮南镇郊④、通榆张俭坨子⑤，黑龙江杜尔伯特李家岗子⑥、泰来东翁根山⑦、尚志亚

① 天津市历史博物馆考古队等：《天津宝坻县牛道口遗址调查发掘简报》，《考古》1991年第7期。
② 黑龙江省博物馆：《黑龙江饶河小南山遗址试掘简报》，《考古》1972年第2期；佳木斯市文物管理站等：《黑龙江饶河县小南山新石器时代墓葬》，《考古》1996年第2期。
③ 郭大顺：《玉器的起源与渔猎文化》，《北方文物》1996年第4期。
④ 赵宾福：《吉林省新石器时代玉器初探》，《博物馆研究》2001年第1期。
⑤ 王国范：《吉林通榆新石器时代遗址调查》，《黑龙江文物丛刊》1984年第4期。
⑥ 杜尔伯特蒙古族自治县博物馆：《黑龙江杜尔伯特李家岗新石器时代墓葬清理简报》，《北方文物》1991年第2期。
⑦ 孙长庆等：《黑龙江新石器时代玉器概论》，《东亚玉器·Ⅰ》，香港中文大学中国考古艺术研究中心，1998年。

布力①等遗址都有不同程度的发现。以龟、鱼、鸟为题材的玉制品和兽面图案，在太湖流域的良渚文化玉器群中亦有发现。这些现象反映出辽西史前第二阶段的玉器在地域和时间两方面，曾对外产生过深远的影响。

（3）辽西史前玉文化的第三个发展阶段主要表现出两个方面的特点：一是小河沿文化时期的玉器发现极少，仅在大南沟墓地的 M14 和 M56 中各见一件管珠形玉器（图三，6、7）。而出土数量较多的则是形制相同的石质、骨质或蚌质的璧、环、镯、璜、珠等器物。二是夏家店下层文化时期出土的玉器数量虽多，但明显缺乏具有这一时期自身特点的类型品。如出自大甸子墓地 60 座墓葬当中的 90 余件玉器，除雕花臂饰（孤例）、穿孔棒形器（红山文化同类器的变体）、璜（来源于小河沿文化的石璜）、带齿坠饰和有齿直条形器（兴隆洼文化匕形器的变体）等少数器形之外（图三，D），其余均可在本地区的前两个阶段，以及山东大汶口—龙山文化中找到与其形制完全相同的器类②（图三，A、B、C）。上述两方面情况，反映出该阶段的玉器纵向继承或横向吸收外来成分较多，而自身的发展和创造较少。所以这一时期已属辽西史前玉器的衰落阶段。

总之，以上关于辽西史前玉器发生期、发展期、衰落期三个阶段的划分，对于正确把握本地区乃至整个东北地区史前玉器的发展脉络具有十分重要的意义。首先从纵向关系上看，本地区三个发展阶段的玉器既体现出各自不同的时段特征，又保持了密切的一脉传承的递变联系，从而形成了一个真正有别于其他地区并且具有鲜明自身传统的玉器发源中心；其次从横向联系上看，该区史前玉器的前两个阶段始终保持着以对外影响为主，但从第三阶段开始则主要表现为以接受本地或外来的影响为主；最后特别值得我们注意的是，在相当于本地区第二阶段结束之后这个时间段上，即红山文化或仰韶晚期之后，东南太湖地区和西北陇东地区的另外两个原生型玉器发源中心，均先后进入以使用玉琮为代表的玉礼器时代，而本地区却一直保持自身的玉文化发展传统，并呈现出渐趋衰落的态势。这或许说明在中国古代玉器的发生和发展过程中，不同程度地存在着时间上的不同步性和地域上的不平衡性。

二

考察先于某些玉器或与某些玉器同期存在的别种遗存的形态特征，同时结合对玉器本身的形态学分析，往往是正确认识玉器起源、造型特点以及彼此间发生形制转化的重

---

① 黑龙江省文物考古研究所：《黑龙江尚志县亚布力新石器时代遗址清理简报》，《北方文物》1988年第 1 期。

② 杨晶：《关于大甸子墓地玉器的分析》，《文物》2000 年第 9 期。

要途径，也是一种有效的研究早期玉器的方法。

首先，辽西所见史前第一阶段玉器，是我国目前经正式发掘出土的最古老的玉制品，对于研究中国古代玉器的起源具有十分重要的意义。从目前发表的材料来看，该阶段的玉器主要有七种。经研究发现，这七种玉器均可以在相同时期的兴隆洼文化石、骨、牙、蚌器中找到与之可比的同形器或者说是起源上的祖形（图一，下）。

本阶段的斧、锛、凿三种玉器，主要是出自阜新查海遗址的标本，从造型上看，它们分别与兴隆洼文化南台子遗址出土的石斧（H23∶19）、石锛（F7∶16）、骨凿（H23∶5）相同或相近；玉管分别见于查海和白音长汗遗址，据发表的查海遗址的标本观察，其形状和钻孔方法与兴隆洼遗址出土的两件同时期石管（M118∶33、35）基本一样；查海和锡本包楞等遗址发现的玉匕形器，直条形扁薄体，一端弧圆一端有孔。这种器物与兴隆洼文化南台子遗址出土的条形石饰（F13∶19）、骨匕（T2③∶8）和兴隆洼遗址出土的骨匕形器（F3④∶20）形态十分接近，很可能是它的祖形；弯条形玉器目前没有见到正式发表的线图或图版，但是根据发掘者和研究者的描述，同时参照外地区小南山遗址出土的同期同类器和本地区大甸子墓地出土的晚期同类器观察，这种玉器的造型很可能是受到了同时期兴隆洼文化穿孔牙饰（兴隆洼 M118∶22）的影响。

关于该阶段的玉玦，造型耐人寻味。有学者认为它的造型可能代表了当时人的某种宇宙观和生命观①，也有人认为它可能体现了当时人们特定的审美要求和实用效能②。这些看法都很有道理，但是如果落实到具体的器物上，我觉得兴隆洼文化时期已经出现的诸如饼形石器（南台子 F25∶16）、陶纺轮（兴隆洼 F1∶10、F10∶8）、穿孔蚌珠饰（南台子 H23∶17）等一系列圆形特别是圆形穿孔遗物，很可能是玉玦创作灵感的来源和造型方面的主要模仿对象。

其次，以红山文化中晚期为代表的辽西史前第二阶段玉器，器类较多，形态亦较复杂。与第一阶段玉器相比，显得生动活泼，而少了原始的直观和古朴。

这一阶段的璧、环数量较多，在墓葬中出土的频率较高。二者的整体造型可能是受前一阶段圆形玉玦或其他某些圆形器物的影响和启发，但以闭合的圆环形体作为新的表现形式。其中尤以圆形玉璧表现最为明显，比如璧肉的边缘普遍钻有一至三个不等的小孔，这种做法应该与较早的兴隆洼遗址出土的边缘带有两个穿孔的薄体圆形蚌饰（M118∶5）存在直接的联系。因此我认为本阶段大量流行的肉上带有穿孔的圆形玉璧，

① 杨美莉：《试论新石器时代北方系统的环形玉器》，《中国北方古代文化国际学术研讨会论文集》，中国文史出版社，1995年。
② 杨虎、刘国祥：《兴隆洼文化玉器初探》，《东亚玉器·Ⅰ》，香港中文大学中国考古艺术研究中心，1998年。

应该是在借鉴前一阶段玉玦和穿孔圆体蚌饰两种器物造型和制作技术的基础上，创造出来的一种新的类型品（图四）。至于双联或三联玉璧，貌似复杂，实际不难加工。只要在一块近似于三角形或不很对称的椭圆形玉板上，比单孔玉璧多钻出一、两个圆孔，然后再将两孔之间的边缘部分简单地修理出两侧对称的凹缺即可成器。其实这种联璧

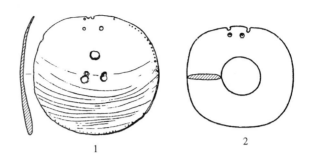

图四　穿孔圆体蚌饰与圆形玉璧比较

1. 蚌饰（兴隆洼 M118∶5）　2. 玉璧（牛河梁ⅡZ1M15∶4）

的出现，还应该与受到当时存在的一种所谓的单孔"菱形玉饰"的启发有关（图五）。

勾云形器和斜口筒形器是本阶段出现的另外两种比较典型的玉器。关于前者，有人认为"卷勾"是其最基本的因素，而这种"卷勾"的原型可能是存在于陶器表面的一种以相对卷勾纹为基本单元的彩陶图案，即红山文化吸收中原仰韶文化的玫瑰花式彩陶图案[①]。作为由中心卷勾和四角卷勾构成的结合体，红山文化的勾云形玉器往往又被称为"玉雕玫瑰"，缘由即在于此；关于后者，多数学者也把它称为箍形器。这种器物整体略扁，呈筒状，一端为平口、口较小，一端为斜口、口略大。其独有的圆筒形结构的造型特点，使人很容易联想到本地区赵宝沟文化时期的扁圆体筒形罐和新乐下层文化、红山文化所特有的斜口筒形器，应

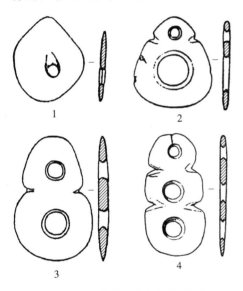

图五　菱形玉饰与联璧比较

1. 菱形玉饰（牛河梁ⅡZ1M21∶1）　2、3. 双联玉璧（牛河梁ⅡZ1M21∶6、牛河梁出土）　4. 三联玉璧（胡头沟 M3∶3）

该说它们在造型上存在亲缘联系的可能性是很大的（图六）。

动物形玉器的出现，是本阶段玉器群的一个显著特点。关于红山文化动物形玉器的问题，有学者认为它应该是东北地区森林草原形植被和渔猎文化传统的一种反映[②]。在

① 郭大顺：《红山文化玉器特征及其社会文化意义再认识》，《东亚玉器·Ⅰ》，香港中文大学中国考古艺术研究中心，1998 年。
② 郭大顺：《玉器的起源与渔猎文化》，《北方文物》1996 年第 4 期。

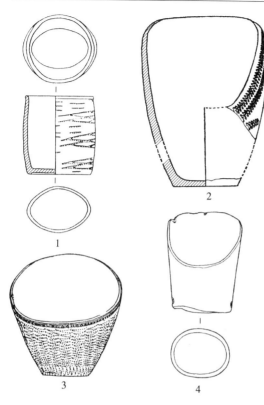

图六　斜口筒形玉器与陶器比较

1. 扁圆形体陶罐（赵宝沟 F103②：30）　2、3. 斜口筒形
陶器（新乐 F1：5、西水泉 F17：37）　4. 斜口筒形玉
器（牛河梁ⅡZ1M15：1）

红山文化的遗址发掘中，的确常发现有野猪、马鹿、赤鹿、熊、绵羊等动物的骨骼。本地区出土的赵宝沟文化陶器上，也曾发现有鹿和鸟的图案①。红山文化三官甸子城子山遗址发现过一件双熊首三孔玉器。此外在敖汉旗白斯朗营子房址中还出土过猪和熊的头部陶塑品②（图七）。据辨认，红山文化玉雕动物的题材主要有猪、熊、鸟（鸮）、鱼、龟等，基本与上面反映的情况相吻合。由此可以认为，这些动物与当时人类的生活密切相关，因此在玉雕工艺上不同程度地得到了具体的体现。

在所有的动物形玉器当中，"兽首玦"是最具有代表性的玉器。在以往的研究过程中有人称它为"猪龙"、"熊龙"、"玦龙"或"兽形玦"③。其实这种器物整体表现出的主要是一个"玦"形，只是在缺口的一端雕有兽面，故相比之下"兽形玦"的叫法应该更符合实际一些。不过从整体上看，除大沁他拉采集的一件（图二，23）整体似"兽形"以外，其余多数整体仍表现为"玦"形，而只有器形的一端似兽。所以客观地讲，改称其为"兽首玦"可能更合适一些。至于是些什么兽首，有人说是猪，有人说是熊，或两者兼有④。如是，则可进一步分别称之为猪首玦（外侧带鬃者）和熊首玦（外侧无鬃者）。

兽首玦既是本阶段的代表性玉器，同时又是辽西史前玉器第一、二两个发展阶段之间存在亲缘传承关系的最好例证。从整体形状上看，前一阶段的玉玦无疑应该是本阶段

①　敖汉旗博物馆：《敖汉旗南台地赵宝沟文化遗址调查》，《内蒙古文物考古》1991 年第 1 期。

②　辽宁省博物馆等：《辽宁敖汉旗小河沿三种原始文化的发现》，《文物》1977 年第 12 期。

③　郭大顺：《红山文化玉器特征及其社会文化意义再认识》，《东亚玉器·Ⅰ》，香港中文大学中国考古艺术研究中心，1998 年；陈星灿：《中国史前的玉（石）玦初探》，《东亚玉器·Ⅰ》，香港中文大学中国考古艺术研究中心，1998 年。

④　郭大顺：《红山文化玉器特征及其社会文化意义再认识》，《东亚玉器·Ⅰ》，香港中文大学中国考古艺术研究中心，1998 年。

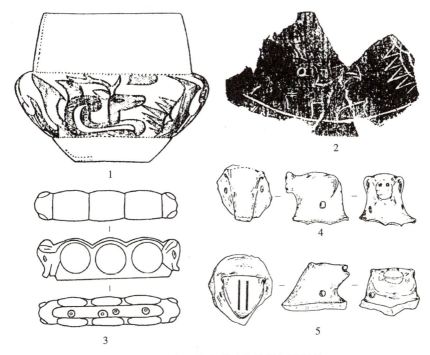

图七　辽西出土的史前动物纹样与雕塑品

1. 鹿纹陶器（南台地 3546F1∶2）　2. 鸟纹陶片（南台地采集）　3. 熊首三孔玉器（三官甸子城子山 M1）

4. 猪首陶雕塑（白斯朗营子 F2∶8）　5. 熊首陶雕塑（白斯朗营子 F11∶5）

兽首玦的祖型。肉上穿孔表明其系挂方式可能有所变化，同时也体现了本阶段玉器多孔的时代特点。至于玦的一端被雕成兽面，则应该是动物形题材在玦形器上得以有效体现的结果。总之，兽首玦是联结一、二两个阶段的纽带，更是辽西史前几何形玉器与动物形玉器巧妙结合的杰作。

值得注意的是，在湖南澧县城头山遗址的一座大溪文化墓葬（M680）中，出土一件肉上穿孔的玉玦，造型别致（图八，1）①。吉林农安左家山遗址第二期遗存出土一件兽首石玦，造型古朴，面部雕琢朦胧，应与红山文化兽首玦存在亲缘关系（图八，3）②。另据孙守道先生介绍，在通辽地区曾发现一件玉玦，肉上对钻一牛鼻孔，缺口的一端雕有突起的圆形双目，吻部刻有三道皱纹，已显现兽首轮廓，似为兽首玦的雏形③（图八，2）。以上三件标本，时代与红山文化相当或接近，对于认识辽西史前玉玦向兽

① 何介钧：《湖南史前玉器》，《东亚玉器·Ⅰ》第 224 页图 24.2、18，香港中文大学中国考古艺术研究中心，1998 年。
② 吉林大学考古教研室：《农安左家山新石器时代遗址》，《考古学报》1989 年第 2 期第 197 页图 10、11。
③ 孙守道：《中国史前东北玉文化试论》，《东亚玉器·Ⅰ》第 107 页，图 11.4∶40，香港中文大学中国考古艺术研究中心，1998 年。

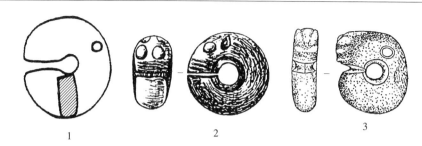

图八　兽首玦

1. 玉玦（城头山 M680）　2. 玉玦（通辽采集品）　3. 石玦（左家山 T4②：1）

首玦的转化，具有重要的参考价值。

　　关于辽西第三阶段的玉器，造型和题材基本没有形成自身的特点，而主要是表现为一种对本地区的继承和对外地区的接受，兹不赘述。

　　根据以上分析，我们不难看出：辽西史前玉器的造型一方面表现为对不同质地的工具、用具或饰品的仿同，创作出最早的并且在后来得到进一步发展的大量几何形玉器；另一方面则是从自然环境中寻找和吸取创作灵感，制作出了许多生动活泼并带有写实特征的动物形玉器。但无论是几何形玉器还是动物形玉器，其原型都是当时实际存在的用具或动物，都取材于当时的生产、生活与环境，而且生动具体，注重实用性，反映出了中国古代玉器最初发展阶段所具有的简洁而朴素的特点。

三

　　从造型特点、使用痕迹以及出土位置等方面观察，我们发现辽西地区的史前玉器主要具有以下几个特点：

　　一是绝大多数为小型制品，体积小或器壁薄，重量较轻。

　　二是一部分玉器的表面保留有明显的使用痕迹。

　　三是绝大多数玉器都有穿孔。

　　四是出自墓葬中的玉器位置一般比较固定。

　　根据这样一些特点，同时结合上述对玉器造型题材的分析，可以看出辽西史前玉器主要包括工具和饰品两大类，而且绝大多数为实用器。

　　首先从斧、锛、凿等早期玉器的表面多保留有崩疤等使用痕迹来看，说明它们不仅是工具，而且是实用器。本地区如此，国内其他地区发现的早期玉工具也是一样。其实在使用功能上玉质的斧、锛、凿最初可能与石质的斧、锛、凿完全相同。

　　其次从墓葬中出土的玉器来看，除环（可以直接佩戴）以外，其他玉器都有穿孔，这不是造型或审美本身的需要，而是考虑到使用方便，使其可以通过穿绳或缝缀等间接方式达到系挂或佩戴的目的，因此器物多孔应是制作时考虑使用方便的结果，同时也反映出它们应该是实用器。此外玉器绝大多数出自墓主人身体的上半部，而且位置一般都比较固定，所以进一步表明它们应该是系挂或佩戴在人体上某些固定部位的饰物。

从玉器出土位置与生前佩戴部位的关系方面考察，作为饰品的玉器，主要可分为以下几种：

（1）耳饰：第一、三段的玦和第二段的璧。定性的原因是它们多出自墓主人的耳部。其中的珠形玦，据研究可以直接戴在耳上，而环形玦和璧则可能要通过穿绳才能佩戴。

（2）发饰：斜口筒形器（箍形器），根据是它们多出自死者的头部或头下。以往认为这类器物是发饰或枕头。如果说是枕头，则无法理解为何一侧表现为斜面，另一侧还有对称的穿孔。相反它是束发器的可能性较大，用法为将长发盘后装在筒内，然后用簪子从两孔横穿将头发固定住。当然也可能是在两孔穿绳，直接系于下颌的下面。

（3）项饰：管珠、竹节形珠。经穿连后佩戴在脖子上，成为项链。

（4）臂饰：戴在胳膊上的装饰，数量较少。如牛三 M3 的环（箍），出土时戴在死者右肱骨上。牛三 M9 的臂饰，出土时位于墓主人右胸部，肱骨附近。大甸子出土的三件臂饰，出土也都位于墓主人的臂骨处。

（5）腕饰：主要为玉环（镯），绝大多数无孔，原因是可直接戴在左右腕部。有的是左右各一，有的是只有一个。

（6）胸饰和腰饰：主要是指系挂或缝缀在胸前或腰间的饰品，因位置接近而难以进一步将二者区分开来。这种玉器数量较多，而且复杂。依出自胸部或腰部的器形来看，主要有兽首玦、兽面、鸟（鹗）、鱼、勾云形器、勾形器、直条形器、弯条形器、棒形器等。

总之，辽西史前玉器多为小型制品，造型取材于实践和生活。主要是工具和装饰品等一类的实用器，而不是专门制作的冥器或礼器，所以并非"神器"或"神物"。它所表达的主要是人们的劳动和审美、爱美意识，体现的是生前财富的多少和地位的差别，蕴涵的是祛灾祈福、保佑平安等图腾崇拜或生灵崇拜的原始观念，与良渚文化具有瑞玉功能的琮、璧等礼器存在着本质的区别。换言之这种以工具和饰品等实用器为代表的玉器群，与良渚文化以琮、璧等玉礼器为代表的玉器群形成了鲜明的对比，反映出了其时代和地域两方面的自身特色，同时也在一定程度上表现出了我国玉文化初始阶段的特点。有鉴于此，我们有理由相信，以辽西史前阶段特别是红山文化以前（公元前 3000 年及其以前）为代表的玉器发展阶段，应该是中国古代玉器发展史上的第一个时代，即以实用器为主的时代。

（原载《玉魂国魄——中国古代玉器与传统文化学术讨论会文集》（三），北京燕山出版社，2002 年）

辽河文明在中华文明起源中的地位与作用

——以红山文化为重点

吕　军

（吉林大学边疆考古研究中心）

辽河文明的提出，缘起于20世纪80年代以来，在以西辽河为中心的辽河流域一系列重要考古发现，包括兴隆洼文化（查海、兴隆洼遗址）、红山文化"坛、庙、冢"宗教礼仪性建筑群以及大量精美的玉器等等。许多专家学者都做了积极而有意义的研究工作，发表了很多研究成果。

本文在诸多专家学者已有研究的基础上，主要以红山文化为核心，重点从辽河文明的界定及其内涵、辽河文明的特点、辽河文明的地位与作用等三个方面对辽河文明相关问题进行了归纳和总结。

一　辽河文明的界定及其内涵

《现代汉语词典》中，文明，就是文化。文化，是人类在社会历史发展过程中（社会实践过程中）所创造的物质财富和精神财富总和。

依据现代汉语词典中对文明的理解，辽河文明就是辽河流域古代先民在漫长的历史发展进程中共同创造出来的灿烂文化。

辽河是中华民族母亲河之一，孕育了丰富的文化宝藏和人文景观。辽河文化是中华文化赖以生成和发展的基质部分，其丰富多彩的地域文化是博大精深的中华文明所独具的资源。

辽河流域的考古发现与研究成果表明，辽河流域史前考古学文化主要包括：兴隆洼文化（以兴隆洼遗址和查海遗址为代表）、赵宝沟文化、红山文化、富河文化、小河沿文化，夏家店下层文化等等。其中，在辽西地区，以红山文化为代表，特别是红山文化的祭坛、女神庙、大型方台、金字塔式巨型建筑、特点鲜明的积石冢群以及成组出土的玉质礼器，共同构成了辽河流域早期文明的主体内涵。

二　辽河文明的特点

辽河文明在中国文明起源与国家形成中具有典型性。

在中华文明起源的过程中，以西辽河流域为中心的辽河流域是中华文明的重要发源地之一。早在距今 8000 年前，这里（主要是指兴隆洼和查海）就已有表现社会结构分化的成行排列的房址和社会分工导致社会分化的产品——玉器，以及反映意识形态发达程度的"类龙"形象的出现，已是"文明的起步"阶段；红山文化的玉器已具备了夏商周三代文明中"礼"的雏形，尤其是红山文化的"坛、庙、冢"宗教礼仪性建筑群，更是 5000 年前"古国"的象征。此后，这里又经历了以夏家店下层文化为代表的"方国"时代，最终汇入统一多民族的秦汉帝国。辽河流域由古国到方国再到帝国的文明起源与发展历程，是中华文明起源多元性的生动体现。辽河流域早期文明的发生、发展历程是研究中华文明演进过程的重要内容，是更深层次地认知中华文明本质的重要载体。

辽河文明的特点，可以归纳为以下几点：

（1）产生时间早——查海—兴隆洼文化已经是"文明的起步"阶段了。兴隆洼文化因 20 世纪 80 年代发现的内蒙古敖汉旗兴隆洼遗址而命名①。兴隆洼文化的代表性遗址主要有兴隆洼、兴隆沟、查海等。在兴隆洼遗址，发现了中国史前最早的聚落。兴隆洼聚落遗址共清理出房址 180 余座，均为长方形半地穴式建筑，房址均沿西北—东南方向成排分布，整齐有序，共计十一排，其中有八排贯通整个聚落，三排为夹排。整个聚落规模宏伟，气势壮观，堪称中国史前建筑史上的奇迹②。兴隆沟遗址也发现了聚落，房址面积分大、中、小三型，也是成排分布的③。查海遗址也发现了聚落遗址，房址也是成排分布的。查海遗址最为重要的发现，是在遗址中心部位的房址和墓葬群之间，发现了一条用石块堆塑的全长近 20 米的巨龙形象④。该龙采用红褐色大小均匀的石块堆塑而成，龙昂首张口，弯身弓背，尾部若隐若现，给人一种巨龙腾飞之感。龙头朝西南，

---

① 中国社会科学院考古研究所内蒙古工作队：《内蒙古敖汉旗兴隆洼遗址发掘简报》，《考古》1985 年第 10 期。

② 中国社会科学院考古研究所内蒙古工作队：《内蒙古敖汉旗兴隆洼聚落遗址 1992 年发掘简报》，《考古》1997 年第 1 期。

③ 中国社会科学院考古研究所内蒙古工作队、敖汉旗博物馆：《内蒙古敖汉旗兴隆沟新石器时代遗址调查》，《考古》2000 年第 9 期；《内蒙古赤峰市兴隆沟遗址 2002~2003 年的发掘》，《考古》2004 年第 7 期。

④ 辽宁省文物考古研究所：《阜新查海新石器时代遗址试掘简报》，《辽海文物学刊》1985 年第 1 期；辽宁省文物考古研究所：《辽宁阜新县查海遗址 1987~1990 年三次发掘》，《文物》1994 年第 11 期；辛岩：《查海遗址发掘又获新成果》，《中国文物报》1994 年 1 月 5 日；辛岩：《查海遗址发掘再获重大成果》，《中国文物报》1995 年 3 月 19 日。

龙尾朝东北，全长 19.7 米，龙身宽 1.8～2 米，基本与房址建筑方向一致。这个龙形堆石置于整个聚落最中心部位，四周以房屋环绕，尾部与聚落中最大的一间房屋相邻，而头部以下是一片墓葬，位置十分显赫。这说明 8000 年前当地居民已创造出龙的形象，而且龙在他们的宗教信仰中占有极其重要的地位①。另外，兴隆洼、兴隆沟、查海等多处兴隆洼文化遗址都有玉器出土，其中最为突出的是查海遗址出土了目前中国也是世界范围内最早的真玉，为探讨中华玉文化起源，提供了极为重要的视角。

（2）龙的出现——中华文明的曙光。西辽河流域是中国最早出现龙崇拜的地区，最早的龙为查海遗址"摆塑龙"。该遗址距今已有 8000 多年，是目前所知辽河流域出现最早的一处聚落遗址，堪称"辽河第一村"。

促成文明到来的因素很多，如农业和水利灌溉的发展、城堡和城市的形成、文字的出现，以及阶级和国家的产生等。而龙的起源，既以原始农业的发展为前提，同与农事联系的天象有关系，又是原始宗教信仰、原始意识形态、原始文化艺术发达的产物，可以说是诸文明因素的一个结晶。

闻一多说，龙是中华民族"发祥和文化肇端的象征"②。龙的起源同我们民族历史文化的形成和文明时代的肇始紧密相关。

中原地区发现的属于早期龙山文化陶寺遗址彩陶上的龙纹，其表现形式与红山文化彩陶上的龙纹基本一致。我国中原商代玉器中的龙与铜器上的龙纹，分别与红山文化玉龙和彩陶上的龙纹相暗合。因此，红山文化是中原地区崇龙习俗的渊源，红山文化的龙神崇拜，构成中华文明重要因素之一。

（3）玉器、玉礼制、礼制——文明起源标志、新内涵。红山文化最为显著的一个特征就是出土了大量精美的玉器，玉器集中出土在喀左东山嘴③、建平牛河梁④、阜新胡头沟⑤、凌源三官甸子⑥、巴林右旗那斯台⑦、翁牛特旗三星他拉⑧等遗址，多出土于

---

① 郭大顺：《龙出辽河源》，百花文艺出版社，2001 年。
② 闻一多：《龙凤》，《闻一多全集·神话与诗》，开明书店，1948 年。
③ 郭大顺、张克举：《辽宁省喀左县东山嘴红山文化建筑群址发掘简报》，《文物》1984 年第 11 期。
④ 牛河梁遗址 1981 年发现，从 1983 年开始发掘，目前已经编号至十六地点。第一次发掘报告是，辽宁省文物考古研究所：《辽宁牛河梁红山文化"女神庙"与积石冢群发掘简报》，《文物》1986 年第 8 期；最新的发掘报告是，辽宁省文物考古研究所：《牛河梁第十六地点红山文化积石冢中心大墓发掘简报》、《牛河梁红山文化第二地点一号积石冢石棺墓的发掘》，均刊于《文物》2008 年第 10 期。
⑤ 方殿春、刘葆华：《辽宁阜新县胡头沟红山文化玉器墓的发掘》，《文物》1984 年第 6 期。
⑥ 李恭笃：《辽宁凌源三官甸子城子山遗址试掘简报》，《考古》1986 年第 6 期。
⑦ 巴林右旗博物馆：《内蒙古巴林右旗那斯台遗址调查》，《考古》1987 年第 6 期。
⑧ 翁牛特旗文化馆：《内蒙古翁牛特旗三星他拉村发现玉龙》，《文物》1984 年第 6 期。

墓葬或者礼仪性建筑址中。出土玉器的墓葬多是只葬玉器的"玉殓葬"，如牛河梁、城子山、胡头沟等积石冢均是如此。墓葬中出土的玉器多是成组配套具有一定的组合关系，玉器在墓葬中的位置似已成定式，同种器物常成对出现，玉器陈置摆放讲究左右对称，充分显示出浓厚的宗教祭祀色彩。这种以玉为祭，且成组配套的葬玉方式，使得红山文化玉器具有礼的含义。"以玉为礼"、"唯玉为葬"，表明玉在红山先民心目中具有超乎寻常的重要性。

（4）"坛、庙、冢"宗教礼仪性建筑群——"古国"象征。牛河梁是红山文化最为重要的遗址，红山文化的"坛、庙、冢"均分布在牛河梁遗址之中。"女神庙"是平面呈"中"字形的半地穴式建筑，全部为土木结构，庙室内出土了人物塑像，其中相当于真人大小的女神头像，写实而神化，应为祖先偶像，且为围绕主神的群神崇拜，说明红山文化时期已经进入祖先崇拜的高级阶段。牛河梁遗址的积石冢群，有单冢、双冢和多冢，位于山岗顶部，一岗多墓，可分为大、中、小型墓，都砌筑石棺，东西向。冢以石墙为界，冢界为平砌的多道石墙，由外向内高起，形成台阶，其上封土积石。冢界内侧还排列了彩陶筒形器群。红山文化积石冢具有只葬玉器的习俗，最主要的特点是在冢的中心设一大墓。中心大墓是一岗一座，置于岗顶中央，是"一人独尊"观念的体现。积石冢附近往往有祭坛分布，冢和坛的形状，或方或圆，或方与圆结合为一体，说明红山人已经具备了方圆观念（或即天圆地方观念）。

红山文化的"坛、庙、冢"宗教礼仪性建筑群，更是5000年前"古国"的象征。从红山文化大型祭坛、女神庙和积石冢群的结构、布局以及玉葬之礼反映出，礼制在5000年以前的红山文化时期，已经形成了一个比较完整的体系，这种坛、庙、冢三合一的布局，一直延续到明清时期北京的天坛、太庙和明十三陵，而这两者的吻合说明，中华文明起源的过程，也是中华文化形成的过程①。以往，人们把城市的形成、文字的出现和金属铜的发明，这三大要素作为文明起源的标志。而红山文化，则赋予了文明起源以新的内涵，她使人们注意到，礼制的出现，是中华文明起源的一个重要标志和特点。由此即可说明，发端于辽河流域的红山文化在中华文明起源中的重要地位，她是中华文明的重要源头之一。

（5）文化交汇，源流明晰，文明延续不断。辽河流域独特的自然地理环境，使其成为古代文化的生长点与交汇带。辽河流域的西部是处于蒙古高原向华北平原过渡的丘陵地带，东部则是东北松辽大平原的组成部分，有东北至西南走向的山川和漫长的海岸线。至少在距今万年到四五千年前，辽河流域是暖湿性阔叶林和针叶林混交的森林草原带。而红山文化所处的辽西丘陵山区，北邻蒙古草原，南濒渤海，东西分别通于松辽平

---

① 郭大顺：《龙出辽河源》，百花文艺出版社，2001年。

原长白山区和华北平原，是多种经济类型不同文化传统的诸多文化交汇之地。这种自然地理环境，既适于文化的成长，又是南北与东西之间交流的天然通道。

就新石器和青铜时代而言，辽河流域已分区建立起了文化发展序列。辽西地区新石器时代有查海—兴隆洼等先红山文化，大约与红山文化早期相当或稍早的赵宝沟文化，与红山文化同时的富河文化，晚于红山文化的小河沿文化；青铜时代则有夏家店下层文化、魏营子文化和夏家店上层文化等。在下辽河流域和辽东半岛，虽然文化遗存相对较少、文化堆积较薄，但也分别建立起新乐文化、偏堡子文化、高台山文化、新乐上层文化（下辽河流域）；小珠山下、中、上层文化，双坨子下、中、上层文化（辽东半岛），以及以曲刃青铜短剑为主要特征的青铜文化等。

辽河流域又属于东北文化区，是东北文化区与北方草原、中原区交汇的前沿地带。红山文化"坛、庙、冢"的出现就是红山文化与仰韶文化交汇的产物。青铜时代和早期铁器时代，辽河流域诸文化也都有普遍接受中原礼制的情况，而且越来越浓厚，这就为燕秦帝国对辽河流域的有效管辖打下了基础。十六国时期的慕容鲜卑族被历史学家称为是五胡中汉化最深的一个民族，考古发现特别是朝阳龙城宫城和宫城南门的发现证明了这一点[1]。契丹族则在大幅度吸收汉文化的同时，注重从制度和习俗上保持和发展本民族特色，并以此而立于当时世界之林。满族在开国史上对待汉文化以及其他民族文化也是采取了积极态度并取得了显著效果，从而使辽河流域自始至终成为一个民族文化的大熔炉，创造出了具有强烈的地域特色又包容四方的古代文化。

（6）古国—方国—帝国——文明演进的"三部曲"。早在 20 世纪末，苏秉琦先生就有过系统论述[2]，他在谈到关于中国文明起源和国家形成时，提出"三部曲"和"三模式"，将辽河流域的红山文化—夏家店下层文化—燕秦文化，作为古国—方国—帝国"三部曲"的典型代表。在国家起源原生型、次生型、续生型的"三模式"中，将辽河流域的先秦时期作为"原生型"模式并将秦汉以后纳入"续生型"模式中。这既是辽河文明所具有的特点，同时也可表明，辽河文明在中华文明起源中所具有的地位与作用。

三　辽河文明的地位与作用

在中华文明起源的过程中，以西辽河流域为中心的辽河流域是中华文明的重要发源地之一。辽河流域早期文明的发生、发展历程是研究中华文明演进过程的重要内容，是更深层次地认知中华文明本质的重要载体。

---

① 田立坤、万雄飞、白宝玉：《朝阳市三燕至辽金元时期城门遗址》，《中国考古学年鉴·2005》，文物出版社，2006 年。

② 苏秉琦：《中国文明起源新探》第 129 页，生活·读书·新知三联书店，1999 年。

辽河文明是中华文明的源头，是中华五千年文明的曙光。

辽河流域在距今约8000年的兴隆洼文化，就已出现了龙的形象和成熟的玉器，已是"文明的起步"阶段。

辽西山区牛河梁红山文化遗址发现了距今5000年前"坛、庙、冢"三位一体的大规模的宗教礼仪性建筑群和以"龙、凤、人"为主要题材的玉器群，这是辽河流域率先跨入文明社会的主要实证。

辽河流域红山文化的重大考古发现，促使人们开始重新审视中国史前的历史；红山文化赋予了文明起源以新的内涵，她使人们注意到，礼制的出现，是中华文明起源的一个重要标志和特点。红山文化源于查海—兴隆洼先红山文化，又与赵宝沟—富河诸红山文化共存交错，互相影响，平行发展。从而产生了以小河沿文化为代表的后红山文化。这种前后承袭的文化关系，使红山文化在其盛极一时后并没有中断，也没有衰退，而是逐渐过渡到了距今4000年前的早期青铜时代，即北方地区与夏为伍的强大的夏家店下层文化。在红山文化的古国阶段之后，辽河流域进入了一个新的发展阶段——方国。

辽河流域（特别是辽西地区）特殊的地理优势使其成为古代文化的生长点与交汇带；辽河流域还是东西文化交流的一个枢纽；在中华古文化形成史、特别是文明起源史上占有重要地位，是燕山南北长城地带古文化的重心所在，辽河文明对东北地区和东北亚古代文化的发展都有广泛的影响。

康平法库两县史前文化性质与内涵分析

周向永　　　陈术石

（铁岭博物馆　辽宁省文物保护中心）

对康平法库两县史前遗存的考古调查始于 20 世纪 70 年代初，1974 年，铁岭地区文物组在对法库叶茂台辽墓群进行发掘时，在墓区所在的叶茂台西山最早发现了一批细石器，但当时对这批细石器并未能给出明确的时代判断意见①；1980 年，孟庆忠报道了在康平沙金敖力营子、二牛李家北坨子和四家子刘家店后冈三个遗址采集到的部分彩陶片及同时被发现的一些"之"字纹陶片、细石器、打制和磨制石器等②，这也是辽北史前文化的首次披露；1981 年，在辽宁省考古博物馆学会成立大会上，他又对以往的材料作了充实，将康平法库两县以出细石器为主和出彩陶为主的两种史前遗址作了概括介绍③。此后，张少青、许志国等对康平、法库的部分史前时期遗址又做了调查和研究工作，并有材料发表④。康平法库两县史前时期遗存资料的刊布，为该地区新石器时代文化的深入研究提供了必要的前提条件，利用这些资料比较周邻地区同时期遗存文化内涵的异同，以辨析出辽北史前遗存的文化性质，为进一步的编年探索奠定基础。本文所做的工作，就是在以往材料及学者筚路蓝缕之功的前提下进行的，但同时也应当指出，由于这些材料均属地表采集，缺乏层位依据，标本又多残碎零散，加之笔者的学识能力，对这些材料的分析不免有盲人摸象之嫌，今后如有更新的发现或师友赐教，笔者当作出修正。

---

① 辽宁省铁岭地区文物组：《辽北地区原始文化遗址调查》，《考古》1981 年第 2 期。
② 孟庆忠：《康平县的三处新石器时代彩陶文化遗存》，《辽宁文物》1980 年第 1 期。
③ 孟庆忠：《试述铁岭地区新石器文化和青铜文化遗存》，《辽宁省考古博物馆学会成立大会会刊》，1981 年。
④ 这些材料包括：张少青：《康平县新石器时代遗址调查》，《辽海文物学刊》1988 年第 2 期；张少青等：《辽宁康平县赵家店村古遗址及墓地调查》，《考古》1992 年第 1 期；许志国：《法库县发现的几处新石器时代遗址》，《辽海文物学刊》1996 年第 1 期；许志国：《辽北新石器时代文化初探》，《北方文物》1998 年第 2 期。

一

康平法库两县史前时期较早时段的陶片标本见有以下几例：（1）王全遗址采集一件近于完整的直腹罐，圆唇外凸，大敞口，斜壁稍有弧度，黄褐器表，颈施划刻平行斜线交叉纹。（2）铁岭博物馆藏采自康平二牛李家窝堡四家子遗址的标本，其中有平行斜线与压印"之"字纹组合的口沿、有满饰规整坑点纹的器壁；（3）法库丁家房佘家堡采集的几块口沿标本，或颈施数道凹弦纹与竖压横带"之"字纹的复合纹、或为沿下一道凹弦纹，凹沟内施平行斜线纹而下为弦纹；（4）法库蛇山沟采集的直腹罐口沿标本，为夹砂灰褐或黄褐陶，器表施刻划斜线纹或类于席纹的斜线与直线相交的几何纹。

王全直腹罐近完整，较易分辨出文化归属（图一，3）。这件直腹罐为喇叭形的大敞口，与查海 F5：1① 和兴隆洼 F123④：77 的直腹罐② 比较，有着一看便知的谱系关联，应属兴隆洼—查海文化系统（图一，1、2）。与新乐文化比较，新乐文化直腹罐器形总体来说比较规整，直壁者居多，外敞的倾斜角度不大；虽然新乐也不乏腹壁微曲的直腹罐（李晓钟将其排列为 BII 式罐）③，但像王全这种腹壁倾斜角度很大的直腹罐是新乐文化所缺乏的（图一，4）。新乐文化以玛瑙为料的细石器比量较大，最具特点的镞为长身平底，仅在两侧边刃进行二次加工的制作工艺成为判别遗存性质的重要参照。比照之下，康平王全未见细石器，而在康平左近出细石器的遗址如沙金敖力营子、马架子山、鹿场、二牛李家窝堡四家子、西王村张家窝堡、法库叶茂台等地用玛瑙进行二次加工的镞，其形制多为等腰三角形，且为凹底，多石叶和刮削器，与新乐文化平底圭形或带铤的石镞判然有别。王全的这件直腹罐在查海遗存中是很典型的，虽然因地域和时间方面的原因在具体表现形式（如陶纹）上有所区别，但器物形制的总体风格则近于查海④。康平四家子采集的坑点纹陶片，与查海著名的蛇衔蟾蜍陶罐上的施纹特点也完全一致，似乎更能说明这类遗存的性质归属⑤（图一，5、6）。康平王全直腹罐、四家子坑点纹陶片反映出的若干特点，应代表该地与新乐文化有所不同的文化特色，在整个康法两县新石器时代陶器群中更具原始性质，因此也就更具早期文化谱系的意义。王全遗址所在的海洲乡和四家子遗址所在的二牛乡，一个在康平正北，一个在康平正西，都与内蒙古科尔沁左翼后旗接壤，东临西辽河与东辽河呈"Y"形交汇之处，与兴隆洼—查海文化

① 方殿春：《阜新查海遗址的发掘与初步分析》，《辽海文物学刊》1991 年第 1 期。
② 中国社会科学院考古研究所：《内蒙古敖汉旗兴隆洼遗址发掘简报》，《考古》1985 年第 10 期。
③ 李晓钟：《沈阳新乐遗址 1982～1988 年发掘报告》，《辽海文物学刊》1990 年第 1 期。
④ 辽宁省文物考古研究所：《辽宁阜新查海遗址 1987～1990 年三次发掘》，《文物》1994 年第 11 期。
⑤ 辽宁省博物馆等编：《辽河文明展文物集萃》，2006 年。

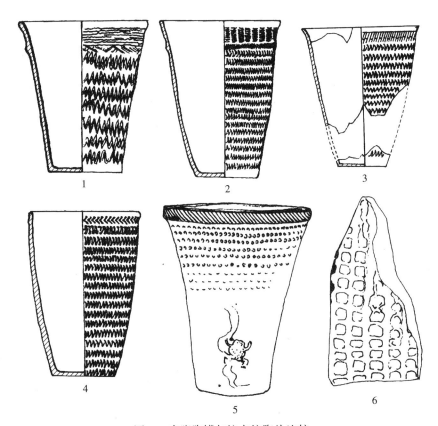

图一　直腹陶罐与坑点纹陶片比较

1. 兴隆洼（F123④:77）　2. 查海（F5:1）　3. 康平王全采　4. 新乐Ⅰ式罐（A1:1）

5. 查海蛇衔蟾蜍罐　6. 康平二牛四家子采

的接触较之与新乐文化的接触更具先天地缘优势，所以在这两个地方发现属兴隆洼—查海文化体系的遗存应该是很正常的事情。据以对兴隆洼陶器直腹罐所做的分期研究，类似王全遗址所出直腹罐形制已经处在兴隆洼文化的后半段，是兴隆洼文化发展到第四期即晚期阶段的形制[①]。这一阶段兴隆洼文化直腹罐由原初的斜直腹向微曲腹的过渡已经完成，而口沿则正处在由敞口向喇叭口演进的后半段。查海遗址中的喇叭口曲腹罐，正是由其先期的斜直壁大敞口形制演进而来的，查海的那件蛇衔蟾蜍罐也是大敞口，也就是说，兴隆洼文化谱系中素有斜直壁大敞口的传统，王全直腹罐不过是继承了这一传统而已。兴隆洼文化在同一陶器上分三段式的传统施纹方法在康平已发生一些变化，只有沿下向左斜划的平行纹带还保留着母体文化施纹方法上的一些基因，其下就只有遍施器

---

① 陈国庆：《兴隆洼文化分期及相关问题探讨》，《边疆考古文化研究》（第3辑），科学出版社，2004年。

身的压印"之"字纹了。王全"之"字纹为竖压横带式，从王全残器底保留的一点
"之"字纹亦为竖压横带式来看，其整器当皆施竖压横带"之"字纹，这也是兴隆洼晚
期早段的一个标志①。这件直腹罐及康平二牛李家排列整齐的坑点纹陶一起，组成了这
一时期康法西部地区最早的史前文化特征。碳－14数据表明查海绝对年代为距今
7360±150年（未经树轮校正）②，则上述两件标本的年代也当在此左右。康平王全直腹
罐文化性质在学界早有共识，属兴隆洼—查海谱系的观点一再得以重申③，这是需要在
此作以强调的。

　　查海之后，新乐文化对康法两地史前文化也有影响，有几件标本可以说明。一是法
库蛇山沟的几何形刻划纹标本，与新乐BⅠ式罐中的83CDF4：5沿下纹饰极近④；二是
铁博藏四家子深腹罐口沿表现的沿下以一道凹弦纹分割开来的平行斜线纹下接整齐细密
横带"之"字纹的施纹风格，也与新乐BⅡ式罐（83F2：99）直腹罐沿下纹饰相似⑤；
三是佘家堡采集的几件直腹罐口沿以沿下成组的弦纹带为特色，间饰凹带，而沿下凹带
是新乐文化陶器的一大特点；佘家堡多为夹砂红或红褐陶，显示的文化性质当与新乐文
化更为密切（图二）。四是在出属查海遗存直腹罐的王全遗址中，采有石研磨器，无论
是材质、形制还是规格，都与在新乐发现的同类器相同⑥。需要提及的是，蛇山沟陶片
标本普遍具有唇沿加厚的特点，是兴隆洼文化系统的一个显著标志，这一特点在新乐文
化中虽不普遍但也存在，考虑到蛇山沟地处法库东南，所以我们对蛇山沟遗存的理解是
这类遗存带有查海与新乐两大系统互为交融的特征。据新乐T1下层火塘出土木炭碳－
14测定，为距今6145±120年，树轮校正年代为距今6800±145年，因之可知查海与新
乐两大文化对辽北的影响是在不长时间里相继进行的。王嗣洲认为中国东北东部地区的
新石器时代文化发展脉络，是以新乐文化为起点分别向南向北、进而向东发展，因之形
成环形文化圈的⑦。对康法而言，先有查海文化对这一地区西北部的影响，然后才出现
新乐文化遗存的出现。考虑到四家子陶片纹饰也有与查海遗存相似的因素，可以认为新
乐文化在北上中，很可能在康平和法库的西北部与查海文化的后裔相遇，再以两类文化

①　赵宾福：《东北石器时代考古》，吉林大学出版社，2003年。

②　辽宁省文物考古研究所：《辽宁阜新查海遗址1987~1990年三次发掘》，《文物》1994年第11期。

③　金旭东：《第二松花江流域新石器时代遗存研究》，《中国考古学会第八次年会论文集》，文物出版
　　社，1991年；陈国庆：《兴隆洼文化分期及相关问题探讨》，《边疆考古研究》（第3辑），科学出
　　版社，2004年。

④　李晓钟：《沈阳新乐遗址1982~1988年发掘报告》，《辽海文物学刊》1990年第1期。

⑤　李晓钟：《沈阳新乐遗址1982~1988年发掘报告》，《辽海文物学刊》1990年第1期。

⑥　李晓钟：《沈阳新乐遗址1982~1988年发掘报告》，《辽海文物学刊》1990年第1期。

⑦　王嗣洲：《中国东北地区新石器时代文化的发展脉络与渊源关系》，《边疆考古研究》（第4辑），
　　科学出版社，2005年。

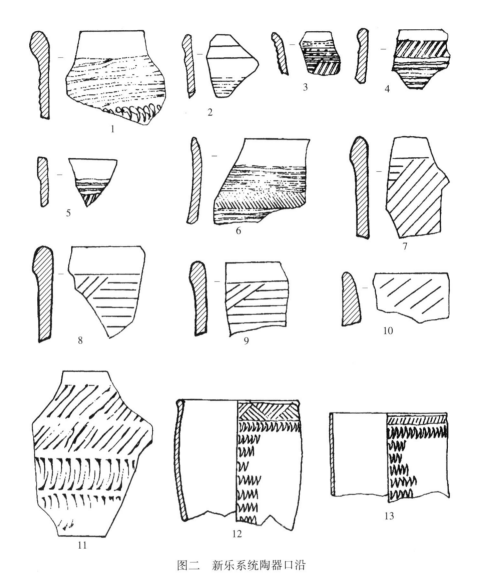

图二　新乐系统陶器口沿

1~6. 法库佘家堡　7~10. 法库蛇山沟　11. 康平二牛四家子　12、13. 新乐（83CDF4：5、83F2②：53）

交融的优势继续北上。金旭东认为第二松花江流域的某些内涵成分，即是以新乐文化为媒介而得以构成的。他还认为左家山 H2：3 筒形罐可能是王全筒形罐的承续者①，这对研究王全遗存的流向无疑是一个值得注意的提示，如是，则康平王全遗存与第二松花江流域的关系应很密切，不过这还需要更多的材料来说明。新乐文化对康法两地的影响，

① 　金旭东：《第二松花江流域新石器时代遗存研究》，《中国考古学会第八次年会论文集》，文物出版社，1991 年。

似有愈北愈弱的趋势，新乐文化遗存在法库的数量多于康平可为佐证。康平王全和法库佘家堡、蛇山沟均未见细石器，佘家堡除一件石磨棒外，余皆为打制石器，不但显示出与新乐文化的差异，也显示了与查海文化的不同，我们认为这可能与标本皆系地表采集的偶然性有关，但也不排除康法地区的地方生业传统对工具使用的要求与选择方面的个性因素。

新乐文化之后，康平法库史前遗存呈现出的面貌比较复杂，按照既定的当地文化序列，新乐文化之后是红山文化对这一地区的影响，但是，在对康平修李窝堡砂场、二牛李家窝堡四家子、马架子山等遗址所作的分析结果表明，这类遗存文化内涵比较独特，陶器的纹饰和个别石器的特点与以往所认识的红山文化均不相同，而在这方面却具有1988 年开始命名的赵宝沟文化①及该文化系统的小山遗址②的一些特点。康平修李窝堡"之"字纹陶，多为夹砂羼云母黄褐陶，圆唇外凸，颈施压划线纹，如水波状，腹身施压印连点状"之"字纹，有的竖压横排和横压竖排两种"之"字纹兼施，其陶质、陶色和施纹方式在小山 A 型Ⅰ式筒形罐 F1①：61 上均有所见，个别划刻的"之"字纹风格也颇相似（图三，1、2）。康平马架子陶片上的刻划双"S"形折线纹，在我们看来其实就是小山深腹钵（F2②：53）器身上 C 型"之"字纹的翻版，与赵宝沟 F106②：12 筒形罐上的划纹尤其神似（图三，3、4、5）；赵宝沟文化石镞多为双脊式，这种双脊式的石镞在康平马架子山、四家子、张家窝堡等遗址中也有所见（图三，7～10）。可以作以辅证的是同为赵宝沟文化范畴的河北迁西西寨、东寨类型中出现的两端带扶手的石磨棒③，在康平敖力营子南坨子、小城子赵家店白沙沟等遗址中也有发现（图三，11、12），为判定这类遗存所处的文化时段提供了说明。再深入分析小山遗址那件全身磨光、顶端刻有人首形象的钻孔斧形器与康平修李窝堡砂场遗址采集的器身圆孔上下磨成三道或两道凸棱而被称为"石锄"的一对同样为磨制抛光的钻孔石器，其间的相通相近可能就不简单是物质形态方面的了。小山斧形器圆尖刃偏于一侧，而且刃已纯损，显为某种用途所致，这与修李窝棚锄形器是相同的；小山斧形器在圆孔的下缘有一周宽3.1～3.5 厘米的浅灰色捆绑印痕，证明这件斧形器是绑在木柄上的（图四，3）；而修李窝棚的锄形器在圆孔上下磨出凹沟，显然也是用于捆绑所需（图四，1、2）。所以我们认为，小山的斧形器和康平修李窝棚的锄形器应均具神格地位，都不应是单纯用于生产活动的工具，它们虽然在外观形制上有所区别，但由于其他相关遗存的伴出，证明它

① 中国社会科学院考古研究所内蒙古工作队：《内蒙古敖汉旗赵宝沟一号遗址发掘简报》，《考古》1988 年第 1 期。

② 中国社会科学院考古研究所内蒙古工作队：《内蒙古敖汉旗小山遗址》，《考古》1987 年第 6 期。

③ 北京大学考古实习队：《河北唐山地区史前遗址调查》，《考古》1990 年第 8 期。

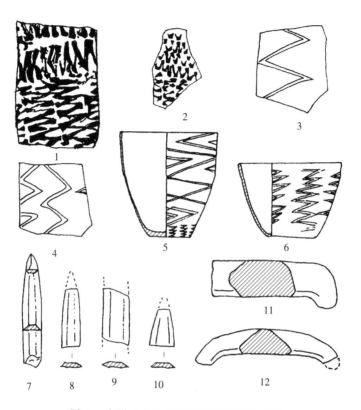

图三　陶器"之"字纹与部分石器比较图

1. "之"字纹陶片（康平修李窝堡）　2. A 型 I 式"之"字纹陶片（小山 F1①:61）　3、4. "之"字纹陶片
（康平马架子山）　5. 直腹罐（赵宝沟 F106②:12）　6. 直腹罐（小山 F2②:53）　7～10. 石镞（赵宝沟、康平
　　二牛四家子、康平张家窝堡、康平马架子山）　11、12. 石磨棒（唐山迁西西寨、康平沙金敖力营子）

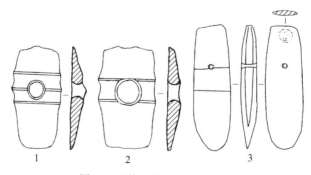

图四　石斧（锄）形器比较图

1、2. 康平修李窝堡　3. 小山（F2②:10）

们属同一个大的文化系统，所以有理由将这一特殊石器理解为它们共同具有这一文化先民所奉护的宗教性格，而且承担着相同的文化使命。康平这类遗存中因为缺乏赵宝沟文化的典型器，个别器物的相似也不足以认定康平的这类遗存就属于赵宝沟文化，但可以肯定的是，康平的这类遗存一定是受到赵宝沟文化的影响。我们虽然不能给康平的这类遗存定性，但其所在的年代可以认为与赵宝沟文化同时或稍有延后。赵宝沟遗址 F6②木炭测试结果为距今 6220±85 年，树轮校正年代为 6870±120 年[①]，略晚的小山遗址 F2②木炭测试结果为公元前 4110±85 年，树轮校正年代为公元前 4715 年[②]，可知赵宝沟文化年代约处在公元前 5000～前 4700 年之间，下限或可晚到公元前 4500 年左右。从康平修李窝堡锄形器加工较小山更为精细的特征分析，康平这类遗存的年代可能更加接近其下限年代，推测距今约 6500 年。但也必须强调的是，在上文所列康平的一些遗址中与赵宝沟文化的基本面貌存在相当大的差别，不能贸然归之于赵宝沟文化范畴。但康平的这类遗存中也确实存在类似赵宝沟文化的某些因素，对这些因素的认识与辨析，旨在明晰康平这类遗存与赵宝沟文化的年代对应关系，实际上等于揭示距今 6500 年左右查海与红山两大文化间在康平地区存在过渡链条的重要线索。一个可以反证的根据是，在含赵宝沟遗存的康平马架子山、修李窝堡等遗址中均不见彩陶，彩陶是红山文化不可或缺的重要指征性内涵之一，康平这类遗存中缺乏彩陶与赵宝沟文化在这方面的表征是一致的，这不但对探讨赵宝沟文化的下限及其支脉的外延分布有重要学术意义，更重要的是可以丰富辽北地区史前文化的内涵，使这类遗存在年代的认识上比以往所认为的红山文化再前提，在今后的工作中应予更多注意。

二

康法发现彩陶的地点据笔者掌握的材料有 7 处：康平沙金敖力营南坨子、二牛李家四家子、四家子刘家店后冈、小城子赵家店白沙沟、法库叶茂台西山、丁家房羊泉和慈恩寺王家店。这批彩陶除二牛李家四家子有少量泥质陶外均为夹砂陶，而且以黄褐色居多；彩陶花纹主题中几何纹较多，蝌蚪形平行线纹、鳞纹、菱形纹等也较常见，构成复合纹饰的元素还有垂帘纹、涡纹等。康法两县出有彩陶的遗存无疑属红山文化，但问题是红山文化延续的时间很长，前后形态并不相类，还有地域差别，一句简约的"红山文化"或"红山文化系统"，并不能将这批遗存的内涵和性质确切地表述出来。康法彩陶

---

① 中国社会科学院考古研究所内蒙古工作队：《内蒙古敖汉旗赵宝沟一号遗址发掘简报》，《考古》1988 年第 1 期。
② 中国社会科学院考古研究所内蒙古工作队：《内蒙古敖汉旗小山遗址》，《考古》1987 年第 6 期。

与辽西彩陶相比,差异很大。孟庆忠先生在最初报道康平发现的这批彩陶遗存时曾敏锐地觉察出其间的不同,指出康平发现的彩陶"绘法粗放,纹饰简单,不似红山那样器形复杂,富于变化",并提出康平发现的彩陶"是否意味着红山彩陶文化在伸向辽北地区时与地方文化相接触所形成的一支地方性很强的彩陶文化呢"这样探索性意见①。应该指出,当时与康平法库彩陶遗存相类的文化类型在周邻同类考古发现中尚未被辨识出来,缺乏可以类比的对象和参照,更何况康平这批彩陶遗存与我们通常所了解的红山文化在文化形态的内质上存有深刻关联。在这种情形之下,仍能提出与红山彩陶有所区别的意见,在近30年后的今天,越显先生卓识。其实康平法库的这批彩陶与辽西的这种差异,多半是因为这些彩陶在红山文化发展进程中所处的时间和地域位置的不同造成的,这实际涉及了对红山文化的分期问题。关于红山文化的分期学界有多种意见,本文遵从赵宾福先生的意见,即分作早晚两期:早期以赤峰西水泉为代表,晚期以喀左东山嘴为代表,分别称为"西水泉期"和"东山嘴期"②。康法的这批彩陶,大部分显示的风格特点比较活泼、轻松,给人的感觉是跳跃和飞扬的,这与西水泉期的彩陶风格相似点颇多(图五),其中一小部分(只几片,采自康平二牛李家后坨子)与东山嘴期彩陶盛行的平行或宽或窄的横条纹相同,尤为引人注目的是出现了非常光滑的在红陶衣上施黑条彩纹的新纹种,且内外施彩,给人一种庄重、有序和神秘的感觉(图六)。这说明红山文化在辽北的发展特点有二:一是自始至终,二是在具体时段的影响强度有所差别。

红山文化在器表施纹方式上与以往相比的一个重大变化是,"之"字纹由原来的全部压印方法演变成划刻"之"字纹占一定比例,虽然遗址中在发现大量新因素的同时仍见比例不小的压印"之"字纹,但施纹草率,说明新的文化因素正在代替原有的传统因素而成为主流。这种变化在赵宝沟时即已出现,到红山文化西水泉期,施纹风格发生变化,由原来的细密规整变得潦草杂错,"之"字纹的划刻是对压印的一种替代和简化。康平修李窝堡遗址征集一件形体矮胖的直口深腹罐,这是红山文化典型的器类形制,器表施划刻竖"之"字纹带,与西水泉相同,只是修李窝堡划纹疏朗,西水泉则施纹细密,应是地域或时间略有不同所致(图七,1、2);四家子也见一件相类者,"之"字纹虽仍为压印,但制作粗糙,纹饰不清,与西水泉所出的一件相同形制直腹罐可作对比(图七,3、4)。西水泉期细石器多石片,镞作三角凹底,这和康平四家子及其他几处出细石器和彩陶遗址所见基本一致。四家子的圆唇直领溜肩陶罐,肩下施压印

① 孟庆忠:《试述铁岭地区新石器文化和青铜文化遗存》,《辽宁省考古博物馆学会成立大会会刊》,1981年。
② 赵宾福:《东北石器时代考古》,吉林大学出版社,2003年。

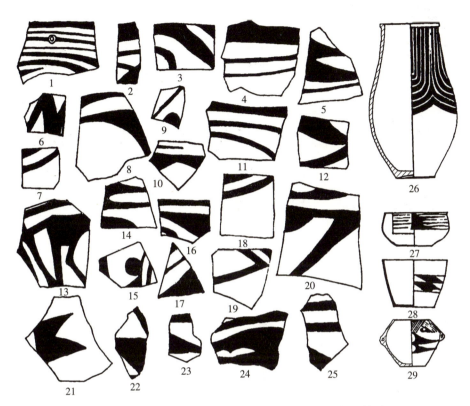

图五　康法两县红山文化西水泉期彩陶与典型纹饰比较图

1~4、6、8~12. 康平沙金敖力营子　5、7、13~19. 康平二牛四家子　21. 法库羊泉

22~25. 法库王家店　26. 蜘蛛山　27. 西台　28. 三道湾子　29. 五道湾子

"之"字纹，肩上饰小耳，耳面又按压两个小圆坑的形制，在西水泉期的陶器中不见（图七，5），但施压印"之"字纹和同出彩陶、细石器等内涵遗物则可证明其仍未出红山文化早期范畴。这种形制的陶罐在内蒙古巴林右旗那斯台曾有发现①，和巴林左旗友好村二道梁发现的同类器也很相似②（图七，6、7），可能是红山文化西水泉期在其发展进程中的一种异化形态。西水泉期的年代为公元前4500~前3500年，即使以下限论，康平这批彩陶的年代也在距今5500年左右。

红山文化东山嘴期在康平法库有所发展的线索除二牛四家子采集的彩陶片外，另一重要根据是在法库叶茂台西山还采集到的一件小玉龟，与辽西红山文化中心地带属东山

① 内蒙古巴林右旗博物馆：《内蒙古巴林右旗那斯台遗址调查》，《考古》1987年第6期。

② 内蒙古文物考古研究所：《巴林左旗友好村二道梁红山文化遗址发掘简报》，《内蒙古文物考古文集》（第一辑），中国大百科全书出版社，1994年。

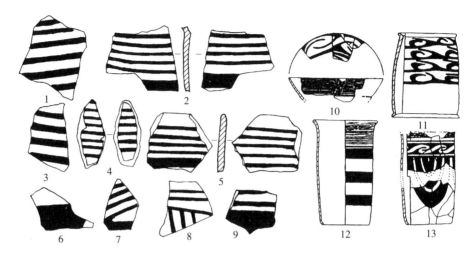

图六　康法两县红山文化东山嘴期彩陶与典型纹饰比较图

1~5. 康平二牛四家子　6~8. 康平刘家店后冈　9. 法库叶茂台西山　10. 东山嘴　11. 城子山　12、13. 胡头沟

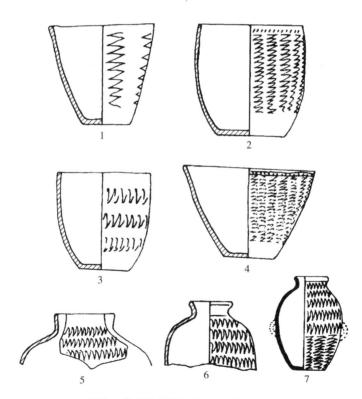

图七　陶罐与划刻"之"字纹比较图

1. 康平修李窝堡　2、4. 西水泉　3、5. 康平二牛四家子　6. 友好二道梁　7. 那斯台

嘴期的阜新胡头沟遗址同类玉件可成对照（图八）。这件小玉龟龟颈前伸，龟背作芭蕉扇形，颈有一孔，以为穿系之用。长 5、最宽 3、厚 1.5 厘米。从造型与雕琢工艺看，叶茂台玉龟雕工比较细腻，但缺乏胡头沟玉龟的四足形态，在总体风格和具体形态上都存在很大区别。需要提及的是，这件小玉龟是在叶茂台辽墓填土中发现的，而叶茂台辽墓也出土有琥珀、玉佩等饰件，所以对这件玉龟的时代与文化属性还要做更细密的分析。如果这件小玉龟属红山玉器，则红山文化东山嘴期崇龙尚玉之风在辽

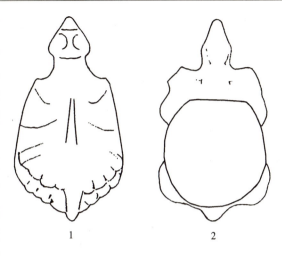

图八　石龟比较图
1. 法库叶茂台西山　2. 阜新胡头沟

北也得到了应有的折射。东山嘴期年代为距今 5500～5000 年，辽北相关遗存延续时间当与之相当或略有超出。

三

康法地区相对于辽西的内蒙古，应该是红山文化影响的边缘地带，自康法再向东向北则少见红山文化分布的现象。康法地区在红山文化晚段似已出现影响逐渐弱化的现象，再结合康平法库与红山文化中心区域这一特殊的文化地理关系因素，我们认为康法两县在红山晚段可能出现考古学文化发展过程中所谓的"延滞现象和边缘化效应"[1]，即红山文化在辽西和在辽北的结束年代出现了不同步现象，在康平法库地区很有可能提前结束了红山文化影响。此后，康法地区是以另一种与辽西红山文化发展走向有所不同的方式来实现其文化的继续发展，文化发展的最显著的特点就是面向大海。

有三个发现可以对此作出说明。第一，法库蛇山沟采集的一件刻划有规整"人"字纹带的器物口沿，这种陶器纹带是辽南小珠山上层非常流行的一种陶器装饰风格（图九，1），很显然，辽东半岛南端的海风已吹到了科尔沁沙地的南缘。小珠山上层文化的延续时间据上马石中层 IT5④ 贝壳，测定年代为距今 4400±110 年，正在红山文化晚段的东山嘴期或稍略后；第二，在康平小城子赵家店馒头山地点发现了据认为属龙山文化两城镇类型的陶器口沿（图九，2），而且经调查者确认，这种形制的口沿在吉林二龙

---

① 唐际根等：《考古学文化发展的延滞现象和边缘化效应》，《中国文物报》2004 年 1 月 2 日第 7 版。

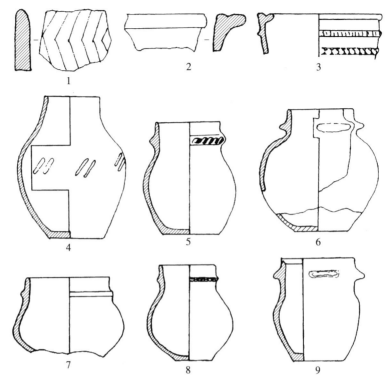

图九　康法史前遗存中的其他地域文化因素

1. 法库蛇山沟　2. 康平赵家店馒头山　3. 山东昌乐耿家庄　4～6. 康平白沙沟墓地 M1　7. 双坨子（H5∶3）
8、9. 平安堡（H3057∶1、M3005∶1）

湖城址中也有所见①，说明当时龙山文化已经越过辽河平原，深入到吉林哈达岭西南麓
的丘陵地带。两城镇类型口沿一个最大特征是沿面较宽，与下接宽沿的器壁形成反差对
比而近于"T"或"Γ"形，沿面上一般饰有一周凹槽（图九，3）。馒头山地点采集的
标本与此相同，虽然这类标本只有一件，但其独特而鲜明的形制特征，在说明康平史前
这一时期的内涵构成时却具有深远意义。第三，赵家店"白沙沟"墓地 M1 中出现壶、
罐各一，壶为红褐陶，罐为灰褐陶，均火候不高，全器抹光，其腹肩部饰一周两条一组
的短泥条堆纹（图九，4）②，这让人想到后来作为与偏堡子同类型的辽南三堂一期那种
纹饰风格，而且陶质陶色也都相同。在考论三堂一期陶器上堆塑的细泥条作法来源时，
朱永刚提出来自山东北辛文化的意见③。北辛文化与康平白沙沟墓地壶身上细泥条作法
有三个相同点：一是皆施于夹砂陶器之上；二是纹饰种类都有斜行条纹；三是这种条纹

① 吉林省文物考古研究所等：《吉林省梨树县二龙湖城址调查》，《考古》1988 年第 6 期。
② 张少青等：《辽宁康平县赵家店村古遗址及墓地调查》，《考古》1992 年第 1 期。
③ 朱永刚：《辽东地区新石器时代含条形堆纹陶器遗存研究》，《青果集》，知识出版社，1993 年。

的成组排列，且施于器腹上部，联系馒头山地点的两城类型口沿，我们认为白沙沟墓地的这件陶壶极有可能与山东史前文化存在密切联系。但北辛文化经树轮校正的碳 – 14 测年为距今 7300～6300 年[1]，与康平这件陶壶显然不是同期产品，朱永刚考证北辛文化是通过距今约 5840±110 年的"白石村一期遗存"中对施条形堆纹技法的继承来对辽东半岛的三堂一期施以影响的，其传播路线为鲁西南—胶东半岛—辽东半岛。通过对康平白沙沟陶壶的研究，我们认为这一传播路线从辽东半岛又延伸到了半岛的内陆腹地，其根据就是在辽北高台山文化内涵中，即含有"白石村一期遗存"因素[2]。与这件陶壶同出的一件颈施凸起泥条带陶罐，在辽南双砣子二期文化中有与之相似者，而在平安堡三期遗存中也属典型器物（图九，8、9），这就使该陶罐变得复杂起来。康平的这件陶罐，无论从夹砂灰陶的陶质陶色还是颈施凸起泥条带的装饰风格，都与辽南双砣子二期陶器的两大指征性特征相符[3]。由此可知，尽管这件陶罐具有后来高台山文化同类器的特点，但若究其本源，还是要追溯到辽南的双砣子二期（图九，7）。白沙沟墓地还采到一件带鋬耳的陶罐口沿，同类器在平安堡三期中也有所见（图九，6、9）。我们认为，这类陶器的鋬耳就是颈施一周凸起泥带罐的衍生体，只要把这周凸起的泥带按等份分割开，即为鋬耳，究其本源，还应是双砣子二期在此影响的结果。辽南双砣子一至二期文化，因其带有浓烈的山东半岛气息，学界一般认为属胶东文化系统，直到第三期时这种情况才有所改变。双砣子二期虽然缺乏碳 – 14 测年数据，但据与其相去不远的岳石文化数据，估计在公元前 1900～前 1700 年间 [4]，康平白沙沟墓地的年代应与之相当。据此我们看到，一种带有海洋气息的文化遗存在此时已现身于辽北腹地，几千年的兴隆洼—查海—红山文化系列结束了在辽北的历史使命，开始了崭新的文化发展历程。

考古遗存给我们的提示是，辽北史前文化似乎在这里转了一个弯：康平二牛张家窝堡、小城子赵家店馒头山、法库包家屯黑山下等遗址都普遍带有偏堡子类型具有的共同特点（图一〇，4～6），如遗存中含有主要为细长条形的石叶和扁平双脊石镞的细石器、陶器多为夹细砂羼云母的红褐陶，火候较高；口沿一般都作外叠唇，唇上刻划各种线形纹、腹身饰竖窄条形泥条堆纹等。从分布范围上看，偏堡子类型在辽北较查海、赵宝沟和红山文化都有所扩大，但发现的遗址数量却远不如前，这需要今后更多更细致的工作。从现有的发现看，偏堡子类型不是新乐下层的发展形态，两者间存在相当大的缺环。若论其来源，我们同意偏堡子类型是南部"三堂一期遗存"向北传播的结果，而

① 中国社会科学院考古研究所实验室：《放射性碳素测定年代报告》（七），《考古》1980 年第 4 期。
② 段文景：《胶东半岛和辽东半岛岳石文化的相关问题》，《边疆考古研究》（第 2 辑），科学出版社，2004 年。
③ 中国社会科学院考古研究所：《双砣子与岗上》，科学出版社，1996 年。
④ 中国社会科学院考古研究所：《双砣子与岗上》，科学出版社，1996 年。

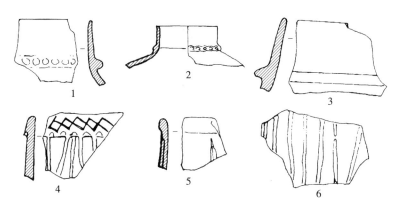

图一○　偏堡子类型与平安堡二期陶片标本

1. 康平沙金鹿场　2. 平安堡（H1032∶3）　3. 康平刺榆坨子　4. 康平赵家店馒头山　5、6. 康平张家窝堡

三堂一期，相对于康平法库而言，恰恰也是海洋文明。偏堡子类型年代可从其他相关发现推知，沈阳东高台山遗址出偏堡子类型陶器，其地层被本地区高台山文化叠压。据高台山最早一组碳－14年代数据为距今3960±220年，树轮校正年代距今4355±245年，则偏堡子年代下限当不晚于距今4000年[①]。

康平新石器时代材料中，在颈肩间施附加堆纹的陶片标本也应引起注意，在康平修李窝堡、刺榆坨子等遗址中都有发现，其内涵显然不属直腹罐所代表的文化系列，同时又明显区别于偏堡子类型，经过比较，我们认为此类遗存与"平安堡二期"非常接近，应该是与之同时的文化产品（图一○，1～3）。彰武平安堡遗址发掘者在报告中曾指出，辽北地区新石器时代与青铜时代两种考古学文化之间的转化，是经过"平安堡二期遗存"过渡阶段才得以最后完成的[②]。从发表的材料看，至少在康平法库两县地区，高台山文化是紧接偏堡子类型之后而进入这一区域的最早青铜文化，偏堡子类型与高台山相沿相生，二者关系非常密切，在发现偏堡子类型的几个遗址或其邻近区域，都发现高台山文化的存在。在王全和沙金鹿场遗址中采集的圈足标本，就应该视作青铜文化进入辽北区的先声。笔者曾参加20世纪80年代初"二普"期间的法库县文物普查，对叶茂台、秀水河子一带高台山文化遗址的分布密度有着很深的印象，根据已发现的经验及规律，这一带也应该是寻找偏堡子类型踪迹最有希望的区域之一。

康平、法库两地史前文化性质及内涵上显示出大部为兴隆洼—查海—红山体系单一的发展模式，而新乐文化在下辽河流域相对狭窄的空间里虽也自成体系，但这种体系的文化张力对辽北的影响显然不敌来自西部的力量。新乐文化对康平法库地区的影响有似

①　辽宁省文物考古研究所等：《辽宁彰武平安堡遗址》，《考古学报》1992年第4期。

②　辽宁省文物考古研究所等：《辽宁彰武平安堡遗址》，《考古学报》1992年第4期。

蜻蜓点水，随后式微，而让位于来自西边的文化，这一过程的形成原因是值得思考的。从自然地理因素考察，康法两县位居科尔沁沙地东南缘，西辽河右岸，这里与其上源的西拉木伦河同成一脉，上游文明可以顺流而下。从更宏观的角度审视这一时期辽北的文化变迁，我们看到的是，仰韶文化的一个成熟支系与辽西红山文化结合之后，红山文化的内涵得以极大丰富，这在辽北的红山文化西水泉期遗存中得到了很鲜明的表现。红山文化之后的延续，则表现为强烈地向燕南地区深入的特点，辽北地区这一时期红山文化显出的弱化情形，亦当与此大势有关。辽北史前遗存面貌复杂，内涵丰富，这一区域在各类文化间所起到的桥梁与媒介作用也在长期的文化交融中得以凸显：无论是在兴隆洼与新乐文化间，还是在左家山与兴隆洼、新乐文化间，抑或以后青铜时代，来自此一区域东西南北四面八方的各文化间，辽北都是这些考古学文化相互交往联系、促进文化传播的重要通道，红山文化晚段此间及以北地区发现来自龙山文化的因素就是证明。

　　通过以上考述，康平法库两县史前时期考古文化进程似可做出如下归纳：大约在兴隆洼文化的晚期阶段，查海文化因居与辽北毗邻的地缘优势而在辽北西部捷足先达，这也是辽北史前时期最早文明的开始。新乐文化紧随其后，但在分布范围上显现出似只局促于辽北偏南地域而未及其腹地。此后康法两县史前文化的发展脉络表现出单一体系的延续性特征，仍是来自辽北西部的赵宝沟文化或至少说与赵宝沟文化有密切亲缘关系的遗存开始驻足于此，不久，红山文化便引领辽北进入了彩陶世界。可能是由于位处红山文化影响区域边缘的缘故，此时的辽北彩陶文化在表现规模上与其先前相比显然出现了弱化现象，让位于来自大海岸边的文明。由于新生文化因素对当地传统文化谱系的替代，辽北西北部的史前文化自此发生了根本性变化，经过北辛文化后裔白石村一期遗存的辗转过渡，三堂一期的同宗文化偏堡子类型在辽北得以漫延；此后偏堡子类型经过平安堡二期文化过渡，被高台山文化代替。

辽东半岛小珠山下层文化陶器比较研究

张翠敏　王　宇

（大连市文物考古研究所）

1978 年辽宁省博物馆、旅顺博物馆和长海县文化馆联合对辽宁省长海县广鹿岛、大大长山岛等多处贝丘遗址进行了发掘①，取得了丰硕成果，确立了小珠山下、中、上层文化序列。通过发掘，我们了解到广鹿岛的小珠山遗址、柳条沟东山遗址以及大长山岛的上马石遗址发现了小珠山下层文化。吴家村遗址未发现小珠山下层文化层，但采集到小珠山下层文化陶片。1999 年发掘的海洋岛亮子沟遗址也发现了小珠山下层文化②，出土了一些陶片和石器。1994 年发掘的旅顺北海镇王家村东岗遗址发现了小珠山下层文化③。1990 年辽宁省文物考古研究所等对庄河黑岛镇北吴屯遗址进行了发掘④，发现小珠山下层文化，其中房址 5 座，出土大量陶器、石器等。丹东地区后洼遗址⑤、大岗遗址⑥的发掘，发现了属于小珠山下层文化遗物。大连地区和丹东地区的一些调查材料也有助于小珠山下层文化的深入研究。2006、2008 年中国社会科学院考古研究所、辽宁省文物考古研究所、大连市文物考古研究所联合对小珠山遗址进行了两次发掘，取得重大考古发现，特别是发现了小珠山下层文化的房址和骨器加工

---

① 辽宁省博物馆、旅顺博物馆、长海县文化馆：《长海县广鹿岛大长山岛贝丘遗址》，《考古学报》1981 年第 1 期。

② 大连市文物考古研究所、长海县文物管理委员会办公室：《长海县海洋岛亮子沟遗址发掘简报》，《大连文物》2001 年。

③ 见大连市文物考古研究所 1994 年王家村东岗发掘资料。

④ 辽宁省文物考古研究所、大连市文物管理委员会、庄河市文物管理委员会办公室：《大连市北吴屯新石器时代遗址》，《考古学报》1994 年第 3 期。

⑤ 丹东市文化局文物普查队：《丹东市东沟县新石器时代遗址调查和试掘》，《考古》1984 年第 1 期；许玉林、傅仁义、王传普：《辽宁东沟县后洼遗址发掘概要》，《文物》1989 年第 12 期。

⑥ 辽宁省博物馆：《辽宁东沟大岗新石器时代遗址》，《考古》1986 年第 4 期。

作坊①，使我们对小珠山下层文化有了更深刻的认识。本文以上述地点的发掘成果为主要依据，增加了一些新材料，针对辽东半岛地区小珠山下层文化陶器进行对比研究，并就器物标本进行了重新细化和分析，从而得出辽东半岛黄海诸岛屿和黄海沿岸含小珠山下层文化的遗址早晚关系以及各自陶器特征，特别是筒形罐演变规律。

一　辽东半岛南部岛屿发现的小珠山下层文化陶器

辽东半岛岛屿发现的小珠山下层文化遗址主要集中在半岛南部的黄海岛屿，即长海县诸岛，以广鹿岛、大长山岛、獐子岛、海洋岛等最为集中，而且多为贝丘遗址。

1. 柳条沟东山遗址

柳条沟东山遗址位于广鹿岛东部海岸，1978 年发掘的材料已发表，不过比较简单，仅作了情况介绍②。笔者对出土陶片进行了重新整理，除了报告中已发表 2 片陶片拓本③外，余皆未发表。

柳条沟东山遗址文化层较薄，厚 0.7 米，分 3 层，各层均出压印纹陶片，未发现完整陶器。经过重新整理，发现主要为 1、2 层出土陶片和部分采集陶片。第 2 层共出土 20 片陶片，以夹少量滑石粉、云母和石棉的红褐陶为主，有 12 片，占 60%；其他夹滑石红褐陶 4 片，夹滑石黑褐陶、夹砂黄褐陶各 1 片，夹砂和云母红褐陶 2 片。夹滑石陶分为两种，一是夹滑石粉，另一是夹滑石颗粒。夹滑石颗粒陶胎质地比较紧密，火候高；而夹滑石粉、云母和石棉的陶片比较轻，胎质疏松，空隙大，吸水性强，内壁一般呈灰白色。纹饰均压印，主要为“之”字纹，为横排竖压，极个别的有横竖交错排列（图一，1～14），另发现一片席纹（图一，15）。“之”字纹排列比较紧密、规则，宽度一般在 1.2～1.5 厘米之间，两排“之”字纹间的空隙为 0.3～0.75 厘米，最宽的达 0.9 厘米。“之”字纹一般都是两端深，形成三角形或圆形凹坑。有的压得比较深，“之”字纹凸起明显，也有的上端深，下端略浅，施纹过程中有的留下较深的划痕。器形均为筒形罐，胎壁往往口沿略厚，向下渐薄，厚度约 0.4～1 厘米，大多厚 0.6～0.8 厘米。一般为直口或微侈口，口沿内向下圆抹或斜抹，圆唇，平底，口径比较大，施压的纹饰一般距口沿有 2.2～3 厘米的空白带。仅发现 1 件器底，器壁较薄，底略凹（图一，16）。

① 见“中国考古网”2006 年 9 月 24 日发布。

② 辽宁省博物馆、旅顺博物馆、长海县文化馆：《长海县广鹿岛大长山岛贝丘遗址》，《考古学报》1981 年第 1 期。

③ 辽宁省博物馆、旅顺博物馆、长海县文化馆：《长海县广鹿岛大长山岛贝丘遗址》，《考古学报》1981 年第 1 期。

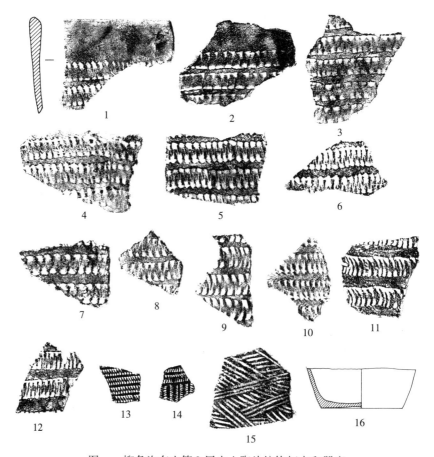

图一　柳条沟东山第2层出土陶片纹饰拓本和器底

1~14. 压印"之"字纹（G2②:1、G2②:2、T2②:1、G2②:5、G2②:6、G2②:4、G2②:3、T2②:3、T2②:2、
　　　G2②:7、T2②:1、T2②:4、T1①:1、T1①:2）　15. 压印席纹（G2②:8）　16. 器底（T3②:1）

　　第1层发现9片陶片，采集5片，均以夹滑石粉、云母和石棉的红褐陶为主，与第2层陶片基本一致，夹滑石的仅有4片。除了G1①:1饰压印列点纹外，余皆饰压印"之"字纹（图二）。"之"字纹一般横排竖压，有2片交错排列（柳采:5、T1①:2）（图二，5、10）。"之"字纹排列紧密、规则，有的压印很深，使"之"字纹明显凸起。胎壁如第2层出土陶片，最薄的陶片厚度仅为0.3厘米。虽然没有发现完整器物，但从出土的口沿看，均为筒形罐，陶器特征与第2层相同。

　　该遗址文化层堆积比较单纯，出土的夹滑石粉、云母、石棉的红褐陶具有典型特征，占绝大多数，这是发掘报告没有提及的，与夹滑石颗粒陶的陶质有明显区别，体轻，吸水率高。夹砂陶较少。器形均为筒形罐，绝大多数饰压印横排"之"字纹，仅发现1片压印席纹。"之"字纹比较紧密、规则，宽度窄，饰交错"之"字纹或横竖排的极少。器表一般打磨光滑，仅夹滑石的陶器内壁经过打磨，并非所有陶器内外均打磨

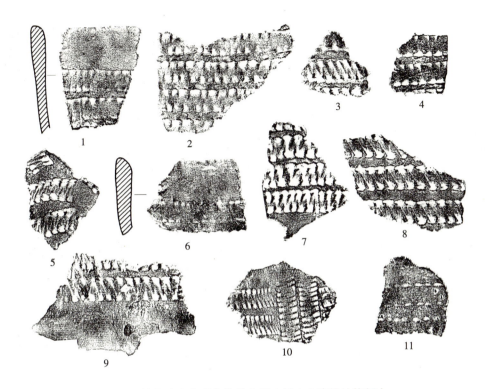

图二　柳条沟东山采集陶片和第 1 层出土陶片纹饰拓本

1～5. 采集陶片（采：1～5）　　6～10. 压印"之"字纹（T3①：1、T1①：1、G3①：2、T3①：2、T1①：2）

11. 压印列点纹（G1①：1）

光滑，在一定程度上反映了该遗址的原始性。柳条沟东山遗址堆积仅为单纯的小珠山下层文化，出土陶片也比较单纯，其年代至少应与小珠山下层文化相当或更早一些。

2. 吴家村遗址

　　吴家村遗址位于广鹿岛中部、小珠山遗址东北 200 米台地上，1978 年和 2008 年发掘都没有发现小珠山下层文化，仅发现小珠山中层和上层文化。我们在整理陶片时发现 6 片属于小珠山下层的陶片，除 1 片为地层出土外，其余均采集，在此一并介绍。均为夹滑石陶片，同样也分为夹滑石粉和夹滑石颗粒两种，有的还夹云母，红褐和黑褐陶各占一半，器形仅有筒形罐一种，器表打磨光滑，均饰压印纹，有"之"字纹、"之"字纹和"人"字纹复合纹饰、席纹与"之"字纹复合纹饰、弦纹、三角纹（图三，18～23）。标本吴 I T2② 为红褐陶，腹部残片，压印的"之"字纹排列紧密规则，凸起明显，两排"之"字纹之间仅有 0.2 厘米的空隙（图三，18）。筒形罐分二型：I 型，标本吴采：3，黑褐陶，直口，沿内斜抹，形成尖唇，口沿下饰压印席纹带，再往下为"之"字纹，席纹带距口沿仅 0.7 厘米，口径较大，席纹带上穿一孔（图三，21）。

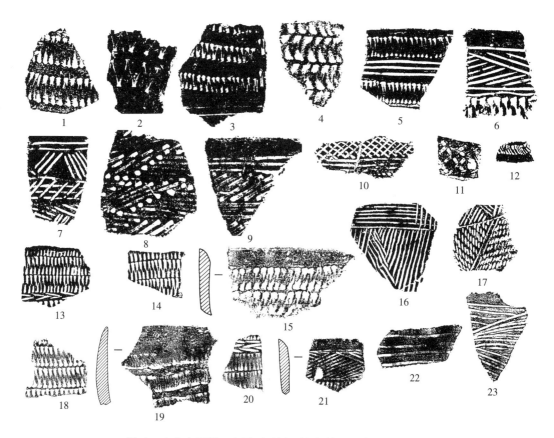

图三　小珠山下层、上马石下层、吴家村遗址陶片纹饰拓本

1～4、12、14、15、18、19. 压印"之"字纹（小 T2⑤、小 T2⑤、小 T1⑤、小 T5⑤、小 T3⑤、上 T4⑤、上Ⅲ T1④、吴Ⅰ T2②、吴采：1）　5. 压印"之"字纹、弦纹（小 T2⑤）　6、21. 压印席纹、"之"字纹（小 T3⑤、吴采：3）　7～9. 压印席纹（小 T4⑤、小 T4⑤、小 T4⑤）　10、11. 压印网纹（小 T5⑤、小 T1⑤）　13、20. 压印"之"字纹与"人"字纹（上Ⅲ T1④、吴采：2）　16. 刻划三角纹（上Ⅲ T1④）　17. 压印斜线三角锥刺纹（上Ⅲ T1④）　22. 压印横线纹（吴采：4）　23. 压印三角纹（吴采：5）　（"小"代表"小珠山"，"上"代表"上马石"，"吴"代表"吴家村"）

Ⅱ型，标本吴采：1，夹粗砂、云母红褐陶，微敛口，圆唇，腹微鼓，饰横排压印"之"字纹，"之"字纹细密，但不规则，也不清晰，两排"之"字纹间的空隙较宽，胎壁较厚（图三，19）。

3. 小珠山遗址

小珠山遗址位于广鹿岛中部小珠山的东坡，遗址面积 1500 平方米。以 1978 年发掘报告为例，发现了小珠山下、中、上层文化。下层陶器以夹滑石陶为主，占 92.9%，分为夹滑石粉和夹滑石颗粒两种，其中黑褐陶占 65.8%，红褐陶占 27.1%，还有少量夹砂红陶和红褐陶、黑褐陶。陶器均为手制，胎壁较厚，内外均打磨光滑，火候较高，质密。纹饰以压印纹为主，占95%，其余为刻划纹。压印纹的种类较多，有"之"字纹、席纹、斜线三角纹、网纹、横线纹以及这些纹饰组成的复合纹饰。其中"之"字纹主要是横排竖压，宽度最小的有0.8~0.9厘米，最宽的有2~2.2厘米，两排"之"字纹间距一般为0.4~0.6厘米。"之"字纹还有少量横、竖施压的，也有与其他纹饰组成的复合纹饰（图三，1~12）。饰复合纹饰有的通体均有纹饰，有的仅在口部以下和底部以上两端留空白带，其余部分均有纹饰。器形均为筒形罐（图四，1~10）。根据地层叠压关系和器物特征分析，这些筒形罐存在早晚之分。笔者将已发掘报告发表的筒形罐重新分型，Ⅰ~Ⅴ型的排列顺序（图四，1~10），基本代表了筒形罐从早到晚的演变规律：从直筒到倒三角形，口部从敛、直、敞到准备出沿，从大平底到小平底，口与底的比值从小到大，纹饰特征从通体满饰纹饰到两端余留空白带，从复合纹饰到压划纹饰、再到刻划纹，变化规律比较明显。"之"字纹和席纹、斜线三角纹以及复合纹饰成为最主要的纹饰。小珠山下层出土的筒形罐已经成为其他遗址参考、对比的指示性器物。筒形罐T4⑤:55（图四，5）有对称的瘤状耳，虽然数量极少，但北吴屯下层、后洼下层却出现了更多的同类器。刻划纹筒形罐（图四，10）与小珠山中层出土的筒形罐已经相当接近。2006、2008年发掘资料也验证了筒形罐的演变规律。

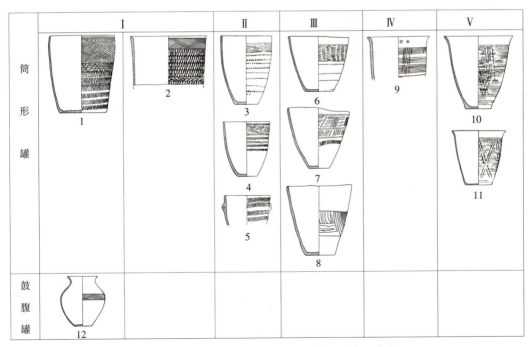

图四　小珠山、上马石、王家村东岗下层出土陶器

1、3~10. 小珠山（T3⑤:23、T3⑤:24、T1⑤:20、T4⑤:55、T2⑤:15、T5⑤:12、T4⑤:54、T1⑤:28、T1⑤:27）

2. 王家村东岗（LDT1:1）　　11、12. 上马石（ⅢT1④:11、ⅢF1:8）

　　2006、2008 年对该遗址的两次发掘，共发现小珠山下层文化房址 6 座①，出土器物也比较丰富，对研究小珠山下层文化提供了难得材料。关于小珠山下层文化的年代，1978 年发掘没有测年数据，仅依靠新乐下层碳 -14 测年数据推测②，显然不够准确。小珠山中层的碳 -14 测年数据为距今 6470 ± 195 年（树轮校正值）③，那么小珠山下层年代应该距今 6500 年左右或更早。2006 年发掘做过碳 -14 测年，基本接近这个数据。

4. 上马石遗址

　　上马石遗址位于大长山岛东部，只有Ⅲ区发现小珠山下层文化④。根据发掘报告介绍，陶器以含滑石粉的红褐陶为主，其次是黑褐陶，也有夹砂陶。以压印"之"字纹为主，其次是压印斜线三角纹和组合纹，还有刻划斜线三角纹、刺点纹、不规则平行线加竖斜线划纹等（图三，13~17），器形只有罐类。发掘报告介绍了 3 件陶器，我们看到 2 件，筒形罐（ⅢT1④：11）（图四，11）和鼓腹罐（ⅢF1：8）（图四，12），其中刻划纹筒形罐已是小珠山下层文化较晚的类型，小口鼓腹罐是新出现类型，仅在腹部饰一条压印席纹带，是比较特殊的形式。标本ⅢT1④（图三，13）是筒形罐的口沿部分，直口，圆唇，胎壁较薄，饰压印"之"字纹和"人"字纹复合纹饰。"之"字纹规则、细密、突出，"之"字纹的宽度为 1.4 厘米，两排"之"字纹之间几乎不留间距。未发表的筒形罐口部残片ⅢT1④（图三，15）为夹滑石红褐陶，直口，圆唇，沿内向下斜抹，饰规则"之"字纹，宽度为 1.2 厘米，纹饰与口沿之间有 1 厘米的空白带。其他还有刻划纹和压印三角锥刺纹（图三，16、17）。

　　上马石下层与小珠山下层陶器在陶质上基本相同，前者虽以筒形罐为主，但出现了新器形——小口鼓腹罐，说明陶器已有发展变化。刻划纹筒形罐（图四，11）敞口较大，已准备出沿，是小珠山下层筒形罐比较晚的类型，因此上马石下层应该略晚于小珠山下层。

5. 亮子沟遗址

　　亮子沟遗址位于海洋岛亮子沟，1999 年发掘，遗址分 3 层，其中第 2 层无遗物，只有第 3 层出土小珠山下层文化的器物⑤。陶器未有完整器物，以夹滑石红褐陶为主，其

---

① 见"中国考古网"2006 年 9 月 24 日发布。
② 辽宁省博物馆、旅顺博物馆、长海县文化馆：《长海县广鹿岛大长山岛贝丘遗址》，《考古学报》1981 年第 1 期。
③ 辽宁省博物馆、旅顺博物馆、长海县文化馆：《长海县广鹿岛大长山岛贝丘遗址》，《考古学报》1981 年第 1 期。
④ 辽宁省博物馆、旅顺博物馆、长海县文化馆：《长海县广鹿岛大长山岛贝丘遗址》，《考古学报》1981 年第 1 期。
⑤ 大连市文物考古研究所、长海县文物管理委员会办公室：《长海县海洋岛亮子沟遗址发掘简报》，《大连文物》2001 年。

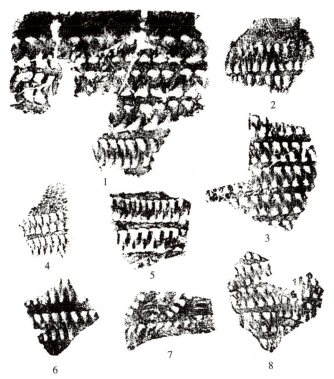

图五　亮子沟遗址出土陶片纹饰拓本

1. 压印列点和"之"字纹组成的复合纹
（CHLT1③：15）　 2 ~ 6、8. 压印"之"
字纹（CHLT1③：16、CHLT1③：19、
CHLT1③、CHLT1③、CHLT1③、CHLT1
③）　 7. 压印列点和"之"字纹、刻划
纹组成的复合纹（CHLT1③）

次是夹滑石黑褐陶，有少量夹砂红褐陶。器形只有筒形罐一种。纹饰以压印"之"字
纹为主，还有压印列点和"之"字纹组成的复合纹饰（图五）。发掘报告将筒形罐口部
分为四型，其中 A 型口沿内斜抹，B 型胎壁由上至下渐薄，纹饰与口沿之间留有空白
带，特别是压印"之"字纹比较单一，横排"之"字纹留有一定间距，复合纹饰较少，
这些特征与柳条沟东山相同（图六）。至于 C、D 两型通体是否为素面，仅依据口沿很
难确定。另外遗址出土较多打制石器，表明该遗址比较原始。亮子沟遗址文化堆积单
纯，在文化面貌和陶器特征上与柳条沟东山最为接近，两者的年代应该相当。

6. 沙包子遗址

沙包子（又称沙泡子）遗址位于獐子岛东部海岸，1960 年调查时采集陶片主要有小
珠山下层①，还有少量小珠山上层。属于小珠山下层的陶片以夹滑石红褐陶为主，夹滑石
黑褐陶较少，还有极少量夹砂红陶，也有个别夹粗砂和云母。夹滑石陶片多数是夹滑石颗
粒，少量夹滑石粉。器形均为筒形罐，口部略侈，上腹腹壁比较直，有尖唇和圆唇两种
（图七），口沿内多数斜抹，胎壁有的很厚，达 1 厘米；有的很薄，仅 0.35 厘米。纹饰主
要饰压印"之"字纹（图七，1 ~ 5），也有压印席纹（图七，7、8），还有席纹与
"之"字纹（图七，9）、刻划网格纹与"之"字纹（图七，6）等复合纹饰，纹饰一般距

① 旅顺博物馆：《旅大市长海县新石器时代贝丘遗址调查》，《考古》1962 年第 7 期。

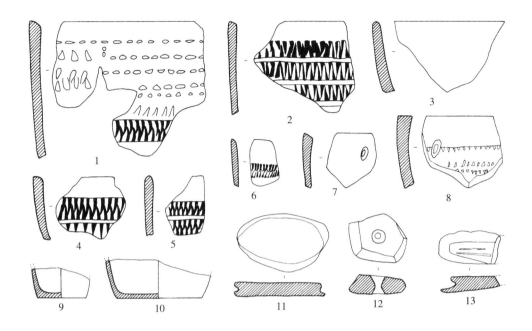

图六　亮子沟遗址出土陶器

1、2、4、6. A 型筒形罐（CHLT1③：15、16、17、18）　3. D 型筒形罐（CHLT1③：22）　5、8. B 型筒
形罐（CHLT1③：19、20）　7. C 型筒形罐（CHLT1③：21）　9、10. 器底（CHLT1③：23、24）
11～13. 纺轮（CHLT1③：25、26、27）

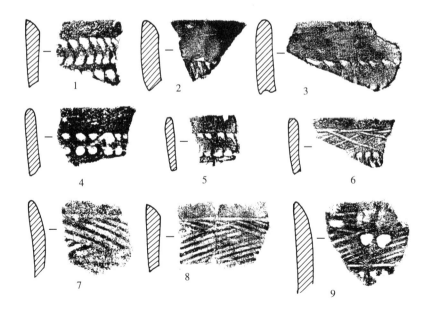

图七　獐子岛沙包子遗址采集陶筒形罐口沿纹饰拓本

1～5. 压印"之"字纹　6. 刻划网格纹与压印"之"字纹　7、8. 压印席纹　9. 压印席纹和"之"字纹

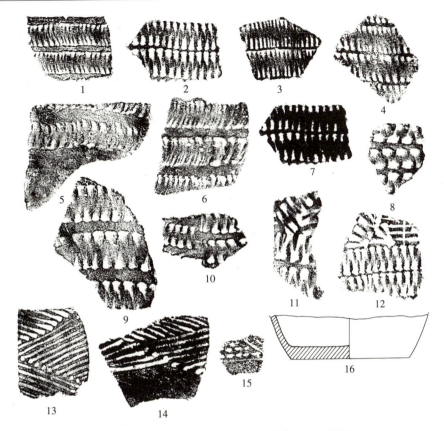

图八　獐子岛沙包子遗址采集陶片纹饰拓本和器底
1～12. 压印"之"字纹　13、14. 压印席纹　15. 压印列点纹　16. 器底

口沿仅有0.8厘米左右，少数略宽，约2厘米。有的还在口沿上穿两孔，但未穿透（图七，9）。筒形罐腹部纹饰主要是压印"之"字纹（图八，1～12），有少量席纹（图八，13、14），还有一片压印列点纹（图八，15）。压印"之"字纹一般都是横排竖压，个别的交错压印（图八，11、12），"之"字纹排列有的规则、细密，宽度约1.8厘米（图八，2～4、7）；有的粗放，宽度在2.5厘米左右（图八，9），还有的排列特别紧密，挤在一起（图八，1、6），也有个别的"之"字纹施压的比较宽、短，宽度1.3厘米（图八，8）。两排"之"字纹都有一定间距。席纹压印的比较规则，一端有三角形凹坑（图八，13、14）。所见筒形罐器底均为平底，器壁较薄（图八，16）。

　　沙包子遗址是长海县诸岛发现小珠山下层文化最南的地点，陶质和纹饰与小珠山下层出土陶器相近，与亮子沟遗址出土陶片相近。纹饰以"之"字纹为主，复合纹饰较少。筒形罐口部多为直口，很少有像小珠山下层器壁比较斜的筒形罐，因此沙包子遗址下层应与小珠山下层相当或略早于小珠山下层，与柳条沟东山更为接近。

　　另据长海县一些调查材料表明，含小珠山下层文化的遗址还有獐子岛的李墙屯、海洋岛的南玉屯、大长山岛清化宫①等，这三处遗址文化面貌与柳条沟东山比较接近，应属于同一类型。1957~1960年旅顺博物馆在长海县调查了大长山岛、小长山岛、獐子岛和海洋岛，共发现了15处新石器时代遗址，其中含小珠山下层文化的就有7处，说明新石器早期遗址在长海县诸岛屿有广泛的分布。

二　辽东半岛沿海地区发现的小珠山下层陶器

1. 王家村东岗遗址

1994年北京大学考古系和旅顺博物馆联合对位于渤海沿岸的旅顺王家村东岗遗址进行发掘，发掘报告尚未发表。据发掘者介绍，王家村遗址发现了小珠山下层，堆积较薄，出土器物很少，仅见饰压印"之"字纹的筒形罐残片。由于出土的陶器藏于大连市文物考古研究所，便于我们对器物仔细观察。陶器以夹滑石红褐陶为主，以压印"之"字纹和席纹、"人"字纹组成的复合纹饰为主，器形主要为筒形罐。标本LDT1∶1（图四，2），只保存上半部，原为筒形罐，底部残损后略加打磨，改为器座或保存火种的灶圈，与北吴屯筒形器用途一致。夹滑石红褐陶，直口，圆唇，沿内向下斜抹，上口稍大，腹部略向内收，满饰压印纹，从上到下分别饰席纹带、"之"字纹带、"人"字纹加刻划纹带、"之"字纹带等，纹饰饰至口沿部分，"之"字纹施压规则，宽度在1.9厘米左右，"之"字纹带之间几乎不留空隙。胎壁厚度0.6~0.8厘米，口沿略厚，与北吴屯下层出土的筒形器（图九，19）相似，应该属于小珠山下层文化比较早的类型。

2. 北吴屯遗址

北吴屯遗址位于黄海沿岸庄河黑岛镇北吴屯，1990年辽宁省文物考古研究所、大连市文物管理委员会办公室等联合对该遗址进行发掘，遗址出土器物非常丰富。北吴屯下层陶器以含滑石粉陶为主，占97%，其次为夹砂陶。夹滑石陶又以黑褐陶居多，其次为黑陶和红褐陶。陶器内外抹光，胎壁较厚，但很均匀，质地较硬，火候高。纹饰以压印纹为主，占99%，只有极少量刻划纹。压印纹包括"之"字纹、席纹、横线纹、网纹、"人"字纹以及组合纹（图九），"之"字纹最多，占62%，其次为席纹，占27%。饰单一纹饰的一般口沿和底部以上留有一定间距的空白，饰复合纹饰的口沿下不留空白。"之"字纹的宽度一般较宽，3厘米左右，稍窄一些的宽度在1.5厘米以上。器形增多，有罐、壶、碗、钵、杯、筒形器等，以罐居多，占复原陶器的70%，又可分为筒形罐、侈口罐、敛口罐、鼓腹罐等，以筒形罐最多，而且形式多样。根据筒形罐特征，我们把1990年发掘资料进行了重新排列，将筒形罐分为八式，基本代表筒形罐发展变化趋势（图一〇）。北吴屯下层还发现一些刻划人面纹或太阳纹的陶片，这些陶

---

① 旅顺博物馆：《旅大市长海县新石器时代贝丘遗址调查》，《考古》1962年第7期。

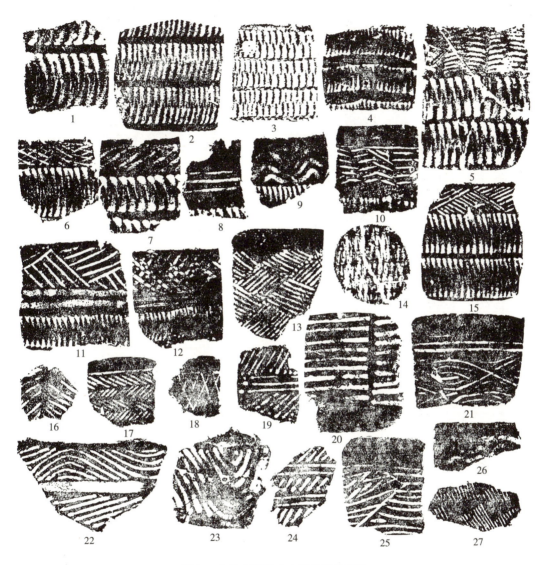

图九　北吴屯下层出土陶片纹饰拓片

1～4. 压印"之"字纹　5. "之"字纹　6. 压印网纹、"之"字纹　7. 压印斜线纹、"之"字纹　8、10. 压印横线纹、"之"字纹　9. 压印波浪纹、"之"字纹　11. 压印席纹、横线、"之"字纹　12. 压印网纹、横线、"之"字纹　13. 压印变体席纹　14. 编织纹（器底）　15. 压印席纹、"之"字纹　16、17. 压印"人"字纹　18. 压印网纹　19. 压印斜线、横线、"之"字纹　20. 压印横线纹　21. 压印横线、波浪纹　22. 压印波浪、横线、席纹　23、26. 压印波浪纹　24. 压印横线、斜线纹　25. 刻划斜线纹　27. 压印斜线纹

片上多有"之"字纹，是用废弃陶片做成。北吴屯下层出土陶器比较丰富，与小珠山下层单一筒形罐相比，增加了不少新器形，特别是出现了较多的瘤状耳筒形罐，压印纹饰也丰富多彩，还有刻划人面纹和太阳纹陶片，说明北吴屯下层比小珠山下层更"进步"了，

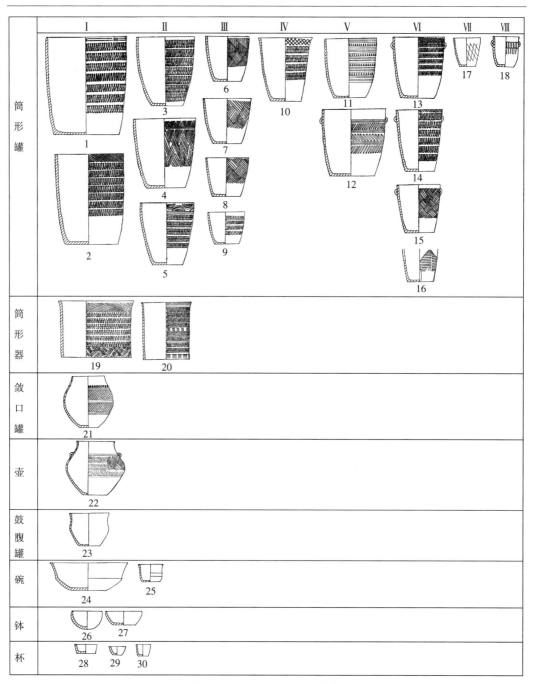

图一〇　北吴屯下层出土陶器

1. T3③：1　2. T3③：2　3. T3③：4　4. T2③：77　5. T2③B：1　6. T3③：6　7. T3③：7　8. T3③：8　9. T3③：9
10. T3③：10　11. T2③：82　12. F4：82　13. T6③：26　14. T9③：15　15. T3③：5　16. T6③：14　17. T2③：80
18. T2③：83　19. F8：5　20. F8：7　21. T3③：11　22. T2③B：47　23. F4：68　24. T6③：28　25. T3③：12
26. T2③：81　27. T6③：6　28. T3③：9　29. T3③：14　30. F6：12

尤其是北吴屯下层发现多座房址，为研究小珠山下层文化提供了更丰富的资料。北吴屯下层的年代为距今 6470±185 年（树轮校正值）[1]，因此北吴屯下层应相当于或略晚于小珠山下层文化。

调查材料显示，旅顺的郭家村、王家村东岗，甘井子区的文家屯，普兰店的塔寺屯，瓦房店的东岗、三堂、庄河黑岛镇殷屯半拉山、平山乡西沟等遗址都曾发现了小珠山下层压印纹陶片，但由于发掘资料或调查资料过简，难以详细了解其文化面貌。文家屯出土的陶片，有筒形罐底部，夹滑石红褐陶，胎壁较厚，平底，器身饰压印"之"字纹，与小珠山下层陶器有相同之处。半拉山发现的陶片比较早。

3. 后洼遗址

后洼遗址位于丹东东沟县（现东港市）后洼屯，地处黄海沿岸北部的滨海平原，附近多有新石器时代遗址分布。后洼下层遗迹、遗物非常丰富，仅房址就发现 31 座。笔者将 1981、1983～1984 年发掘资料集中在一起[2]，对陶器进行了重新排列。陶器以夹滑石粉的红褐陶和黑褐陶为主，其次是红陶和黑陶，含砂量较少。胎壁较厚，烧制火候较高。器物一般都有纹饰，以压印纹最多，占 90% 以上。压印纹中以席纹为多，"之"字纹次之，"之"字纹都是横排竖压，还有横线纹、网格纹、"人"字纹、斜线纹、叶脉纹、斜线三角纹、水波纹和各种压印组合纹（图一一）。刻划纹以网格纹最多。陶器以罐类为主，其他有碗、壶、钵、杯、盘、舟形器（图一二）等。罐类又分为筒形罐、鼓腹罐、束颈罐三种，其中筒形罐占 91%。筒形罐一般多为直口或略敞口，平底，口沿内向下斜抹，口部与底部的比例逐渐变小，一般不通体施压纹饰，两端留有空白带，口沿下大都有对称横穿瘤状耳。也出现了素面筒形罐。鼓腹罐一般为小口，鼓腹，平底，肩部有对称的瘤状耳，纹饰一般饰于器物的肩部和腹部。壶的形态与鼓腹罐有形似之处。碗是后洼下层出土较多的器物，一般都为素面，大小不一，最大口径 18～20 厘米。

从后洼下层出土的陶器看，陶器特点比较突出，器形多样，罐仍是最多的器物，但所占的比例在减少，不像小珠山下层，基本上都是筒形罐。纹饰以压印席纹最多，其次是"之"字纹，与小珠山下层、北吴屯下层以"之"字纹为主相比，纹饰比重发生了变化，另外出现素面筒形罐。器物一般都有对称的瘤状耳。上、下一样大的直筒形的筒形罐没有发现，多为比较规整的筒形罐。其他罐类和壶类形制有所增加。特别发现较多的各种类型的滑石雕塑品，说明后洼下层更"先进"了。后洼下层碳 -14 测年数据分

---

① 辽宁省文物考古研究所、大连市文物管理委员会、庄河市文物管理办公室：《大连市北吴屯新石器时代遗址》，《考古学报》1994 年第 3 期。

② 许玉林、傅仁义、王传普：《辽宁东沟县后洼遗址发掘概要》，《文物》1989 年第 12 期。

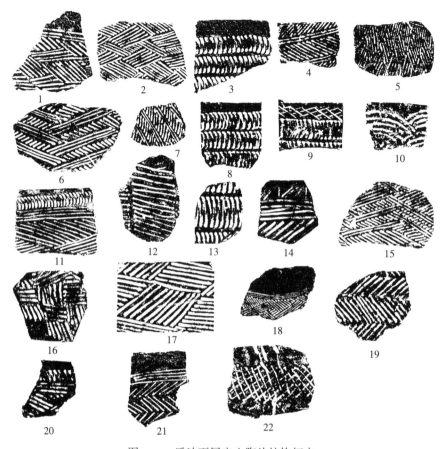

图一一　后洼下层出土陶片纹饰拓本

1、2、5~7、15~18. 压印席纹　3、8、13. 压印"之"字纹　4、19. 压印叶脉纹　9. 压印网格纹与"之"字
纹　10. 压印编织纹　11、14. 压印"之"字纹与席纹　12. 压印横线纹　20. 横线与平行斜线纹　21. 压印横线
与"人"字纹　22. 压印网格纹（1~3、7、11、12、15、21、22 为 1983~1984 年发掘，余为 1981 年发掘）

别是距今 6055±96、6165±96、6180±96、6205±96、6255±170 年（树轮校正值）[①]，
那么其年代应为距今 6000 年左右。后洼下层在年代上要晚于小珠山下层，文化面貌上
比小珠山下层更"进步"了。

4. 大岗遗址

　　位于丹东东沟双山西村，与后洼遗址相距很近。1984 年进行了发掘[②]，遗址共有 2
层，第 2 层为主要文化层。陶器均夹滑石粉，含砂量大，以夹砂红褐陶和黑褐陶为主，夹
砂红陶和黑陶较少。纹饰以压印纹最多，刻划纹很少。压印纹以压印席纹最多，其次是

①　许玉林、傅仁义、王传普：《辽宁东沟县后洼遗址发掘概要》，《文物》1989 年第 12 期。
②　辽宁省博物馆：《辽宁东沟大岗新石器时代遗址》，《考古》1986 年第 4 期。

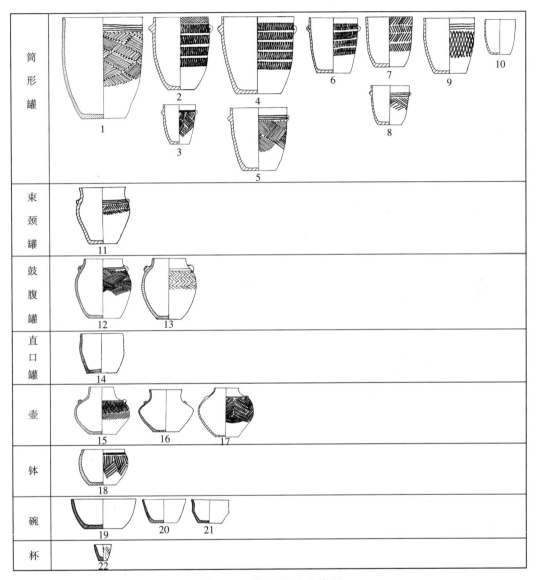

图一二　后洼下层出土陶器

1. ⅡT18④:46　2. T1:2　3. T1:4　4. T1:1　5. T1:3　6. ⅤT23④:28　7. ⅢT16④:25　8. ⅤT9④:24　9. T1:5
10. T1:9　11. ⅢT9④:21　12. ⅡT18④:45　13. ⅢT4④:10　14. T1:10　15. ⅣVT1④:27　16. ⅤT22④:46
17. T1:12　18. ⅡT6④:10　19. ⅤT22④:52　20. T1:7　21. ⅢT9④:25　22. ⅠT2④:52

压印"之"字纹，此外还有压印网格纹、"人"字纹、横线纹以及由这些纹饰组成的各
种复合纹饰（图一三）。器形有罐、壶、碗、杯、勺、舟形器等（图一四），以罐最多。
罐又可分为筒形罐、小口鼓腹罐，筒形罐分为直口和侈口两种，沿内向下斜抹，腹壁较
直，口部和底部比值减少，口沿下一般有对称的瘤状耳。纹饰个别的饰至口沿，一般上

图一三　大岗遗址出土陶片纹饰拓本

1～3. 压印席纹　4、12. 压印席纹和网格纹的组合纹　5. 压印"人"字纹　6. 压印"之"字纹和横线纹的组合纹　7. 压印横线纹　8. 压印网格纹　9、10、13. 压印"之"字纹　11. 压印席纹和"人"字纹的组合纹　14. 压印"之"字纹和席纹的组合纹

下两端都留有空白，平底，出现了素面筒形罐。壶为小口，鼓腹，肩部有对称贯耳，肩部和腹部饰压印席纹。碗可以分为直腹和折腹两种。从文化面貌和器物特征看，大岗遗址与后洼下层最为接近，时代与之相当，距今为 6000 年左右。

　　1981 年丹东地区文物普查，仅东沟县就发现新石器时代遗址 30 多处，其中含后洼下层的遗址还有谷屯王坨子、阎坨子、赵坨子、石灰窑地下岩洞①等，这些遗址多分布在沿海低矮台地和坨子上，除后洼和大岗遗址外，多为贝丘遗址，说明后洼下层在丹东地区有一定范围的分布。

三　陶器特征对比研究

　　以上笔者就辽东半岛地区小珠山下层文化陶器做了简要的叙述，从中不难发现它们的异同。它们的共同特征是：同属于小珠山下层文化范围，陶器以夹滑石或滑石粉为主，夹砂陶较少；器形以筒形罐占绝大多数，口部或直或敞，平底；纹饰施压的方法相同，以压印"之"字纹、席纹或各种压印纹组成的复合纹饰为主。席纹和"之"字纹

---

①　丹东市文化局文物普查队：《丹东市东沟县新石器时代遗址调查和试掘》，《考古》1984 年第 1 期。

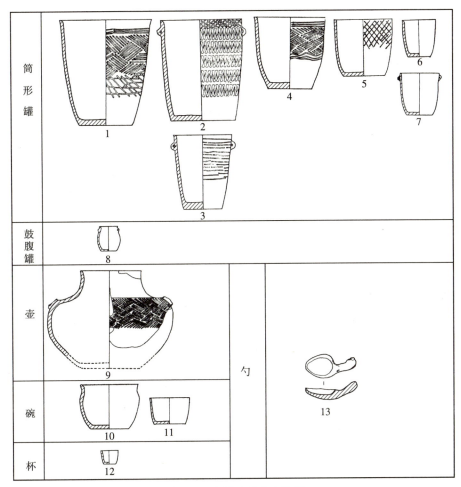

图一四　大岗遗址出土陶器

1. T1:3　2. T2:1　3. T2:2　4. T1:1　5. T1:2　6. T2:4　7. T2:3　8. T1:4　9. T2:5　10. T1:6　11. T1:5　12. T1:7　13. T1:9

都具有典型的地方特征，席纹一般都为短斜线组成的菱形块或三角形，每条短线两端压印略深；"之"字纹一般是横排竖压，交错施压的很少，大都比较规则，排列紧密，两排"之"字纹之间多留有间距。这种"之"字纹两端压印较深，呈三角形或圆形凹坑，纹饰凸起明显，如同"毛笔头"，与辽西地区"之"字纹不同。

　　各遗址差异是：柳条沟东山遗址堆积比较单纯，陶器多夹有石棉，这在其他遗址不见，器形只有筒形罐一种，形式比较单一。纹饰只有压印纹，除了个别席纹和列点纹之外，绝大多数为"之"字纹，"之"字纹与口沿之间留有一定距离的空白。器壁一般比较薄，口沿略厚，向下渐薄。从单一的器形和纹饰分析，该遗址时代应该更早一些。与之最为接近的还有亮子沟遗址，陶器只有筒形罐一种，纹饰除压印列点纹外，均为"之"字纹。这两处遗址文化堆积比较薄，没有发现遗迹现象，出土陶器与小珠山下层相比，更显示出其单一、原始特点。沙包子遗址融合了多种因素，陶器只有筒形罐一种，纹饰、器形与亮子沟、小珠山下层某些器物相同，也属于比较早的文化类型，应与小珠山下层相当或稍早。李墙屯、南玉屯、清化宫等与柳条沟东山和沙包子遗址同属一个类型，时代都比较早。小珠山下层陶器主要是筒形罐，但筒形罐的形式有所增加，口部从敛、直、敞到准备出沿，从大平底到小平底，口与底的比值从小到大。纹饰以压印"之"字纹、席纹和斜线三角纹以及这三种纹饰组成的复合纹饰最多。有的陶器还出现了对称的瘤状耳（见图四，5），尽管发现很少，但可以看出北吴屯和后洼下层出土大量瘤状耳筒形罐应是从这里发展过去的。刻划纹筒形罐（见图四，10）已有出沿之势，成为小珠山中层筒形罐的母形。上马石下层出土的陶器与小珠山下层相比，有向晚发展的趋势，特别是敞口刻划纹筒形罐、小口鼓腹罐（见图四，11、12）都是下层略晚的器形。

根据以上对比分析，辽东半岛黄海岛屿上发现的小珠山下层遗址存在早晚关系，从早到晚排列如下：柳条沟东山、亮子沟→沙包子→小珠山下层→上马石下层，同时也给我们这样启示：各岛屿沿海岸遗址要早于岛内腹地遗址，也就是说小珠山下层遗址早晚关系是从沿海向岛内腹地推进的。

旅顺王家村东岗遗址出土筒形罐，通体施压印复合纹饰一直到口部，胎壁较薄，应该是筒形罐中比较早的一种类型。该筒形罐残破后，底部稍加打磨，当器座或灶圈使用，与北吴屯下层出土的筒形器功能近乎一致。

北吴屯下层出土陶器比较丰富，除了以筒形罐为大宗外，又增加了鼓腹罐、敛口罐、侈口罐等，另外出现新的器形如壶、筒形器、碗、钵、杯、盘等，比小珠山下层增加了不少新器形，而且形式也多样，出现了不少瘤状耳，与后洼下层、大岗遗址陶器相同。纹饰以"之"字纹为主，席纹也占一定的比例，纹饰施压比较规则，复合纹饰一般都饰全口部，单一纹饰在两端都留有空白，"之"字纹的宽度比较宽。另外还有一些用"之"字纹陶片制作的刻划纹人面、太阳纹艺术品，说明人们有了一定的审美观念。与小珠山下层相比，北吴屯下层一方面继承了小珠山下层主要特征，另一方面有所发展，不但陶器种类有所增加，而且纹饰也丰富多彩，筒形罐形式多样，在一定程度上反映了北吴屯下层比小珠山下层更为"进步"，时代应略晚于小珠山下层。

前面提到，后洼下层和大岗遗址文化面貌相似，两者与北吴屯下层相比有许多共同之处，但也有差别。以后洼下层为例，陶器有罐、碗、壶、钵、杯、勺、舟形器等，以罐为大宗，碗的比例有大幅度增加。罐类又以筒形罐为主，还有鼓腹罐、束颈罐。壶的数量有一定增加。鼓腹罐、壶（见图一二，12、13、15～17）与北吴屯下层的敛口罐、壶（见图一〇，21、22）有许多相似的特征，只是比北吴屯下层更发展了一步，出现了瘤状耳或贯耳。纹饰所占的比重有一定变化，以席纹最多，其次是"之"字纹。陶器制作更加粗糙、随意，没有北吴屯下层陶器那么规整，说明后洼下层要晚一些。北吴屯下层出土的筒形器，在后洼下层、大岗遗址都没有见到，而后洼下层出土了较多的滑石雕塑品和陶塑品，在其他遗址也极少见到，但是北吴屯下层的刻划人面纹或太阳纹陶片为后洼下层雕塑品开辟了先河。碳–14测年数据反映了北吴屯下层和后洼下层的早晚关系，北吴屯下层年代距今6500～6000年，后洼下层在距今6000年左右，陶器变化规律也反映了两者在时间上的早晚差别。

目前，有学者将小珠山下层文化分为小珠山下层和后洼下层类型，也有人认为北吴屯下层与后洼下层更为接近，应归到后洼下层类型。虽然北吴屯下层和后洼下层在器物组合方面有很多相似之处，但陶器的演变规律还是很明显的，北吴屯下层具有一定的代表性。后洼下层陶器在北吴屯下层基础上有了一定程度的发展变化，在时间上要晚于北吴屯下层。

辽东半岛黄海沿岸小珠山下层遗址早晚关系排序如下：北吴屯下层→后洼下层、大岗遗址。

从目前所掌握的材料分析，辽东半岛黄海岛屿上的遗址都比较早，而黄海沿岸遗址要略晚一些，这与筒形罐的传播路线似乎背道而驰，究竟是什么原因造成的？唯一的解释就是黄海沿岸应该有更早的遗址，庄河的半拉山、西沟等遗址从调查资料看时代就比较早，可惜未进行系统工作，情况不太明朗。

四　与新乐文化陶器对比

新乐文化出土的遗物比较丰富，陶器具有明显地方特征。陶器绝大多数是夹砂陶，以夹砂红褐陶、红陶、灰褐陶为主，有极少量的夹滑石黑陶、泥质红陶、泥质灰褐陶。器形有深腹罐、高足钵、斜口器等，以深腹罐为大宗。报告中被称为瓮的陶器[①]，实际上也是深腹罐的一种，总的看来都是筒形罐系列。深腹罐，一般均为直筒形，小平底，有大小之分，大深腹罐口径与高的比例几乎是1:2，最高的达50厘米，器表满饰压印"之"字纹，一般上半部分饰竖压"之"字纹，下半部分饰横排"之"字纹，"之"字纹规整、细密，宽度较窄，口沿下饰短斜线等。这种器形在以小珠山下层为代表的遗址中没有发现；小深腹罐个体比较小，高度一般不超过20厘米，主要饰横排压印"之"字纹、弦纹以及由篦点纹组成的几何纹[②]，弦纹比较特别，施压紧密，通体饰满，同时也出现了素面筒形罐。高足钵一般呈半球状，下端有较高且小的圈足，一般施红衣，器

---

① 沈阳新乐遗址博物馆、沈阳市文物管理办公室：《辽宁沈阳新乐遗址抢救性清理发掘简报》图九，1，《考古》1990年第11期。

② 李晓钟：《沈阳新乐遗址1982～1988年发掘报告》，《辽海文物学刊》1990年第1期。

表饰针刺直线、弧线等复合纹饰①。斜口器是新乐文化特有的器物，直筒形，斜口部分成"U"字形，只有斜口一面饰压印"之"字纹，另一面为素面②。新乐文化高足钵和斜口器在小珠山下层没有发现，同样北吴屯下层的筒形器在新乐也没有发现。新乐文化与小珠山下层陶器可对比的就是筒形罐，二者都属于同一范畴，陶器都以筒形罐为最多，但二者差别也是明显的。新乐文化筒形罐一般为直筒，上腹较直，腹部很深；而小珠山下层除了上下一般粗的筒形罐外，多敞口，斜腹，口部与底部比值较大，一般比较粗矮，那种高大的深腹罐在小珠山下层没有发现。在纹饰方面几乎都以压印纹为主，新乐文化纹饰主要有"之"字纹、弦纹、篦点纹组成的各种几何纹，仅发现极个别的饰席纹带，纹饰一般通体饰满；而小珠山下层没有发现新乐文化那种弦纹和篦点纹组成的纹饰。小珠山下层的陶器纹饰比较丰富，除了"之"字纹外，席纹占很大比重，有各种复合纹饰，另外除少量筒形罐通体满饰纹饰外，多数在上下两端留有空白；而新乐文化极少有席纹或其他纹饰组成的复合纹饰。小珠山下层筒形罐有的出现瘤状耳，在新乐文化没有发现。小珠山下层除筒形罐外，还有鼓腹罐、束颈罐、大口罐，其他器类还有壶、碗、杯、钵、舟形器、勺等，在新乐文化则不见。在陶质方面，新乐文化以夹砂陶为主，极少有夹滑石陶，而小珠山下层则主要以夹滑石陶为最多。新乐文化出土了一定数量的细石器③，在小珠山下层少见。新乐文化碳－14测年为距今7245±165年（树轮校正值)④，早于小珠山下层。可见辽中区和辽东半岛新石器早期文化的地方差异还是比较突出的。

目前，学术界普遍认为，筒形罐的传播路线是从辽西到辽东。在传播过程中，筒形罐的形制、纹饰都发生了或多或少的变化，融入了地方因素，形成了各具地方特点的文化单元，辽东半岛地区小珠山下层文化陶器的演变特征就充分体现了这种变化。

五　结语

以小珠山下层为代表的辽东半岛早期文化遗址在陶器特征方面存在较多的共性，也存在不少的差异，在时代上有早晚差别。通过上述分析，我们可以得出这样的结论：辽

---

① 沈阳市文物管理办公室、沈阳故宫博物馆：《沈阳新乐遗址第二次发掘报告》图四，5，《考古学报》1985年第2期。
② 沈阳新乐遗址博物馆、沈阳市文物管理办公室：《辽宁沈阳新乐遗址抢救性清理发掘简报》图九，11、14，《考古》1990年第11期。
③ 沈阳新乐遗址博物馆、沈阳市文物管理办公室：《辽宁沈阳新乐遗址抢救性清理发掘简报》图七，《考古》1990年第11期。
④ 沈阳新乐遗址博物馆、沈阳市文物管理办公室：《辽宁沈阳新乐遗址抢救性清理发掘简报》，《考古》1990年第11期。

东半岛黄海岛屿中的新石器早期遗址分布较为广泛，时代都比较早，以诸岛屿沿海岸线附近的遗址时代最早，如柳条沟东山和亮子沟遗址，其次是沙包子遗址，然后向岛内腹地推进，如小珠山遗址、上马石遗址。陆地上黄海沿岸诸遗址存在着由南向北时代渐晚的发展趋势，如北吴屯遗址稍早，其次是后洼遗址和大岗遗址，而且黄海沿岸诸遗址之间存在的共性更多一些。从柳条沟东山到后洼下层，揭示了小珠山下层文化在不同阶段的演变规律。

（原载《东方考古》第 6 集，科学出版社，2009 年）

璇玑·辽东半岛与山东半岛之比较

王嗣洲

（旅顺博物馆）

璇玑，最早的称谓来源于清代吴大澂，他将这种玉器与《尚书·舜典》中的璿玑联系起来，认为是浑天仪中所用的机轮，以此称为"璿玑"[①]。后来多将其称为璇玑。1953 年日本学者梅原末治依据四平山积石冢出土的，首次称为"牙璧"[②]。夏鼐先生于 1984 年撰文否定了其物不是天文仪器的同时，依据其原始的演变形式，直称为牙璧[③]。笔者以为，称牙璧简单明了，更直观。称璇玑，既有形的外在含义，也有形的内在含义。总之约定俗成，本文旧称之为璇玑。

本文研究的璇玑有两个框定的范围，一是论及范围在辽东半岛和山东半岛两地区。就目前而言，国内发现和出土璇玑最早和最多的是这两个地区。二是所研究的璇玑是新石器时代，即龙山文化以前。因为作为比较的一方——辽东半岛目前尚未发现新石器时代以后的璇玑，这无意中框定了两者比较的时限。

本文通过两地数量多寡比较，说明社会的使用程度；通过界定类型，寻找其演变特点与规律，判定两者发展的异同；通过地层和单位个体所呈现的年代时限，佐证其早晚关系和发展演变顺序。在上述基础上，作一概要的认识和讨论，以此请教方家并给予框正。

一　数量之比较

数量统计，即量化的体现与分析，是数学在考古学上的应用。可直观累计数量，判明社会使用程度，在量化中观察其变化特点。

---

①　吴大澂：《古玉图考》第 15 页，1898 年。

②　梅原末治等：《世界美术全集·1》，平凡社，1953 年。

③　夏鼐：《所谓璿玑不会是天文仪器》，《考古学报》1984 年第 4 期。

据目前资料所及，辽东半岛出土和发现的璇玑主要集中于半岛的南部黄渤海沿岸，即大连地区；山东半岛主要集中于半岛南部黄海沿岸，即青岛地区及偏近内陆等地（图一）。

从数量统计观察，辽东半岛有 15 件（表一），主要出土于遗址和墓葬中，以后者为多，遗址仅采集 1 件。山东半岛有 19 件（表二），主要集中于墓葬，其次是遗址采集，少有遗址出土。璇玑的形式，辽东半岛主要是三牙，仅 1 件是二牙。山东半岛从数字中显现出 7 件为单纯的三牙，8 件有乳突和扁齿。辽东半岛最小者为陶质，直径 2.3 厘米，最大者为玉质，直径 8.4 厘米，一般直径是在 3 ~ 6 厘米之间。山东半岛最小者为 3.2 厘米，最大者为 16.3 厘米，一般直径也在 3 ~ 6 厘米之间。

从数量统计比较中，我们发现辽东半岛以三牙为主，山东半岛有三牙的同时，重要的是有一定数量的三牙兼有乳突和扁齿。这似乎说明两者存在着系统上的区别。

二 类型之比较

以类型之分，类比出其器物的种类及各类间的区别，在种类中深化分式，找出每一类型的演变规律。为了利于进一步比较，笔者将辽东半岛视为 A 区，山东半岛视为 B 区。

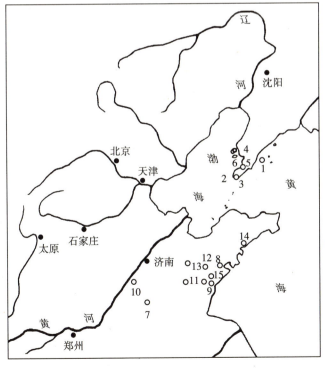

图一 辽东半岛、山东半岛璇玑分布图
1. 吴家村 2. 北海王家村 3. 郭家村
4. 三堂 5. 东大山积石冢 6. 四平山积石冢 7. 野店 8. 三里河 9. 丹土 10. 平阴周河 11. 董家营 12. 老峒峪 13. 西朱封 14. 司马台 15. 呈子

表一　辽东半岛出土璇玑统计一览表

序号	出土单位	直径×孔径-厚	型式	年代	资料出处	备注
1	吴家村遗址（采集）	6.5×1.2-0.2	A	5500	《考古学报》1981年第1期	三牙
2	北海王家村遗址 T2②:18	5.5×2.3-0.2	BⅠ	5500	旅顺博物馆藏	三牙
3	郭家村遗址 T8③:17	3.3×1.4-0.6	BⅡ	5000	《考古学报》1984年第3期	陶残、三牙
4	郭家村遗址 T9③:15	2.3×0.8-0.4	BⅡ	5000	《考古学报》1984年第3期	陶残、三牙
5	三堂Ⅰ期 T203⑤:10	8×0.8-0.3	BⅡ	5000～4800	《考古》1992年第2期	残，修复。三牙
6	东大山积石冢M3:37	4.4×1-0.3	BⅣ	4500～4000	《文家屯》（2002年）	三牙
7	四平山积石冢 M35A-B:403	3.5×0.9-0.5	C	4500～4000	《辽东半岛四平山积石冢研究》	三牙
8	四平山积石冢 M35B:402	7.9×2.8-0.4	BⅢ	4500～4000	《辽东半岛四平山积石冢研究》	残，修复。三牙
9	四平山积石冢 M35C:400	5.3×1-0.4	C	4500～4000	《辽东半岛四平山积石冢研究》	三牙
10	四平山积石冢 M35C:401	6.8×1.9-0.4	D	4500～4000	《辽东半岛四平山积石冢研究》	二牙
11	四平山积石冢 M36S:396	3.6×1-0.3	BⅣ	4500～4000	《辽东半岛四平山积石冢研究》	三牙
12	四平山积石冢 M36Q:404	8.4×1.2-0.4	BⅢ	4500～4000	《辽东半岛四平山积石冢研究》	三牙
13	四平山积石冢 M36P:398	5.2×0.8-0.4	C	4500～4000	《辽东半岛四平山积石冢研究》	三牙
14	四平山积石冢 M37:397	3.8×0.8-0.4	C	4500～4000	《辽东半岛四平山积石冢研究》	三牙
15	高丽城山 M48:399	4.8×2.2-0.4	BⅢ	4500～4000	《辽东半岛四平山积石冢研究》	三牙

表二　山东半岛出土璇玑统计一览表

序号	出土单位	直径×孔径－厚	型式	年代	资料出处	备注
1	野店 M31：3	3.4×0.9	AⅠ	5200	《邹县野店》	三乳突
2	野店 M31：4		AⅠ	5200	《邹县野店》	三乳突
3	平阴周河墓葬	4.2×1.1	AⅡ	5000	《山东大学文物精品选》	三牙、突齿
4	董家营墓葬			5000	山东省文物考古研究所藏	
5	三里河 M113：1	4.5×2－0.2	AⅢ	4500	《胶县三里河》	三牙、乳突
6	三里河 M273：1	6.4×2.3－0.4	BⅠ	4500	《胶县三里河》	三牙
7	三里河 M126：7	3.2×0.8－0.2	C	4500	《胶县三里河》	三牙
8	三里河 M259：21		BⅢ	4500	《胶县三里河》	三牙
9	三里河 M203：9	5.2×1－0.3	BⅢ	4000	《胶县三里河》	三牙
10	丹土遗址采集	16.3×1.3	AⅢ	4000	《故宫文物月刊》158	三牙、乳突
11	丹土遗址采集	8	AⅢ	4000	《山东省文物选集普查部分》	三牙、突齿
12	丹土遗址采集			4000	五莲博物馆藏	
13	丹土遗址采集			4000	五莲博物馆藏	
14	丹土遗址采集			4000	五莲博物馆藏	
15	老峒峪遗址采集	11.8×6.3	BⅡ	4000	《考古》1992 年第 9 期	三牙
16	西朱封遗址采集	10.8	AⅣ	4000	《海岱考古》（第一辑）	三牙、扉齿
17	西朱封遗址采集		AⅣ	4000	《东亚玉器》（第 1 册）（香港中文大学中国考古艺术研究中心，1998 年）	三牙、扉齿
18	司马台遗址采集	12.9×7.2	BⅡ	4000	《考古烟台》（齐鲁书社，2006 年）	三牙
19	呈子遗址 T1：1	3.3	D	4000	《考古学报》1980 年第 3 期	蚌、三牙

1. A 区（辽东半岛）

A 区 15 件璇玑，可分为四型。

A 型　1 件。夏鼐先生在《所谓玉璿玑不会是天文仪器》一文中明确指出，此物不是天文仪器"都是装饰品，可能同时带有礼仪或宗教上的意义"，并典型举例：长海县广鹿岛吴家村采集的玉璇玑（图二）"实际上这是一件猪头形的佩饰，三个牙形突起

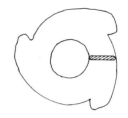

图二　A 区 A 型璇玑 　　　　　　　　　 图三　A 区 B 型 I 式璇玑

（吴家村采集）　　　　　　　　　　　（王家村 T2②：18）

并不很规则，其中一牙狭端平齐不尖锐，类似口吻部，相当于眼部处有一小孔，另一牙形似耳朵"[1]。先生这一判断无疑是正确的。这种器物的缘起当是装饰品，是以猪形为原始的雏形，后来将三个突出的部位逐渐演变为牙。因此本文将其列为 A 型。

B 型　9 件。依 A 型之形渐之演变为规范的三牙圆孔，依此可分为四式。

I 式　1 件。旅顺北海王家村遗址 T2②：18。平面基本为圆形，三牙明显突出，一牙圆钝，另二牙圆钝中微尖，中为一圆孔，扁平[2]（图三）。

II 式　3 件。如瓦房店三堂 I 期 T203⑤：10。残，修复。平面基本为圆形，三牙圆钝，中为小孔，边缘有明显打磨坡面，扁平[3]（图四，1）。

III 式　3 件。如甘井子四平山积石冢 M35B：402。平面基本为圆形，三牙突出略尖，其中一牙略残，中孔略大，扁平[4]（图四，2）。

IV 式　2 件。如甘井子四平山积石冢 M36S：396。平面基本为圆形，三牙突出，其中一牙略尖两牙略平，中孔略小，扁平[5]（图四，3）。

C 型　4 件。如甘井子四平山积石冢 M37：397。平面为圆形。加工粗糙，简约，只是在"V"形缺口中略显三牙，中为小孔，扁平[6]（图四，5）。

D 型　1 件。如甘井子四平山积石冢 M35C：401。改上述三牙为二牙，二牙相对呈阴阳圆形。平面略圆，二牙平方，边缘打磨呈一面坡，中孔较大，扁平[7]（图四，4）。

---

① 夏鼐：《所谓璿玑不会是天文仪器》，《考古学报》1984 年第 4 期第 408 页。

② 相关资料见王嗣洲：《大连市旅顺北海王家村东岗新石器时代遗址》，《中国考古学年鉴·1995》，文物出版社，1997 年。

③ 辽宁省文物考古研究所等：《辽宁省瓦房店市三堂村新石器时代遗址》，《考古》1992 年第 2 期。

④ 澄田正一、小野山节、宫本一夫：《辽东半岛四平山积石冢の研究》（日文）第 94 页，柳原出版株式会社，2008 年。

⑤ 澄田正一、小野山节、宫本一夫：《辽东半岛四平山积石冢の研究》（日文）第 94 页，柳原出版株式会社，2008 年。

⑥ 澄田正一、小野山节、宫本一夫：《辽东半岛四平山积石冢の研究》（日文）第 94 页，柳原出版株式会社，2008 年。

⑦ 澄田正一、小野山节、宫本一夫：《辽东半岛四平山积石冢の研究》（日文）第 94 页，柳原出版株式会社，2008 年。

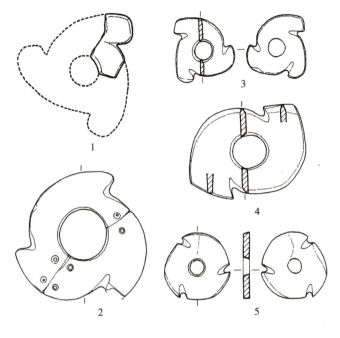

图四　A区璇玑

1. B型Ⅱ式（三堂Ⅰ期 T203⑤:10）
2. B型Ⅲ式（四平山积石冢 M35B:402）
3. B型Ⅳ式（四平山积石冢 M36S:396）
4. D型（四平山积石冢 M35C:401）
5. C型（四平山积石冢 M37:397）

2. B区（山东半岛）

该区所出土的19件中，依据形制显现的特征，也可分为四型。

A型　除三牙外，又在边缘兼之出现乳突并发展为扉齿。

Ⅰ式　如邹县野店 M31:4。平面为圆形，扁平，小圆孔，边缘为三个对称的乳突①。这或许是A区璇玑的雏形（图五）。

Ⅱ式　如平阴周河墓葬出土。平面为圆形，扁平小圆孔，边缘有趋于明显的三牙，三牙间均有三个乳突②（图六，2）。

Ⅲ式　如胶县三里河 M113:1。平面为圆形，扁平，中孔与前者略大，三牙规范略尖，边缘分布有三个乳突③（图七）。

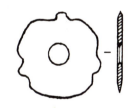

图五　B区A型Ⅰ式璇玑
（野店 M31:4）

Ⅳ式　如临朐西朱封遗址采集。平面为圆形，扁平，中孔较大，三牙方折明显，三牙间分布有较规范的扉齿④（图六，1）。

---

① 山东省博物馆等：《邹县野店》第94、95页，文物出版社，1985年。
② 山东大学考古系等：《山东大学文物精品选》图版4，齐鲁书社，2000年。
③ 中国社会科学院考古研究所：《胶县三里河》第44页，文物出版社，1988年。
④ 山东省文物考古研究所等：《山东临朐县史前遗址普查简报》第20页，《海岱考古》（第一辑），山东大学出版社，1989年。

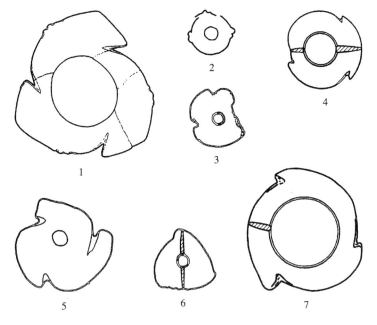

图六　B 区璇玑
1. A 型 IV 式（西朱封采集）
2. A 型 II 式（周河墓葬）
3. D 型（呈子 T1：1）
4. B 型 I 式（三里河 M273：1）
5. B 型 III 式（三里河 M203：9）
6. C 型（三里河 M126：7）
7. B 型 II 式（司马台采集）

B 型　无乳突和扉齿，为典型的三牙璇玑。

I 式　如胶县三里河 M273：1。平面为圆形，扁平，中孔较大，三牙中有一牙的方向相悖，较为特殊①（图六，4）。

II 式　如海阳司马台遗址采集。平面为圆形，大孔，三牙突出略尖，扁平，较为规范②（图六，7）。

III 式　如胶县三里河 M203：9。平面为圆形，小孔，三牙分别为方、圆、尖。制作略粗糙③（图六，5）。

C 型　如胶县三里河 M126：7。形制特殊，平面为三角形，在角处略显突牙，小孔，扁平④（图六，6）。

图七　B 区 A 型 III 式璇玑
（三里河 M113：1）

D 型　如诸城呈子遗址 T1：1。蚌质。形制也较为特殊，残，平面为圆形，在圆形的边缘上对角加工三个"V"形口，形成象征性的三牙⑤（图六，3）。

上述两区有其各自的特点及发展演变规律。A 区是以典型的三牙为主，从佩饰 A 型发展演变为规范的三牙 B 型，从 B 型中又发展为较为粗糙的 C 型，在演变中又出现了异形——二牙阴阳对称的 D 型。

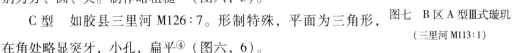

① 中国社会科学院考古研究所：《胶县三里河》第 44 页，文物出版社，1988 年。
② 烟台市博物馆：《烟台考古》第 85 页，齐鲁书社，2006 年。
③ 中国社会科学院考古研究所：《胶县三里河》第 88 页，文物出版社，1988 年。
④ 中国社会科学院考古研究所：《胶县三里河》第 44 页，文物出版社，1988 年。
⑤ 诸城县博物馆等：《山东诸城呈子遗址发掘简报》第 373 页，《考古学报》1980 年第 3 期。

B区A型是该区固有的特征，由三乳突牙逐渐发展演变为三牙中的扉齿。B型是统称中规范的璇玑，而C型和D型当是演变中的异形及世俗化所致。

笔者发现在共同的分布中，A区以三牙璇玑为主，并成为该区发展演变的主要特点，单一性较强。B区以三牙扉齿璇玑为主，是该区发展演变的主要特点。A区与B区有各自的缘起雏形和发展轨迹，其中A型代表各自的原始系统特征，只是在后来的交流中产生了共同点，尤以两者的B型最为突出。

三 年代之比较

年代之比较和分析，应从两者的雏形期开始。众所周知，辽东半岛与山东半岛原始文化交流从大汶口文化早中期开始，即辽东半岛小珠山中层。A区A型具有佩饰性质的玉璇玑，虽然采集于广鹿岛吴家村遗址，但遗址文化性质单一，是A区较为典型的小珠山中层文化遗址。据报告[①]所公布的绝对年代数据为距今5375±135年，即距今5500年左右。此外笔者在分析辽东与辽西的文化渊源关系中，也将下限定在公元前3500年左右[②]。公元前3500年左右正是辽西红山文化发展的鼎盛时期。小珠山中层文化含有一定的勾连纹彩陶，除有大汶口文化因素之外，也不排除有红山文化勾连纹彩陶因素。在众多的红山文化玉器中，取之猪首为形式的也当是主要特征之一。A区A型的一牙狭端是较为典型的猪首形象，这或许是A区受红山文化影响所致。再细部观察，它的横截面是中间厚两边缘薄如刃，这种打磨加工方式极似于红山文化玉璧的加工方式[③]。总之，这件玉璇玑从整体内容到加工方式，取之较多的红山文化因素，这从地域和文化渊源上讲也是合乎情理的。

B区的雏形期AⅠ式，是出之邹县野店M31中，据报告分析，M31为第四期，属大汶口文化中期偏晚，年代为距今5200年左右。这件周缘有不甚对称的三乳突，乳突两侧下凹，直径3.4、孔径0.9厘米，报告称其为"玉花"。若单一观察和分析难以与A区或B区规范的璇玑构成渊源，只能在整体的系统分析中，从文化年代和类型上考虑将它划归于B区A型范畴内，并视为雏形期的AⅠ式。而实质具有较规范意义的当属B区AⅢ式。AⅢ式出自胶县三里河M113，系大汶口文化晚期，据报告分析其年代，距今4500年左右。A区具有规范意义的当属BⅠ式。BⅠ式出自于王家村遗址，它分为上中下三层，4层为小珠山下层；2、3层为小珠山中层；

① 辽宁省博物馆等：《长海县广鹿岛大长山岛贝丘遗址》，《考古学报》1981年第1期。
② 王嗣洲：《中国东北东部地区新石器时代文化发展脉络与渊源关系》，《边疆考古研究》（第4辑），科学出版社，2005年。
③ 李恭笃：《辽宁凌源县三官甸子城子山遗址试掘报告》，《考古》1986年第6期；辽宁省文物考古研究所：《牛河梁红山文化"女神庙"与积石冢群发掘简报》，《文物》1986年第8期。

1 层为小珠山上层①。BⅠ式的层位为②层，由此而知它的具体年代与 A 型基本相当。在这种情形下，只能在同一具体物质中把握其形制嬗变关系，寻觅其微妙的变化轨迹，以确定其早晚和这种物质的演变程序。这也是笔者为何将 A 区 A 型和 B 型分野的主要依据之一。

A 区 BⅡ式出自于三堂Ⅰ期，其年代据报告分析距今 5000～4800 年②。它或许是小珠山中层的末段，小珠山上层的启始段③。实质从目前资料看当是小珠山第四期④。BⅢ式是四平山积石冢 M35B：402。四平山积石冢出玉璇玑 8 件，其中 M35 就出有 4 件。澄田正一等将该积石冢分期为早中晚三段，M36Q 是早段；M32、M35B、M35B－C、M35C、M36P、M36K－L、M36V、M36W、M36U－V、M37、M38G－H、M39 是中段；M35A、M35A－B、M36E、M36S、M38E 是晚段。四平山积石冢的整体年代当在距今 4500～4000 年⑤。

四平山积石冢若以陶器分析，是典型的山东龙山文化系统，但其墓葬形制非龙山文化系统，而是辽东半岛本土的，且与辽西红山文化有着渊源关系⑥。而四平山积石冢的玉璇玑，也可视为非龙山文化系统，当属辽东半岛本土系统，尤其是 V 形凹口是典型的东北玉饰加工特点⑦。山东半岛本土系统的玉璇玑当是 A 型Ⅰ、Ⅱ、Ⅲ式带乳突及Ⅳ式带扉齿的璇玑。AⅣ式出自于西朱封遗址，当是龙山文化晚期，距今 4000 年左右。B 区 B 型至 D 型，笔者认为也非山东半岛本土系统，或许与本土系统有着一定渊源的关系，但在发展交往中与辽东半岛产生了融合关系，这种融合关系是辽东半岛先于山东半岛，即前者影响后者，这也是区域间文化交流与发展的必然结果。B 区 B 型至 D 型的年代大致在距今 4500～4000 年。

四　结语与讨论

纵观上述比较，笔者对辽东半岛与山东半岛璇玑有如下认识。

（1）数量之比

两半岛出土璇玑共 34 件，其中辽东半岛 15 件（2 件陶质），山东半岛 19 件（1

① 王嗣洲：《大连市旅顺王家村东岗新石器时代遗址》，《中国考古学年鉴·1995》，文物出版社，1997 年。
② 辽宁省文物考古研究所等：《辽宁省瓦房店市三堂村新石器时代遗址》，《考古》1992 年第 2 期。
③ 王嗣洲：《辽东半岛新石器时代考古学文化谱系研究》，《史前研究》2000 年。
④ 中国社会科学院考古研究所：《辽宁长海县小珠山新石器时代遗址发掘简报》2009 年第 5 期。
⑤ 澄田正一、小野山节、宫本一夫：《辽东半岛四平山积石冢的研究》（日文）第 94 页，柳原出版株式会社，2008 年 3 月 31 日第一次印刷。
⑥ 王嗣洲：《辽东半岛积石冢研究》，《旅顺博物馆刊》2007 年；王德玮：《赤峰海拉苏镇古代遗存的普查与初步认识》，《东北史地》2008 年第 1 期。
⑦ 邓淑蘋：《红山系古玉的工艺之美》，《故宫文物月刊》第 23 卷第 6 期。

件蚌质）。在个体单位的使用量上，辽东半岛四平山积石冢共发掘 6 座，清理出 22 个墓室，共出土 8 件，其中 M35 的 6 个墓室出土 4 件，M36 的 8 个墓室出土 3 件，M37 的 1 个墓室仅出土 1 件。山东半岛胶县三里河发掘墓葬 164 座（大汶口 66 座，龙山 98 座），共出土 5 件，其中大汶口文化 4 件，龙山文化 1 件。我们发现，辽东半岛和山东半岛在璇玑的社会使用量上有所不同，个体单位拥有量上也有一定的差别。这种不同似乎说明两地文化的整体差异，而这种差别可直接反映各自对璇玑的深层认知程度上。

（2）型式之比

两半岛璇玑有其各自的雏形和发展轨迹，并形成了各自的本土系统。辽东半岛 A 型→B 型→C 型→D 型，形成了早晚演变的基本系统。山东半岛 A 型 I～Ⅳ式也形成早晚演变带有乳突和扉齿的基本系统。两者的区别明显，且各有其发展演变轨迹。而山东半岛 B 型至 D 型当是在两半岛文化交流中受辽东半岛影响出现的，也可以认为是山东半岛本土系统发展中的子系统。实质这种子系统的出现在 AⅢ式就已经露出端倪。

（3）年代之比

辽东半岛的 A 型和 B I 式，一个是装饰化的佩饰，中为梨形孔；一个是较为模式化的璇玑，中为圆形孔。如果前者因为是采集缺乏地层关系，那么后者从地层上给予佐证，其年代为距今 5500 年左右。山东半岛 A I 式系大汶口文化中期偏晚，年代大约为距今 5200 年前后。两者从具体年代上相差不大，但从具体出现的形态上观察，似乎辽东半岛更具有模式化的具象，山东半岛则处于较为原始的抽象阶段。在此后的发展及鼎盛期，辽东半岛大约在距今 5000～4300 年，山东半岛大约在距今 4500～4000 年，后者当是受前者影响后渐之发展的。

新石器时代的璇玑，辽东半岛从装饰化的雏形到模式化的规范形，再到世俗化的粗糙形及异形，形成了发生、发展、鼎盛、衰落的演变轨迹。以型式演变规律，以系统贯穿始终，在发展与区域文化交流中，成就了山东半岛的子系统。笔者已经意识到山东半岛的主、子系统两者未必有渊源关系，尤其从地理区位上可进一步观察到，山东半岛的主系统源于胶莱以西的内陆，即黄河流域，在向东发展中至半岛胶莱河一线与来自于受辽东半岛影响而形成的所谓子系统发生碰撞与融合，进而完善山东半岛的主系统，使之在规范化的发展中，逐渐并影响夏商时期该器物的定格与发展[1]。进言之，它的主系统发展鼎盛期当在后来的夏商时期。

辽东半岛和山东半岛玉文化并不发达，尤其是辽东半岛自始至终将玉作为生产

---

① 栾丰实：《牙璧研究》，《文物》2005 年第 7 期。

工具①，说明人们对它的认识一直处于原始状态中。如果说吴家村玉璇玑的出现，只是人们对它理性化认识的一种标识；那么王家村玉璇玑的出现，则是人们依循并尊崇这一标识所给予的最大理性化的拓展，以致影响到邻近地区，使之成为辽东半岛、山东半岛玉文化的典型代表之一。

笔者认为璇玑最早源于辽东半岛，它起始于佩饰，延展于礼仪和宗教中。其实在中国古代尤其是史前，任何地域在某个时代或某个时期内，由于社会文化和物质的发展会产生各种社会时尚理念，其中有的时尚理念随着发展转化成一种物质载体，且物化神化，为人所尊崇。这种物质载体，我以为首先其质地美观好看，具有一定的价值；其次，其形制的形成与区域内的地理环境、人文环境，人们的社会生产、生活习俗及所追求的中心理念有着直接的关系；再次，作为一种时尚尊崇的载体，一定是人们追求的目标，但并不是所有人都能追求得到的，可望而不可及。有鉴于此，笔者认为璇玑是当时社会时尚理念的一种神圣的物质载体，作为它的拥有者，或许是有一定的社会地位，是显贵富足的象征；或许是氏族首领，掌管着苍天地物的巫觋的配饰，即神器。因为在四平山积石冢出有玉璇玑的几个墓和墓室，尤其是 M36Q、M36P 其墓的位置当是所有墓之首——高山之巅，或许佐证了这一问题。

2008 年 7 月初稿

2011 年 9 月定稿

---

① 辽宁省博物馆等：《长海县广鹿岛大长山岛贝丘遗址》，《考古学报》1981 年第 1 期；辽宁省博物馆、旅顺博物馆：《大连郭家村新石器时代遗址》，《考古学报》1984 年第 3 期；辽宁省文物考古研究所等：《大连市北吴屯新石器时代遗址》，《考古学报》1994 年第 3 期。

大连地区积石墓浅见

张志成
（大连市文物考古研究所）

多年来，大连地区积石墓都是学术界关注的焦点，它涉及地方土著文化发展和多元文化交融的问题，特别是对东北亚地区族属的研究有重要意义。大连地区积石墓研究起始于20世纪初，日本人最早对旅顺地区积石墓进行调查和发掘，特别是40年代，日本人又较大规模地发掘了四平山积石墓。中华人民共和国成立以后，从20世纪60年代到21世纪初，陆续发掘了楼上、土龙子等一批积石墓，取得一批新的资料，对积石墓研究起到了积极的推进作用。近年在第三次全国文物普查过程中，大连地区又发现了大量的积石墓，这里仅摘选小岛积石墓与大连地区已经发掘过的积石墓群，对大连地区积石墓分布形态及时间脉络谈一些粗浅认识。学界对积石墓有不同的称谓，本文统称为积石墓。

一 大连地区代表性积石墓群

（1）小岛积石墓

小岛积石墓是第三次全国文物普查新发现，分布于8座相连的山脊上，由48座大小不一的积石墓组成，地表采集有夹砂红褐陶片、夹滑石的夹砂红褐陶片及带竖条状附加堆纹的陶器残片等，未发现黑陶片，可以断定为新石器时代晚期的积石墓群[1]。

（2）四平山积石墓

分布于四平山山脊上，包括原来的文家屯积石墓共约60座，日本人曾于1941年发掘8座，出土器物有红褐陶罐、钵和黑陶三环足盘、豆、陶杯等，具有三堂一期文化和

---

① 2008年调查材料，现藏于瓦房店市博物馆。

龙山文化特征①。

（3）将军山积石墓

位于将军山顶，它与老铁山积石墓共同组成老铁山—将军山积石墓群，分布面积1600平方米。1964年"中朝联合考古队"曾在M1进行发掘，出土有罐、盘及黑陶杯等器物②。

（4）土龙子积石墓

位于金州区七顶山乡老虎山村东一条长约5华里、宽约200米的土岗上。1994、2005年经过两次发掘，多为火化后二次葬，出土有夹砂黑褐陶盘、碗、罐等器物③。

（5）于家砣头积石墓

位于牧羊城村（于家村）西南深入渤海的砣头之上，分布面积约900平方米。1977、2005年经过两次发掘，出土陶器有罐、壶、杯、豆等④。

（6）岗上墓地

位于营城子镇后牧城役村北部的一个土岗上，分布面积约600平方米，出土陶碗、带流钵、陶罐和陶豆把等陶器残片⑤。

（7）楼上墓地

位于后牧城役村东部的一个土岗上，分布面积约400平方米，出土陶罐、陶壶、青铜短剑等器物⑥。

二　大连地区积石墓的分布规律

大连地区积石墓主要分布于环渤海地区，而黄海沿岸至今没有发现。环渤海的旅顺口区、甘井子区、金州区、瓦房店市均存在大量积石墓，而普兰店市、经济开发区较少，市内仅在中山区发现一处，这可能存在两个方面的原因：一是积石墓先民来自西部；二是黄海沿岸积石墓我们还没有发现。

大连地区积石墓起源于新石器时代末期，盛行于青铜时代，春秋末期在大连地区消失，历经一千余年，在文化发展融合过程中发展形成了不同的形式，从积石墓埋葬地点

---

① 澄田正一、小野山节、宫本一夫：《辽东半岛四平山积石冢的研究》，柳原出版株式会社，2008年。

② 中国社会科学院考古研究所：《双砣子与岗上》，科学出版社，1996年。

③ 辽宁省文物考古研究所：《金州土龙积石墓地1号积石冢》，《考古》1996年第3期；吴青云：《辽宁大连土龙子青铜时代积石冢群的发掘》，《考古》2008年第9期。

④ 旅顺博物馆等：《大连于家村砣头积石墓地》，《文物》1983年第9期。

⑤ 中国社会科学院考古研究所：《双砣子与岗上》，科学出版社，1996年。

⑥ 中国社会科学院考古研究所：《双砣子与岗上》，科学出版社，1996年。

上可以看出当时人类生活的基本脉络。

积石墓埋葬从年代序列上讲是由高到低分布的特点，早期的积石墓如将军山、四平山、小岛积石墓均葬于海边高山山脊上，并有地位尊卑决定墓葬由高到低分布，而晚一些像土龙子、于家砣头积石墓只埋葬于海边砣头上或稍高的土岗上，而到最晚的岗上、楼上墓地则只埋葬在海边较高的土岗上，这种墓葬由高到低的转变，其实应该是社会宗教信仰和经济形态转变的一种形式，它反映出当时人类对物质生活改变的新的认识和宗教信仰转变的理解。

三　积石墓的丧葬习俗

大连地区年代较早的积石墓群有将军山、四平山和小岛积石墓群，年代距今约4000 年或还早些。从这一时期开始到青铜时代末期，在大连地区积石墓是主要埋葬形式。埋葬习俗从小族群合葬组成的大族群墓地向大族群合葬墓地转变。积石墓随葬品分别受到南、北两个文化系统的影响。将军山积石墓受到龙山文化影响，而四平山积石墓受到龙山文化和三堂下层文化的影响，而在北部的小岛积石墓则受三堂下层文化影响较深。积石墓埋葬习俗影响深远，并为当地的土著文化继承。

大连地区积石墓大部分存在火葬现象，中原地区发现有火葬是在新石器时代早期，而文献可考的是《墨子·节葬下》记载"秦之西有仪渠之国者，其亲戚死，聚柴薪而焚之"。还有一种说法是：火葬是随着印度佛教传入中国而盛行的。但可以明确说：中原地区在宋以前，火葬现象不是很普遍。而在大连地区，新石器时代至青铜时代晚期，火葬已经是一种主要埋葬习俗。而到隋唐时期，东北地区的高句丽王朝和渤海国仍有火葬习俗，这些文化之间是否有关联则需要进一步考证。

四　随葬品的文化特点及时代差异

在墓葬分布形态、葬俗等方面分析了积石墓的基本特点后，我们将从最重要的方面——随葬品来讨论积石墓的文化形态和早晚序列。

由于小岛积石墓仅有调查资料，笔者到现场做过调查，可以看出有些墓型较小，有些被破坏暴露在外的只有一个墓室，特别是在被破坏墓室内可以采集到夹滑石带附加堆纹陶罐残片，具有三堂一期文化特征。这与文家屯新石器遗址发掘的一些陶片较为接近，没有龙山文化特征。小岛积石墓群是否是大连地区最早的积石墓，有待于进一步科学发掘认定。

四平山积石墓是文家屯遗址居民的墓地已经得到学术界多数人的认可，但从四平山积石墓出土陶器特征分析，它既有黑陶杯，又有三堂一期文化特征的陶罐等，可以看出，四平山积石墓受到双重文化的影响，其年代当处于龙山文化中晚期。

将军山—老铁山积石墓出土的三环底盘、磨光黑陶杯等，具有明显的晚期龙山文化特征，而无北部三堂一期文化的特征。

土龙子积石墓出土器物具有双砣子三期文化特征，年代略晚，已经进入青铜时代晚期。

于家砣头积石墓出土器物与于家村上层出土器物相同，是于家村上层文化居民的公共墓地，出土的盆、罐、壶具有明显的双砣子三期文化特征，而墓地中出土的弦纹壶与普兰店市双房石棚弦纹壶又有相近特征，它们之间的文化应该有着某种内在的联系，这一时期应该为青铜时代晚期。

岗上墓地、楼上墓地出土器物不多，但从陶罐、陶壶上受到双砣子三期文化影响看，其时代晚于双砣子三期文化，已进入春秋时期。应该注意到的一个现象是：大连市文物考古研究所 2006 年在距楼上墓地西北 100 米处发掘过楼上遗址，由于仅发掘了 50 平方米，只在早期地层中发现一座房址，初步断定为战国末期至西汉初遗址。

五　大连地区积石墓年代序列

由于积石墓发掘数量、出土器物均较少，日本早年发掘的资料没有全部发表，限制了积石墓研究的深入。近年来，大量新资料的发表，为我们研究辽东半岛早期积石墓提供了丰富的素材，使大连地区积石墓发展形成了一个完整的序列。

许多先生就大连地区积石墓做过细致的分析研究，如许明纲、徐光辉、王嗣洲等先生都对积石墓做过类型学分期研究，特别是王嗣洲《辽东半岛积石墓研究》一文①，对大连地区积石墓做了分型分期，基本廓清了大连地区积石墓的形制及发展序列。由于许多文章发表之时，小岛积石墓没有发现，《辽东半岛四平山积石冢的研究》② 一书还没有正式出版，所以缺少这两方面的资料，这里加以补充。

王嗣洲先生将大连地区的积石墓分为四期，这对大连地区积石墓的分期具有指导意义。我根据出土器物及发掘报告，对大连地区积石墓划分出早晚序列。

四平山积石墓最早，其出土的罐、碗等具有三堂文化因素，而黑陶杯、陶豆又有山东龙山文化因素，可以看出四平山积石墓年代跨度大，早期可以到三堂一期文化时期，与现在的小珠山四期时代接近③，晚期到山东龙山文化晚期。

将军山—老铁山晚于四平山积石墓，出土黑陶杯、三环足盘等，"将军山—老铁山

---

① 王嗣洲：《辽东半岛积石墓研究》，《旅顺博物馆馆刊》2006 年创刊号。

② 澄田正一、小野山节、宫本一夫：《辽东半岛四平山积石冢的研究》，柳原出版株式会社，2008年。

③ 中国社会科学院考古研究所等：《辽宁长海县小珠山新石器时代遗址发掘简报》，《考古》2009 年第 5 期。

出土文物的共同特征是，与山东龙山文化非常接近……不过墓葬的形制结构却属于地域性的传统，因为更早的遗存在辽西的红山文化中已经存在……可能与郭家村上层有更密切的联系"。所以说将军山—老铁山具有明显山东龙山文化特征，时代在新石器时代晚期①。

于家砣头积石墓和土龙子积石墓年代相近，都属于双砣子三期文化，于家砣头积石墓出土的罐、碗具有双砣子三期文化因素，又独立发展出了弦纹壶，"于家村遗址上层的绝对年代碳十四测定为距今 3230±90 年（树轮校正后 3505±135 年）、3280±85 年（树轮校正后 3555±105 年），约相当于中原的商末周初。砣头墓地的年代应与此相当"②。

土龙子积石墓出土的陶罐、陶碗具有明显的双砣子三期文化因素，"土龙子积石冢出土的陶器（片）及其他遗物，均与 1987 年发掘的大连大嘴子青铜时代遗址第三期文化和该冢群附近的庙山青铜时代遗址出土的同类遗物相似，文化面貌应一致。具体说来，土龙子积石冢应该是庙山遗址上层文化时期的墓葬，年代距今约 3000 年"③。这样看来，于家砣头积石墓年代要早些，时代在商代晚期和西周早时期，土龙子墓年代晚些，时代在西周中晚期。

岗上墓地叠压于双砣子三期文化之上，出土的壶、罐、青铜短剑等，"据共同的中原青铜器断代为西周晚期至春秋早期，相当于公元前七、八世纪"④。

楼上墓地出土青铜短剑等，"根据凸脊曲刃青铜短剑的演化过程……它的年代应该在春秋中晚期"⑤。

在讨论上述墓地年代的时候，我们没有将小岛积石墓放入其中，因为小岛积石墓都是调查材料，这里只是提出存在这种现象，需要在以后材料丰富时进一步来证明：大连地区存在更早的积石墓。

大连地区积石墓的发展规律是：由南向北、由西向东逐步发展。而新的资料表明：这种规律从辽东半岛乃至辽东地区具有普遍意义，而在局部是有差异的。四平山积石墓早期墓葬早于老铁山—将军山墓地，这是学界共识，而小岛积石墓群早于四平山积石墓现在还是一种推断，但若是被证实的话，那小岛积石墓群很有可能成为大连地区最早的积石墓地。

---

① 中国社会科学院考古研究所：《双砣子与岗上》，科学出版社，1996 年。
② 旅顺博物馆等：《大连于家村砣头积石墓地》，《文物》1983 年第 9 期。
③ 辽宁省文物考古研究所：《金州土龙积石墓地 1 号积石冢》，《考古》1996 年第 3 期；吴青云：《辽宁大连土龙子青铜时代积石冢群的发掘》，《考古》2008 年第 9 期。
④ 中国社会科学院考古研究所：《双砣子与岗上》，科学出版社，1996 年。
⑤ 中国社会科学院考古研究所：《双砣子与岗上》，科学出版社，1996 年。

　　还应该注意到的一个现象是：受胶东半岛岳石文化影响深刻的双砣子二期文化没有发现积石墓，而胶东半岛也不见积石墓报告，那么我们就可以确定一点：积石墓埋葬习俗不是由胶东半岛传播过来的，这种埋葬习俗突然兴盛也不是偶然的，它是一种较为强大的外来文化与当地土著文化相结合的产物。

　　大连地区积石墓的起源还存在着不同的认识，但是近年来一系列研究文章都阐述了相同的观点：辽东半岛积石墓可能起源于辽西。辽西地区是中国古代文明的发祥地之一，早在5000年前就创造了辉煌的红山文化，积石冢是其重要的埋葬形式。大连地区积石墓是否有红山文化遗民东迁、如何东迁还在探讨中。

　　本文是《大连市积石墓、石棚、石棺墓调查报告》提纲的一部分，在这里略加改动，由于本人的认识能力问题，有些观点还不成熟或者存在谬误，敬请专家指正。

从苏秉琦先生的"三部曲"窥探辽河文明的特殊历史地位

——再论夏家店下层文化与"燕亳"

王绵厚

（辽宁省博物馆）

红山文化及其在中华文明起源中的意义，从 20 世纪 80 年代辽西牛河梁遗址发现以来，已经走过了 30 多年的研究历程。国内外专家对红山文化的研究，以苏秉琦先生为代表，已经从考古遗迹和遗物的分类研究，上升到以中华文明探源为目的，以积石冢、大型祭坛和"女神庙"为考古学载体，对古国文明的社会模式、礼制建筑、玉龙文化、聚落形态和信仰观念等，进行的深层次的文化研究。按照苏秉琦先生 20 世纪 80 年代提出的中华文明形成的古国—方国—帝国三部曲的论断①，燕山以北、上辽河流域的红山文化，当之无愧的是中国北方古国文明的代表。但限于笔者的专业范畴，对红山文化本身缺乏研究，而探讨辽河文明，又不可逾越红山文化。故本文借助"辽河寻根 文明探源"学术会议之机，立意以"辽河文明"为根系，发凡于红山文化的古国文明，重点着笔于夏家店下层文化的方国文明和汉郡文化的帝国文明；兼论燕山以北的燕亳方国与考古学文化。拟追寻苏秉琦先生"三部曲"的思路，对辽河文明发展的历史轨迹，及其在中华文明起源中的特殊历史地位进行探讨。重点是对夏家店下层文化与燕亳的认定，再略抒浅薄之见。

1. 红山文化的古国文明在中华文明起源中的先导意义

上辽河流域以红山文化代表的古国文明的概念，确立于 20 世纪 80 年代苏秉琦先生在《中国文明起源新探》中提出的古国—方国—帝国文明发展三部曲的论断。其中关于古国文明的概念，原书表述为，以红山文化代表的古国文明，是西辽河流域在 5000 年

---

① 苏秉琦：《中华文明起源新探》第 130 页，生活·读书·新知三联书店，1999 年。

前，已经产生了"基于公社又凌驾于公社之上的高一级社会组织形式"①。这里的"公社"，是考古人类学熟知的史前氏族部落的社会组织。这一学术定位，实际上把以红山文化代表的古国文明，置于高于氏族社会、而又介于城市文明国家之先的特殊地位。经过近30年来以西辽河和大凌河为中心、以牛河梁遗址为代表的一系列考古新发现，迄今为学术界基本公认的这一古国文明，在中国北方文明起源中先导性的文化意义，主要有如下方面。

（1）以大型带有礼制建筑性质的积石冢群及其埋葬礼俗代表的古国礼制规范。

由于迄今为止红山文化聚落址发现较少，所以坛、庙、冢向来是红山文化研究的重点。其中发现数量最多的积石冢，更具有三个与一般史前氏族部落墓葬不同的特点：

其一，从牛河梁等地已发现的十余处积石冢看，其显著的结构特征是墓上封土后积石，其结构一般为三层由外向内层层叠起积石，平面有方形、圆形、前方后圆形等。在石冢界墙内，多竖置有成排的专门烧制的红山文化标志性器物之一——泥质红陶外带黑、白彩相间的筒形器。有的学者称为，"那些上下贯通的筒形陶器，被红山人认为是可以帮助亡灵回归到祖先神那里去的一种具有通道功能的神器"②。可见红山文化时期的墓葬，已经迈出了一般的公共氏族丧葬习俗，而具有诸多古国文明标识的礼俗意义。

其二，根据历年红山文化积石冢发掘的报告显示，其积石冢的结构，可以明显分出中心大墓、台阶式积石墓和普通积石石棺墓等不同等级。以牛河梁第十六地点的4号中心大墓为例，其墓穴开凿在山体基岩上，内部砌筑宽大整齐的石棺。随葬品种类齐全、制作精良，尤其是精美玉器等堪称已发现的红山墓葬之最。显然这一类大墓，绝不是一般氏族成员的葬地，而是居于当时社会上层掌握部族首领权或宗教主宰权力的管理核心人物。这种脱离了红山社会的普通成员，居于权力高位阶层的存在，反映红山社会进入古国阶段等级社会的政治现实。

其三，冢与坛结合，是红山文化积石冢的又一具有礼制意义的古国文明标识的考古学表征。这一考古学现象的本质内涵，如有的考古学家指出，反映了红山文化的古国文明，在生与死的观念中，已经具有了超出氏族社会"灵物"自然崇拜的阶段，而进入与祭坛联系在一起的相当成熟的祖先（至上神）崇拜阶段③。牛河梁遗址等出现的积石冢群，如众星拱月般分布于"神庙"的周围，正是部族成员死后，仍需独尊"共祖"观念的折射④。而这种产生于氏族部落高级形态的社会成员较自觉信奉祖先为"至上

① 苏秉琦：《中华文明起源新探》第109页，生活·读书·新知三联书店，1999年。
② 郭大顺：《辽宁文化通史·先秦卷》，大连理工大学出版社，2009年。
③ 郭大顺、张兴德：《东北文化与幽燕文明》第200页，江苏教育出版社，2005年。
④ 《座谈东山嘴遗址》文中苏秉琦的发言（《文物》1984年第11期）。

神"的观念，在世界范围的人类历史发展中，多应处于私有制和家族制出现的文明前夜。这正与苏秉琦先生的古国阶段文明进程吻合。

（2）以"女神庙"代表的独立祭祀性建筑——古国神坛。

与积石冢并重为红山文化文明起源标志的，是具有专门祖先崇拜意义的独立祭祀性建筑女神庙的存在。1987 年当女神庙刚刚在牛河梁发现，苏秉琦先生就指出"辽宁发现的五千五百年前的'女神庙'……女神是由五千五百年前的红山人模拟真人造的神像，而不是由后人想象创造的神，她是红山人的女祖，也就是中华民族的'共祖'"[1]。苏秉琦先生将红山文化的"女神"，提升为"古国文明"阶段"祖先崇拜"的标志，近年来已经得到国内外学术界的认同。本次"辽河寻根　文明溯源"学术讨论会上，郭大顺先生即总结道："中国古代以祖先崇拜为主要祭祀礼仪，商代已有非常发达的对祖先崇拜的考古发现……现将这一传统观念追索到五千年（红山文化）前，是可以理解的。这也是中华文明起源的一个极为重要的特点。"[2]

（3）以"唯玉唯葬"习俗反映出来的红山文化的古国礼制观念。

红山文化玉器的发现和对玉文化的阐释，向来是标志古国文明的又一重要方面。仅以牛河梁遗址发现的近 200 件玉器看，以玉龙为代表的"唯玉唯葬"最具古国礼制意义。即考古发现的玉器丰富的红山墓葬，总是与大型积石冢的高等级墓葬联系在一起的。不管学术界把这种玉龙命名为"玉猪龙"、"玉熊龙"或"玉鹿龙"，其实质都改变不了红山人已经迈过氏族早期的"泛神"自然崇拜，已经进入了与祖先崇拜对应，即进入张光直先生指出，有专司"神巫"而沟通"天、地、神、人"间的"通天"神灵的代表幻化龙形的高级崇拜阶段[3]。郭大顺先生也说，"辽河流域作为龙起源的主要地区，无论是龙还是猪龙或鹿龙，反映的都是多元一体的文化发展过程，而玉又是中华传统文化的主要载体"[4]。

在考察红山玉文化的古国文明意义时，还有一个应当引起人们注意的现象是，迄今大部分红山玉器的玉料来自以岫岩为中心的辽东地区。2011 年 7 月在岫岩召开的"岫岩玉与玉文化学术讨论会"上，与会专家取得共识："岫岩透闪石玉是我国开发和利用最早的玉料，从而奠定了岫玉在中国玉文化发展史上的先导地位。"[5] 而另一个引人关注的现象是，在辽东岫玉的产地，5000 年前并没有形成玉文化的中心，真正的玉文化中心，恰好发生在 5000 年前辽西上辽河流域的红山文化区。这一考古学现象说明，决

① 《座谈东山嘴遗址》，《文物》1984 年第 11 期。
② 郭大顺："辽河寻根　文明溯源——中华文明起源学术研讨会"会议材料。
③ 张光直：《考古学专题六讲》，文物出版社，1986 年。
④ 郭大顺：《辽宁文化通史・2・先秦卷》第 69 页，大连理工大学出版社，2009 年。
⑤ 见《中国文物报》2011 年 8 月 15 日专题报道。

定人类文明进程的，主要不是自然资源的地缘优势，在进入古国文明阶段后，主要是社会人文动因——表现在玉龙文化上，是"辽宁地区的龙文化具有起源早、多类型、成系列的特点，这也是辽河流域在中华文明起源过程中先走一步的表现"①。红山文化的古国文明产生的特殊意义之一或许正在于此。

2. 以夏家店下层文化代表的"燕亳"文化，是夏商北土方国文明的重要阶段

夏家店下层文化是燕山以北、上辽河流域（历史时期的长城地带）重要的青铜时代早期文化。这一文化自发现至今，对其性质的认识主要有"龙山文化变种"②、"夏文化北支"③ 和"先商文化"④ 三说。而关于其族属问题，李伯谦先生1989年于《先商文化探索》一文中总结为"夏家店下层文化的族属，先后有先燕、东夷、有夷、土方和先商诸说，乞未定论"⑤。其中以辽宁学者的北票丰下遗址报告的先商说流传较广。直至2009年郭大顺先生的《辽宁文化通史·先秦卷》中，对夏家店下层文化仍定性为，"现从文献记载与考古发现的结合分析，商文化起源于东北地区已有考古证据，那就是夏家店下层文化即先商文化的一支"。笔者接触夏家店下层文化，始于1972年全程参加辽宁北票丰下夏家店下层遗址发掘。开始关注其性质和族属问题，则开始于20世纪90年代初开始编著《高句丽古城研究》时，思考"燕亳"石城与高句丽古城的关系。而发表专题论文，则于2005为纪念佟柱臣先生85岁诞辰文集应邀撰写的《燕亳、北戎与东胡》一文，即春秋时子产所谓"思其始而成其终"。该文第一次明确提出，燕山以北的夏家店下层文化，"在七老图山以北的北系，应属夏商之际的'燕亳'文化。其文化的主体分布区，应是夏家店下层文化的核心地区，并在夏商文化的影响下，形成了中国东北和北方华夏系最早的青铜时代的方国文明"⑥。这一观点与以往"先商论"的主要区别，是认为夏家店下层文化在时间上虽然相当于先商（或夏商），但不应等同于先商文化。它的性质是与先商并存于燕山以北的燕亳文化，而且是燕山以北早于东胡系的土著方国文明的代表。而李伯谦先生早在20世纪80年代《先商文化探索》中也已明确指出"可以肯定的是，夏家店下层文化并非先商文化"⑦。

本文在以往论证的基础上，就夏家店下层文化（简称"下层文化"）为燕亳文化的

① 郭大顺：《辽宁文化通史·2·先秦卷》，大连理工大学出版社，2009年。
② 夏鼐：《我国近五年来的考古新收获》，《考古》1964年第10期。
③ 郑绍忠：《有关长城区域原始文化类型的讨论》，《考古》1962年第12期。
④ 辽宁省文物干部培训班：《辽宁北票丰下遗址1972年春发掘简报》，《考古》1976年第3期。
⑤ 李伯谦：《先商文化探索》，《庆祝苏秉琦考古五十五年论文集》，文物出版社，1989年。
⑥ 王绵厚：《燕亳、北戎与东胡》，《面向21世纪的中国考古学——庆祝佟柱臣先生85岁华诞论文集》，文物出版社，2006年。
⑦ 李伯谦：《先商文化探索》，《庆祝苏秉琦考古五十五年论文集》，文物出版社，1989年。

诸问题，再予深入讨论。

（1）将下层文化比定为燕亳文化，在北方民族文化区系地理的时空上首先应有三个界定。

其一，对始见于先秦文献《左传·昭公九年》"肃慎、燕亳，吾北土也"的历史定位[①]。这一定位首先是对方国概念的确认。"方国"或"邦国"的概念，除甲骨卜辞和铜器铭文外，最早见于《逸周书》卷六《明堂三十五》："周公相武王以伐纣，夷定天下……天下大治，乃会方国诸侯于宗周"。这里的"方国"与"诸侯"并列，或指与周初诸侯国对称的"五服"之四方部族"方国"。而当时"吾（商周）北土"的"燕亳"，正是诸方国之一。另一个需要解读的是，文献中的"燕亳"是单称还是复称。因为学术界有人把该句解读为"肃慎、燕、亳，吾北土也"。这一问题在林沄先生的《"燕亳"与"燕亳邦"小议》中，得到了明确解决。该文根据对燕国铜器"陈璋壶"上"偃亳邦"的精审考证，证实"偃亳"即"燕亳"，"偃亳邦"即"燕亳之国"[②]。从而为文献中"燕亳"的存在和族称，找到了考古学证据。第三是"吾北土也"的宏观方位。这一方位与上一条联系考虑，应在"先燕"故地的今燕山以北、上辽河流域。早年王国维先生在《观堂集林》中即指出，"《诗·邶鄘卫谱》：自纣城而北谓之邶……邶在燕地。"[③] 因此学术界向有"邶"即"北燕"的论定。这一点即使是持夏家店下层文化为"先商说"的郭大顺先生也十分认同。他在 2009 年出版的《辽宁文化通史·先秦卷》中明确肯定："燕亳应在燕北而不是燕南"。而众所周知，夏家店下层文化的中心区，正在燕山以北、上辽河流域，这亦与文献中的"燕亳"应在"燕北"的方位相合。

其二，是下层文化的分布区，与燕亳所处"夏商北土"的地域吻合。经过近半个世纪多的连续考古发现，下层文化的分布范围明确：如前引李伯谦先生在《先商文化探索》中即认为"其分布范围，北过西拉木伦河，南面到拒马河，西至宣化盆地，东至医巫闾山"。郭大顺先生在《辽宁文化通史·先秦卷》中的界定亦大体相同："它的分布范围，北至西拉木伦河一带，东以辽河以西的医巫闾山为界，西部包括北京地区在内，南部达到拒马河一带。"这里的北京地区，应如张忠培先生所指燕山以北与承德接界的夏家店下层文化的壶流河类型即"宣化盆地"[④]。而这一大的区位地理，正在当时黄河中游的夏、商文化中心的正北部，足称为"夏商北土"之"燕亳"。

其三，下层文化与"燕亳"方位的比定，在中国东北先秦时代三大族系的分布区

---

① 《左传·昭公九年》（《春秋左传正义》卷 45 中华书局影印《十三经注疏》本）。

② 林沄：《"燕亳"与"燕亳邦"小议》，《史学集刊》1994 年第 2 期。

③ 王国维：《商三句兵跋》，《观堂集林》第 883 页，中华书局，1959 年。

④ 张忠培：《夏家店下层文化研究》，《中国北方考古文集》第 187 页，文物出版社，1990 年。

系中亦可以界定。因为迄今为止，中外学术界从文献与考古学的印证上基本公认，在中国东北，相当于夏商早期青铜时代的大的民族区系，以医巫闾山为界，可分为东、西两区。东部又有长白山以南的秽貊文化区（包括西南的西团山文化）和长白山以北的肃慎文化区，所以在医巫闾山以东，不可能再存在"燕亳"文化；而在医巫闾山以西，以往通称为东胡或山戎文化区。实际上真正奠基在夏商之际，早于后进入上辽河流域的草原民族的东胡系的部族，并具有代表性土著特征的，当属燕亳文化，即夏家店下层文化。因此也只有燕亳才是燕山以北夏商周三代，有代表性的早期土著文化[①]。这一对中国东北早期民族文化区系分布地理的重新定位，与上述燕亳分布在燕山以北和辽河上游的民族地理亦完全相合。

（2）夏家店下层文化与燕亳的认证，在考古学上的诸标志性文化要素。

在从上述夏商之际的文献记载、文化地理、存在时空框架和民族区系分布等宏观方面，界定了夏家店下层文化与"燕亳"的联系外，笔者拟在2006年发表《燕亳、北戎与东胡》一文基础上[②]，从微观考古学的诸因素中，仅就以下五方面，再重新考察下层文化和燕亳文化的主要联系及其诸合理因素。

①夏家店下层文化存在的时间（距今约4000～3500年），与商周之际已见于文献的燕亳基本吻合。因为武王克商时（公元前11世纪）已有的燕亳，必应是早于西周建国商末周初前的商代燕亳。这与已发现的夏家店下层文化的晚期已经接近。特别是笔者调查过的赤峰尹家店和北票康家屯等地的夏家店下层文化的药王庙类型的石城址，多属其晚期。对此，李伯谦先生在《先商文化探索》文中早已指出，"^{14}C测定，夏家店下层文化的早期与二里头晚期同时……晚期药王庙类型和大坨头类型延至商代晚期始分别为魏营子与围场三期代替"。李伯谦先生明确指出，燕山以北"晚期药王庙类型"的夏家店下层文化，已经"延至商代晚期"而进入文献中的燕亳时空范围。而且近年在辽河上游的赤峰等地"三普"，又发现了稍晚于同类已知夏家店下层文化、与大凌河流域的魏营子类型等接近的遗址。这使在考古学文化编年上，将下层文化与燕亳衔接的时空更具有合理性。

②夏家店下层文化以山地石城为标志的北方聚落形态，在迄今早于它的辽西红山文化和小河沿文化等，均找不到来源，也在夏家店上层文化中找不出继承性。说明这是一种在燕亳存在的时空中，上辽河流域独立发生的土著文化。它与下层文化的典型"燕亳式"陶器、北方式青铜器和石磬等独特乐器等，构成了继红山文化之后、有别于先商文

---

① 王绵厚：《先秦时期中国东北三大土著族系及考古遗存新论》，《东北史地》2004年第5期。

② 王绵厚：《燕亳、北戎与东胡》，《二十一世纪的中国考古学——庆祝佟柱臣先生八十五华诞学术文集》，文物出版社，2006年。

化的上辽河流域独具特色的夏商北土的一支方国文明。

③考古学上被公认的夏家店下层文化的代表性陶器:如尊式鬲(盂形鬲)、燕式鼎和折腹盆、彩绘陶等,均在当地的红山文化找不到直接来源,也与先商文化不同。这些遗存的特征诚如李伯谦先生所说"均不见于早商文化",而与黄河中游和汾河流域的东下冯、二里岗等夏墟和早商文化有些渊源。特别是带断弦绳纹的三足器,不见于红山等同类遗存,而在大部分夏家店下层遗址、墓葬都有发现,并与山西晋南东下冯等"夏墟"遗址的同类陶质、制法和纹饰基本相同。反映了燕山以北的这支土著文化,与燕南中原文化的双向交流影响关系。因为由燕山以南的太行山脉向燕山以北的文化影响,在夏家店下层文化以前的红山文化和庙底沟文化时已有反映。近年有的学者指出,2010年发掘的内蒙古境内最大的红山文化魏家窝铺遗址,其"敛口瓮类遗存大抵也是自燕山以南沿太行山脉向北传播而来的"[①]。这反映了夏家店下层文化,是一支受燕南夏商文化影响的燕北(上辽河流域)地区有代表性的方国文化。而汾河、桑干河和太行山脉,应是这一燕山南、北古代文化交流的重要文化通道。所以我认为,燕山和七老图山以北的夏家店下层文化(即药王庙类型的燕亳文化),很可能经过宣化盆地的壶流河类型,与其南部的太行山系的山西东下冯等夏墟或早商文化发生交流。并与燕南的夏墟文化、早商文化、特别是先燕文化(大坨头类型)产生了双向交流影响。从这个意义上讲,如果说夏家店下层文化,与先燕文化的渊源更深,应比先商文化更具有合理性。因此燕北地区的夏家店下层文化,就其本质,应属于上辽河流域夏商北土的燕亳方国文化,并以此与先商文化产生相互影响,而不是先商文化本身。

④夏家店下层文化的石城聚落,是北方燕亳方国最具标志性的方国文明代表。过去在讨论下层文化的性质时,人们更多的是关注陶器类型、墓葬形制和随葬品,这无疑是必要的。但对这一文化以"山上石城聚落"的关注,我认为更是探索夏商北土这一早期方国城市文明的重中之重。郭大顺先生在《辽宁文化通史·先秦卷》中,把夏家店下层文化的石城堡分为五类:低台地型、高台地型、高岗型、山坡型、高山型[②]。基本上概括了下层文化石城聚落所有的主要类型。笔者从 1972 年参加发掘丰下遗址后,亦先后考察过北票西官营子、敖汉大甸子、赤峰尹家店、北票康家屯等地夏家店下层文化的有关石城址。认为在郭大顺先生概括的五种城堡类型中,除第一种"低台地型"外,其余四种都可以称为"山地石城聚落"。而这一类石城聚落,是夏家店下层文化最具与夏商区别的土著文化特质。因为这些城堡大体具有以下共性:

其一,这些城堡的平面布局不管地形、地势如何,多呈不规则状。这同辽东貊系山上

---

① "辽河寻根 文明探源——中华文明起源学术研讨会"交流材料(2011 年沈阳)。

② 郭大顺:《辽宁文化通史·2·先秦卷》第 162~163 页,大连理工大学出版社,2009 年。

的石垣聚落和高句丽早期山城，都具有北方民族的地域文化特色。其中大部分城址，构筑结构多样、门址朝向和数量无定式、取料自然石块或堆土（绝无夯筑）。所以笔者把这种城堡称为石城聚落，即带有聚落性质的石城。它有别于河南、山西等中原龙山晚期的规范夯土筑方城，也区别于后来具有规范瓮城、马面的辽东高句丽山城。从聚落形态上明显区别于夏商本土的古城，而凸显其燕亳方国尚处于城市文明初期阶段的土著文化特征。

其二，下层文化的较大型石城，以笔者 20 世纪 90 年代调查过的赤峰英金河流域的尹家店和三座店一带的为例，一般都有数万平方米。在城址内都有大型房址坐落在较小房址中心，显示方国中的等级差别或具有议事、宗教中心的建筑功能。但大部分城址，包括位于迟家营子的面积近十万平方米的最大城址，其内部也较少有如夏商古城的规范街道和"里坊区"，而以石墙和石垣居址、环壕、土坯墙等居址为主，突出显示的是防御功能。这种城市布局上与同期夏商城址的不同，反映的应是中州夏商古城与北方燕亳方国城市功能的社会发展差别。

其三，夏家店下层文化的古城与夏商古城，除在功能上的差异外，还应当看到夏家店下层文化古城还有其特殊性。其突出表现在石筑墙垣、原始型马面和土坯墙等独特建筑技术方面。迄今在夏商周三代和秦汉城址的考古发现中，尽管夯筑技术精熟，但很少见夏家店下层文化上述的三种方法。夏家店下层文化的石筑城墙和马面（角台），与高句丽石城相比更原始，表现为全部是自然石、无任何黏合剂的干插叠筑，而且无阶梯状内收，具有北方民族石筑城垣的最原始形态。所以我曾把辽西燕亳的石城构筑，从族系渊源上考为辽东"貊系"高句丽山城的"远源"。从考古学上看，夏家店下层文化中普遍发现的迄今最早的石筑城墙、石砌马面和土坯墙技术，可以说是华夏北支燕亳方国（如果可认定为燕亳）城市文明的独特内涵。这应是辽河流域燕亳方国文明对中华文明形成的特殊贡献。

⑤经过近半个世纪对夏家店下层文化的考古发现和研究，考古学界渐趋认同这样一种现象：夏家店下层文化的发展，有渐南渐晚的迹象。所谓"渐南渐晚"，是指燕山（笔者界定为七老图山）以北的夏家店下层文化早于燕山以南的大坨头类型。对这种现象有两种解释，一种认为是夏家店下层文化由北向南发展的时间先后关系；一种认为是燕山以北的夏家店下层文化与燕山以南的大坨头类型属于不同性质。韩嘉谷先生在《长城地带青铜短剑的考古学文化和族属》中，即主张后一种说法，认为燕南的"大坨头类型……不宜归入夏家店下层文化"①。我在《燕亳、北戎与东胡》中赞同这一观点，并进一步指出，产生这一现象的内因，不仅是时间先后问题，而更重要的是文化族属问

---

① 韩嘉谷：《长城地带青铜短剑的考古学文化和族属》，《中国考古学会第八次年会论文集》，文物出版社，1996 年。

题。即已知的燕山以北的原生态的夏家店下层文化属于燕山以北、上辽河流域的燕亳文化；而燕山以南的大坨头类型及相关遗存，应属受下层文化（燕亳）影响偏晚的"北戎"或"山戎"文化。如果这种认识接近实际，那么燕山以北、上辽河流域的土著夏家店下层文化，显然是夏商北土时期华夏文明的根系之一。这正是苏秉琦先生倡导的这一时期方国文明，在辽河流域的标志性考古遗存。

3. 以"汉郡文化"代表的帝国文明，在中国东北郡县政体文化中的奠基意义

辽河文明在经历了上述红山文化的古国文明和以夏家店下层文化、即燕亳文化代表的方国文明后，在进入帝国文明阶段后，其具有标志性意义的，本文定义为"汉郡文化"。这一命题是2009年笔者编著《辽宁文化通史·秦汉卷》中正式提出的。而其构想可追述至20世纪90年代编著《秦汉东北史》中的"汉文化圈"。鉴于这一命题与红山文化和夏家店下层文化不同，是一个需要在探讨中取得共识的新概念，故特作两点说明。首先"汉郡文化"与红山文化和夏家店下层文化不同，它不是考古学的概念，而是地域文化的概念。其次，从地域文化的角度来界定"汉郡文化"，其内涵至少应有三个基本要素：

其一，秦汉以后以中国东北汉文化圈为基础的地域民族文化。

其二，以郡县制为文化载体的封建政体文化。

其三，确立在秦汉以后以封建城市文明为代表的社会文化。

基于上述三点，这一文化，如果从文明起源和国家形成的历史进程看，应开始在战国和秦，而确立在西汉，并以郡县政体为依托，故命名为"汉郡文化"。为了阐示"汉郡文化"在辽河文明形成的第三阶段"帝国文明"中的历史地位，对其主要地域文化的特征概述如下。

（1）汉承秦制在辽海地区开设郡县，是以汉郡文化为主体的帝国文明，在辽河流域开启的标志。

在中国历史上，继夏商周三代以后，真正划时代的标志是秦汉立国。司马迁在《史记》中概括为"汉承秦制"。这是一个极其精辟的概括，其中包括汉代对秦开辟的封建制度的全面继承。用《汉书·夏侯胜传》评论汉武帝的话来说就是，"躬仁谊、历威武……廓地斥境，立郡县，百夷率服"[①]。其中"廓地斥境，立郡县"，是从燕昭王开始，中经秦汉两代，直至汉武帝完成的最具标志性的"汉郡文化"确立在辽海地区的标志。这是"汉郡文化"确立的社会历史基础。

（2）"汉兴，复修辽东故塞"至辽东和鸭绿江两岸，是汉初开拓汉郡文化在辽河流域的基本国策。与确立郡县并行，汉初至武帝前后，在辽海复修辽东长城，是在辽河流

---

① 《汉书·夏侯胜传》，中华书局标点本第3156页，1962年。

域稳固推行汉郡文化的重要举措。正如笔者在《辽宁文化通史·秦汉卷》中认定，中华长城史迹，是一种"凝固的文化"。以军事障塞形式出现在燕、秦、汉时期的北方长城，其真正的意义，是一道凭护汉郡的"文化藩篱"①。秦汉之际，立郡县、修长城、东巡辽海碣石，都是固国安邦的基本国策波及辽海地区的证明。

（3）在辽地立郡国"高庙"和统一度量衡等制度，也是汉郡文化传布辽海地区的文化表征。汉郡文化在秦汉国家文化体制上的又一标志之一，是于辽海边郡立有"高庙"和推行统一度量衡等制度。《史记》中早在汉武帝元朔年间，就出现了辽东郡"高庙"火灾的记载，证明汉初辽东地区已设有与都城长安一样的"高庙"。而多年来遍布辽河流域发现的统一汉制的货币、陶量、铜量、铁权等，证明以统一文字和度量衡代表的典制文化，西汉时在以辽河流域为前沿的中国东北已经"趋同汉制"。即"汉郡文化"至少在西汉中期，已在辽河流域形成并占主导地位。

（4）"盐铁官营"等汉制推行辽海地区，是辽河流域汉郡文化形成的经济基础。汉郡文化作为郡县政体文化在辽海地区的表征，除了上述典制文化的内涵外，其经济基础是在辽海内郡普遍推行的"盐铁官营"。从《汉书·地理志》的记载看，在辽东、辽西诸郡都设有"盐官"和"铁官"。这不是普通层面上的行政建置，而是汉武帝以后在辽河流域汉郡地区推行汉制，即"汉郡文化"覆盖辽海的重要标志。它区别于当时汉郡地区以外周边的夫余、高句丽等部族地区的"率善侯国"制度。

（5）汉武帝重开辽海边郡，是汉郡文化在中国东北确立的标志。把汉武帝时期作为汉郡文化在辽河流域确立的标志，还有如下重要表现。

其一，汉制的正朔、典常、服色制度在辽海的确立。司马迁在《史记·礼书》中说，"（汉武帝）以太元之初，改正朔、易服色、封太山、定宗庙百官之谊以为典常"②。汉武帝在封太（泰）山之后，即东巡辽西"碣石"，继秦始皇之后再开启"国门"之东。其后如前引颁行各种汉制于辽海，开始了经略东北的战略宏图。这在辽河流域的封建开发史上，无疑具有划时代的意义。

其二，几乎与颁行汉制于辽海同时，汉武帝在开拓西域"河西四郡"之后，首开"朝鲜四郡"（玄菟、乐浪、真番、临屯）。这是继燕昭王之后，对当时东北边域的进一步开拓。它使汉郡文化，由辽海广布至东北亚边域的朝鲜半岛和日本海沿岸。

其三，在考古学上，汉郡文化于东北亚地区确立在汉武帝时期亦有明确表征。迄今国内外考古学界公认，在辽东和鸭绿江两岸，具有明确考古学年代标志的辽东"秽貊"部族的大石盖墓和晚期青铜短剑系列的土著文化等，与朝鲜半岛上的类似遗存如"支石

---

① 王绵厚：《辽宁文化通史·2·秦汉卷》第 191 页，大连理工大学出版社，2009 年。
② 《史记·礼书》第 1161 页，中华书局标点本，1959 年。

墓"等,其下限大都在公元前 2 世纪的汉武帝时期①。其后则被辽东汉墓和乐浪汉墓所代替。它的考古学年代,恰与汉武帝在辽东和鸭绿江两岸重新确立郡县制度吻合。这一具有普遍意义的考古学现象与文献记载的一致性,是本文定义的汉郡文化在中国东北确立在汉武帝时期的证明。当然,汉郡文化确立在公元前 2 世纪前后的汉武帝时期,其诸多考古学文化表征还不止于此,限于本文的立意重点不在于此,恕不赘述。

　　综上所述,辽河文明的发展进程,以大量的考古发现与文献记载说明,以"红山文化"代表的古国文明、以"夏家店下层文化(燕亳)"代表的方国文明和以"汉郡文化"代表的帝国文明,在辽河流域具有数千年不间断的发展过程。它印证了苏秉琦先生"古国—方国—帝国"的理论,在辽河流域经历存在的历史事实。从而也确立了辽河文明与黄河文明和长江文明一样,在中华文明起源中的特殊历史地位。这也是笔者在《辽宁文化通史·秦汉卷》中根据辽海地区诸多考古发现,印证苏秉琦先生的"三部曲"理论,具体追述的辽河文明,在中国北方经历了古国—方国—帝国发展的"三段论"②。

---

① 王绵厚:《长白山东系的青铜文化与早期铁器文化——兼论古朝鲜与"东秽"》,《高句丽与秽貊研究》第 408 页,哈尔滨出版社,2005 年。
② 王绵厚:《辽宁文化通史·2·秦汉卷》第 284 页,大连理工大学出版社,2009 年。

抚顺地区的古族、古国与古文化

肖景全

（抚顺市博物馆）

古代时，有多少支民族在抚顺这块土地上生息繁衍，他们隶属于哪方古国，又有着怎样的文化建树？文献不足征，而仅凭考古材料也难以梳理出完整的民族嬗变与历史演进的脉络，将文献与考古资料结合研究，或许可以理出些端倪。

应该指出，历史地理的生态环境在很大程度上制约甚至从某种意义上讲决定性地影响着古族的流布、古国的存续及古文化的兴衰。抚顺在自然地貌上总体来说属于辽东山地丘陵区，地势由西向东逐渐升高，东面的山地紧接长白山系，多深山大谷，水系发达，长期以来是渔猎民族活动的天地；而西面的丘陵与少量的河岸平原，又与农耕旱作的农业文明联系紧密。在这样特定的生态环境中，各个历史时期又分别形成了各文化系统间先进与落后的发展差距，形成了民族间独特的文化特征、伦理观念与价值取向，造就了各种色彩斑驳的文化品格。但文化是不可能孤立存在的，历史上抚顺各民族之间进行着不断的交流、融合、摩擦、碰撞，又构成了抚顺地区古族古国及古文化一体多元的地域特色，使这块土地始终张扬着一种旺盛的义化活力。

一

清宣统三年（1911 年）编纂的《抚顺县志略》，开篇便说抚顺"唐虞之世，周秦之纪均属肃慎之地"，而比《抚顺县志略》早 134 年、在乾隆四十二年（1777 年）成书的《满洲源流考》中也认为"兴京，周以前为肃慎氏"。一个显而易见的事实是，在所能见到的辽东地区的各种清代及民国史料中，凡记某地沿革几乎统统从"属肃慎之地"开始。

所谓"唐虞之世"，也就是中国古史传说中的尧舜时期。这一时期以及后来的夏商时代，人们的民族观念还比较模糊，甚至连所谓的华夏居中、夷蛮戎狄以配东南西北的华夷五方格局观念尚未形成。西周金文中始见"东夷"称谓，大概在西周末春秋初，中原人始有"四夷"的概念；而东夷主要指活动于海岱与淮河流域的一些古族。后来，随着中原文化向四方的传播以及华夷文化的交流与融合，东北地方的古族进入中原人的视野，这其中就包括东北夷肃慎（也作息慎）。周朝建立后，"肃慎、燕亳，吾北土地"（《左传·鲁昭公九年》），肃慎与周朝关系密切。据《国语·鲁语下》的记载，春秋末年的孔子对肃慎还是有所了解的。在战国时编著的《山海经》中记载的肃慎族地望，是在大荒之中的不咸山（长白山）一带。但肃慎史迹后来却愈来愈模糊了，肃慎氏是否在周秦时期涉足抚顺，现在我们还拿不出确凿的考古材料加以证明。而以现代考古资料与史学研究的成果观之，对所谓辽东地区的古族古国发端于肃慎的成说，还无法获得有力的支持，对此，有学者已有详论①，此不赘述。

迄今为止，在抚顺地区还没有发现确切的新石器时代文化遗址。20 世纪 70 年代在沈阳新乐下层文化遗址中曾发现许多煤精（烛煤）制品②，经地质部门鉴定，确认其是用"抚顺煤田西部本层煤"制作而成③，说明在距今约 7000 年以前，沈阳的新乐人曾涉足抚顺，从而将今抚顺西部纳入新乐下层文化的分布范围。1981 年 8～10 月，辽宁省文物考古研究所与抚顺市博物馆联合发掘了新宾大四平镇龙湾村和四方台村的三座洞穴，其中在四方台村南屯洞穴下层，发现了少量划纹和压印戳点纹夹砂陶片，属于新石器时代晚期文化遗存④，这是抚顺首次以直接的考古材料确认新石器时代文化的存在。其后，在 2008 年第三次全国文物普查期间，又在新宾下夹河乡平河村和尚洞，采集到一些具有新石器时代特征的夹砂灰褐色划纹陶片，这些资料为我们今后在更多地点寻找新石器时代的文化遗存，提供了重要线索。

距今 3000 年前后，中原地区已进入到发达的商周时期，抚顺浑河与太子河沿岸也初现青铜文明的曙光。这一时期的考古发现以 1977 年和 1979 年两次发掘的位于望花区的"抚顺市拖拉机配件厂遗址"最为重要，其意义在于把一些使用石器生产工具并已出现青铜器的考古遗存，从过去被认为的"新石器时代文化"中分离出来。其后在 1980 年开始的全市三年文物普查中，又发现了多处这类遗址，遂把以拖拉机配件厂遗址为代表的青铜文化遗存称为"望花文化类型"⑤。

① 张德玉：《肃慎族地非辽东》，《满族发源地历史研究》，辽宁民族出版社，2001 年。
② 沈阳市文物管理办公室：《沈阳新乐遗址试掘报告》，《考古学报》1978 年第 4 期。
③ 辽宁省煤田地质勘公司科学技术研究所：《沈阳市新乐遗址煤制品产地探讨》，《考古》1979 年第 1 期。
④ 武家昌、肖景全：《新宾满族自治县龙湾洞穴青铜时代积石墓》，《中国考古学年鉴·2002》，文物出版社，2003 年。
⑤ 抚顺市博物馆：《辽宁抚顺发现殷代青铜环首刀》，《考古》1982 年第 2 期；王秀嫣：《抚顺地区早晚两类青铜文化遗存》，《文物》1983 年第 9 期。

　　望花文化类型的遗址，多集中分布在浑河及其支流沿岸附近的山岗或向阳坡地之上，在今天市区的浑河北岸，差不多每隔二三千米就有一处遗址存在。望花文化类型陶器的表面多呈红褐色，且色泽斑驳不匀，陶质疏松粗糙，火候不高，胎土内夹杂大小不一的砂粒，个别羼有滑石粒或云母片。一些陶器的外表在烧制前经过刮抹，显出光泽，个别有红陶衣。陶器纹饰极少，只见少量剔刺纹和附加堆纹。制法皆手制，多用泥片贴筑法。器类有鼎、鬲、甗、碗、钵、壶等，其中甗、鬲、甑和豆数量较少。形制多样的鼎足、鬲足以及桥状、舌状、柱状、乳丁状和鸡冠状器耳最具特色，还有陶纺轮和陶网坠发现。

　　生产工具以石器为主，石器可分四类：（1）具有旧石器工艺特点的打制石器，如砍砸器、刮削器等；（2）与前一类石器在形制和制法上截然不同的一类石器，如打制的石斧、石锄和有肩石铲等；（3）在打制成型的基础上稍加磨制或琢制而成，有些仅磨刃部，器类有石铲、石斧和石铲、石凿等；（4）磨制石器，常见的有扁平斜刃、弧刃石斧、直背弧刃穿孔石刀等。其他还有石磨盘、石磨棒、棍棒头、环状石器和大量的石网坠、石纺轮等。一些成套农业生产工具的出现，表明生产上分工的细致和复杂，是农业生产已摆脱粗放阶段的表现，打制石器和网坠的大量使用，则是渔猎活动在经济生活中尚占有重要地位的反映。

　　由于发掘材料太少，房址的情况还不甚明了，在此类遗址中常见到许多草拌泥红烧土堆积，显然与房址有关。综观遗址的文化层堆积，都相当浅薄，一般多在20厘米左右，未见有超过30厘米厚的原生堆积，表明当时人们在一地延续居住的时间相对短暂。这可能是一个地方的土地因耕种几年，地力下降，收获减少，人们为寻找新的土地耕种而不得不经常改换居地的缘故。这正如傅筑夫先生在评论殷人"不常厥邑"的原因，而将其称为"游耕"或"游农"一样[①]。望花文化类型的人们也处于这种游农阶段，他们的村落亦可称为"移动村"。

　　望花文化类型的年代，因拖拉机配件厂遗址79T2[②]陶片经上海博物馆用热释光法测定，绝对年代为距今3090±90年，相当于商末周初。这一测定数据，可以作为判断望花文化类型年代上限的参考，其年代下限，根据2003年发掘的抚顺市高丽营子青铜时代遗址二叠层关系[②]分析，早于当地战国秦汉之际的铁器时代文化遗存。

　　目前，在望花文化类型的遗址中只出土了2件青铜器，一件是拖拉机配件厂遗址中

① 傅筑夫：《中国经济史论丛》（上册）第44页，生活·读书·新知三联书店，1985年。
② 辛岩、徐韶刚：《抚顺市高丽营子青铜时代遗址》，《中国考古学年鉴·2004》，文物出版社，2005年。

出土的三凸纽青铜环首刀，另一件是顺城区施家东山遗址出土的青铜小刀①。对青铜小刀，国外有学者认为是本地的仿制品，其祖型可追溯到商周时代②。三凸纽青铜环首刀，与年代稍晚的在石棺墓中出土的曲刃青铜短剑、曲刃青铜矛、扇形铜斧，是目前抚顺地区发现数量最多、最具特色的青铜时代文化遗存，其年代相当于中原地区的西周至春秋战国时期。环首刀在我国北方草原地带有广泛的分布，林沄先生将其归入北方系青铜器中③。在安阳殷墟墓葬中也有同类器出土。主持殷墟发掘多年的杨宝成先生认为，殷墟"所发现的鹿首刀、三凸钮环首刀应是从北方文化分布区传入的"④。2010 年，在国家文物局主编的《中国考古 60 年》一书的辽宁省一章中将抚顺出土的三凸纽青铜环首刀作为辽宁商周之际北方系青铜器一件代表性器物收录书中⑤。最近吕学明先生在其新著《中国北方地区出土的先秦时期铜刀研究》一书中认为："如中原地区广泛使用的圆环首刀，以及数量较少的兽头首刀、铃首刀等都是典型的北方地区铜刀形式"，"中国的北方地区，背倚中原，面向广阔的欧亚草原，有着先天的地理优势和文化优势，这里成为铜刀源头以及向外流布的中心也是自然的"⑥。由此，可以加深我们对抚顺地区青铜文化来源的思考。对这把三凸纽青铜环首刀，有人名之曰"箕子刀"，认为这把刀是"商朝太师的箕子和他的箕族群体携刀北上"的遗留⑦。这与上述学者的观点大相径庭。当然，箕子的史迹可以讨论，但这与将没有过硬证据的出土物冠以具体的族名或人名，就不是一码事了。

鼎、鬲、甗，是望花文化类型的遗址中经常可见的典型陶器。三足器，在辽东的北部地区最早见于沈阳与阜新地区的高台山文化⑧，在后续的沈阳新乐上层文化⑨中也是典型器物。综合分析，望花文化类型在文化面貌和文化内涵上似应与沈阳的新乐上层文化属于同一文化，但新乐上层文化的墓葬为土坑竖穴屈肢葬，而望花文化类型的墓葬为石棺墓，二者在丧葬习俗上还存在很大差别，他们之间的关系还应进一步研究。青铜环首刀的发现，则表明新乐上层文化包括抚顺望花文化类型与北方草原地带的青铜文化有

① 王秀嫣：《抚顺地区早晚两类青铜文化遗存》，《文物》1983 年第 9 期。
② 秋山进午：《辽宁东部地区青铜器再论》，《东北亚考古学研究——中日合作研究报告书》，文物出版社，1997 年。
③ 林沄：《商文化青铜器与北方地区青铜器关系之再研究》，《考古学文化论集》（一），文物出版社，1987 年。
④ 杨宝成：《殷墟文化研究》，武汉大学出版社，2002 年。
⑤ 国家文物局：《中国考古 60 年》，文物出版社，2010 年。
⑥ 吕学明：《中国北方地区出土的先秦时期铜刀研究》，科学出版社，2010 年。
⑦ 佟达：《青铜文明箕子刀》，《抚顺文博论文集》，吉林人民出版社，2006 年。
⑧ 沈阳市文物管理办公室：《沈阳新民县高台山遗址》，《考古》1982 年第 2 期。
⑨ 沈阳市文物管理办公室：《沈阳新乐遗址试掘报告》，《考古学报》1978 年第 4 期。

一定的联系。

青铜时代的墓葬材料主要是以石构筑的石棚、石盖墓和石棺墓。

石棚在新宾满族自治县的新宾镇、南扎木镇、上夹河镇、旺清门镇、苇子峪乡、榆树乡、下夹河乡和清原县的苍石镇、土口子乡、湾甸子乡以及抚顺县的上马、李家、救兵、石文等乡镇都有发现，其年代都不算太早①。1990 年对抚顺县救兵乡山龙石棚和积石墓地进行发掘，出土了一些陶器残片和石纺轮等，墓中出土的少量人骨都经火烧，后又相继发掘了抚顺县救兵乡赵家坟石棚、抚顺河夹心石棚，墓葬的年代大体都在战国前后②。

石盖墓在抚顺地区过去很少发现。2002 年 5 月，在新宾旺清门镇龙头山发现并清理了 3 座石盖墓，获得了一批重要资料③。2008 ~ 2009 年第三次全国文物普查期间，在浑河支流社河的抚顺县后安镇四道村和五龙村、东洲河的抚顺县救兵乡的王木村和马郡村，零星发现了几处石盖墓地。重要的是在新宾发现多处石盖墓地，主要有新宾镇后仓村、砬嘴村，响水河子乡响水河子鲜族村，上夹河镇吕家村，苇子峪镇于家村、偏砬河村石盖墓地等，其中下夹河乡的十几个村屯中绝大多数村都有石盖墓发现。奇怪的是，在这些石盖墓分布区很少发现遗址，我们在下夹河乡调查时虽在石盖墓地周围寻找相关遗址，但都未发现，这不是偶然现象，值得我们继续关注和研究。

除石棚和石盖墓以外，在抚顺还分布着许多石棺墓。自 20 世纪 50 年代为配合大伙房水库的修建在考古调查中发现石棺墓以来④，又先后在清原县土口子乡门脸⑤、北三家子乡李家堡⑥，顺城区前甸镇大甲帮⑦，抚顺县章党乡祝家沟⑧，新宾满族自治县老城村⑨等地发现了一些石棺墓，墓中出土了一些短茎曲刃青铜短剑、扇形铜斧、青铜矛（个别为曲刃矛）、弦纹壶和陶罐等。在清原县湾甸子乡小错草沟石棺墓中出土了两把仿铜石短剑⑩。

① 徐家国：《辽宁省抚顺市浑河流域石棚调查》，《考古》1990 年第 10 期；抚顺市博物馆调查材料。
② 武家昌：《抚顺山龙石棚与积石墓》，《辽海文物学刊》1997 年 1 期；辽宁省文物考古研究所、抚顺市博物馆：《赵家坟石棚发掘简报》，《北方文物》2007 年 2 期；熊增珑等：《抚顺河夹心墓地发掘简报》，《辽宁省博物馆馆刊》(3)，辽海出版社，2008 年。
③ 肖景全：《新宾旺清门镇龙头山石盖墓》，《辽宁考古文集》(二)，科学出版社，2010 年。
④ 孙守道、徐秉琨：《辽宁寺儿堡等地青铜短剑与大伙房石棺墓》，《考古》1964 年第 6 期。
⑤ 清原县文化局：《辽宁清原县门脸石棺墓》，《考古》1981 年第 2 期。
⑥ 清原县文化馆、抚顺市博物馆：《辽宁清原县近年发现一批石棺墓》，《考古》1982 年第 2 期。
⑦ 抚顺市博物馆 徐家国：《辽宁抚顺市甲帮发现石棺墓》，《文物》1983 年第 5 期。
⑧ 佟达、张正岩：《辽宁抚顺大伙房水库石棺墓》，《考古》1989 年第 2 期。
⑨ 李继群等：《新宾老城石棺墓发掘简报》，《辽海文物学刊》1993 年第 2 期。
⑩ 清原县文化馆、抚顺市博物馆：《辽宁清原县近年发现一批石棺墓》，《考古》1982 年第 2 期。

在新宾县南部太子河上游的大四平镇马架子村和东升村曾先后发现 7 件短茎折刃青铜短剑，也是出土于石棺墓中。这些短剑多系零散征集品，出土情况不详且缺少伴随器物①，但也反映出这里是此类短剑的分布中心地区之一。

抚顺地区发现的短茎曲刃和短茎折刃青铜短剑石棺墓，其年代早晚不同且分属于不同的文化。大甲帮青铜短剑石棺墓，其年代可能到西周早期，墓中出土的弦纹壶和短茎曲刃剑在辽东地区应属于年代最早的同类器之一。关于青铜短剑的来源问题，主要有"辽西起源说"和"辽东起源说"两种截然相反的观点②，笔者赞同乌恩岳斯图、王成生、刘国祥与吕军等人"辽西起源说"的观点，并认为辽东地区的短茎式曲刃剑其祖型应来自夏家店上层文化的銎柄式曲刃剑，这种曲刃剑最早被新乐上层文化接受，创制出具有本地特色的短茎曲刃剑并传播开来。最近，许志国先生报道了铁岭市大山嘴子青铜文化遗址的材料，遗址中出土的一把短茎曲刃剑，节尖靠前，年代定为西周中晚期至春秋早期③，由于是采集品，无法确定据以断代的陶器情况，不过从短剑的形制看，其年代或可早到西周早期，与大甲帮短剑同属早期短茎曲刃剑。而短茎折刃剑的年代，根据近年辽宁和吉林的材料，公认其在战国晚期到汉初之际，这是受短茎曲刃剑的影响而发展起来的，应是当地早期貊人的遗留。

持"短茎曲刃剑辽东起源说"观点的学者，多以普兰店市双房 6 号石盖墓④为标尺来作为该说立论的根据，认为这是一座年代最早的青铜短剑墓。但我们认为，双房短剑的年代不超过战国早期，原因有三：其一，双房 6 号石盖墓其盖石为圆形，这是晚期石

① 抚顺市博物馆与辽宁省博物馆调查资料。

② 秋山进午：《中国东北地区初期金属器文化概况》，（日）《考古杂志》第 53 卷 4 号、54 卷 1、4 号，1968 年；林沄：《中国东北系铜剑初论》，《考古学报》1988 年第 3 期；迟雷：《关于曲刃青铜短剑的若干问题》，《考古》1982 年第 1 期；靳枫毅：《论中国东北地区含曲刃青铜短剑的文化遗存》（上、下），《考古学报》1982 年第 4 期、1983 年第 1 期；翟德芳：《中国北方地区青铜短剑分群研究》，《考古学报》1988 年第 3 期；王成生：《概述近年辽宁新见青铜短剑》，《辽海文物学刊》1991 年第 1 期；刘冰：《试论夏家店上层文化的青铜短剑》，《内蒙古文物考古》1992 年第 1、2 期；朱永刚：《东北青铜文化的发展阶段与文化区系》，《考古学报》1998 年 2 期；刘国祥：《夏家店上层文化青铜器研究》，《考古学报》2000 年第 4 期；徐光辉：《论中国东北系铜剑的起源问题——以辽东地区的考古学资料为中心》，《边疆考古学研究》（第 1 辑），科学出版社，2002 年；郭大顺：《辽东半岛青铜文化的原生性——以双房六号墓为实例之一》，《旅顺博物馆馆刊》（创刊号），2006 年；乌恩岳斯图：《北方草原考古学文化研究——青铜时代至铁器时代》，科学出版社，2007 年；吕军：《东北系青铜短剑辽西起源新论》，《新果集——庆祝林沄先生七十华诞论文集》，科学出版社，2008 年。

③ 许志国：《辽宁铁岭市大山嘴子青铜文化遗址调查》，《北方文物》2011 年第 2 期。

④ 许明纲、许玉林：《新金县双房石棚与石盖石棺墓》，《辽宁文物》1980 年第 1 期；许明纲、许玉林：《辽宁新金县双房石盖石棺墓》，《考古》1983 年第 4 期。

盖墓的特征；其二，双横耳上翘的弦纹壶也是同类器物中的晚期形制；其三，因为节尖靠前而被断为年代最早的那把短剑，据吕军介绍，"双房 6 号墓的短剑并不是青铜短剑的原生形态，而是在使用或流传过程中前段剑叶经过人工打磨的'改制品'"①，因此，将这把短剑作为辽东起源说的根据已经丧失。

　　过去对抚顺地区青铜时代的文化遗存有所谓"早晚两类青铜文化"的认识，即将以含夹砂红褐陶的鼎、鬲、甗三足器群的"望花文化类型"称作"早期青铜文化"，将以"青铜短剑石棺墓"为主要内涵的文化遗存称为"晚期青铜文化"②，这种划分是错误的。在辽东青铜文化类型中，石棺墓是一种常见的埋葬形式，其本身既有早晚关系，也不是一种青铜文化类型所专有，像曲刃青铜短剑石棺墓和折刃剑石棺墓就分属于不同时代不同类型的文化遗存。在望花文化类型分布范围内，迄今未见其他形式的青铜文化墓葬，而在望花文化类型大甲帮遗址所在地的南坡所发现的大甲帮青铜短剑石棺墓，应与遗址属于同一文化遗存，其年代约当西周早期。如果我们把遗址和墓葬割裂，单将青铜短剑石棺墓用"晚期青铜文化"统而称之，势必割裂同一事物之间的本质联系。笔者在 2000 年发表的《建国以来辽东抚顺地区的考古发现和研究》一文中就已指出，"产生这种错误认识的一个主要原因是被遗址和墓葬中的出土物往往不同这一表面现象所迷惑。其实，在东北地区的夏家店上层文化、新乐上层文化、西团山文化这些以红褐色素面陶为特征的青铜时代文化类型中，有一个普遍的规律，即遗址和墓葬所出器物往往在形制上有很大差别。特别是遗址中常见的鼎、鬲、甗三足器，在墓葬中很难发现，有几个随葬鼎的例子，也是将鼎毁坏后再随葬，可谓'三足器不入葬'。而墓葬中出土的壶、罐等在遗址中也很难见到。因此，可以认为，在上述这些文化类型中，已出现了专为随葬需要而制作'明器'的习俗"③。这种墓中明器与遗址所出器物存在差别的现象，不应是我们划分不同文化类型的根据。

　　在新宾南部的太子河上游地区，青铜时代分布着与望花文化类型面貌迥异的"洞穴墓葬遗存"。1974 年发掘的新宾大四平镇东升洞穴，其时代与浑河流域望花文化类型的年代约略相当④。后来，我们在新宾大四平镇一带又发现了更多的此类洞穴墓。从 1979年开始，在与新宾地区山水风貌几乎相同的本溪太子河沿岸也发现并发掘了许多与东升

① 吕军：《东北系青铜短剑辽西起源新论》，《新果集——庆祝林沄先生七十华诞论文集》，科学出版社，2008 年。
② 王秀娟：《抚顺地区早晚两类青铜文化遗存》，《文物》1983 年第 9 期。
③ 肖景全：《建国以来辽东抚顺地区的考古发现和研究》，《博物馆研究》2000 年第 3 期。
④ 肖景全、延德玉、李荣发：《辽宁新宾满族自治县东升洞穴古文化遗存发掘整理报告》，《北方文物》2002 年第 1 期。

同类的洞穴墓葬，并以"马城子文化"名之①。新宾地区的这些洞穴墓葬应划入马城子文化中去。2001年，抚顺市博物馆和辽宁省文物考古研究所对新发现的大四平镇下龙湾村和南屯村的三座洞穴墓进行了发掘，出土了许多陶器、石器及少量青铜器②。东升洞穴和龙湾洞穴墓中出土的陶器以夹砂红褐陶为主，次为细泥红褐陶，器类以壶、罐为主，器耳有桥状耳和柱状耳等，多为平底器。在东升和龙湾洞穴中还发现了几件"黑色阔叶状窑变纹"陶壶，有趣的是，这种纹饰的陶壶在朝鲜半岛南部的青铜时代文化遗存中也有发现③，表明两地在青铜时代的某种联系。在龙湾洞穴还出土了一件弦纹壶，在本溪的洞穴墓中也发现过两件④，迄今为止，在太子河流域的洞穴墓中只有这三件弦纹壶发现的报道，这种现象表明，弦纹壶不像是马城子文化的原生器物，可能是本地的仿制品。考古学界对往往与短茎曲刃剑共出的横耳加贴耳弦纹壶关注已久，许多人认为它的祖型来源于大连地区的双砣子三期即于家砣头墓地⑤的无耳弦纹壶，但双砣子三期的弦纹壶与青铜短剑墓中的横耳加贴耳弦纹壶之间除了都有弦纹外，其他看不出有何种继承关系。最近，华玉冰和王来柱二位先生发表文章，认为双砣子三期文化的于家砣头积石冢出土的弦纹壶是受马城子文化影响的结果⑥，不管这种判断是否被认可，至少目前于家砣头墓地的孤证材料无法证明横耳加贴耳弦纹壶起源于双砣子三期文化。

　　近来，有学者将沈阳、抚顺和铁岭地区含有三足器群的青铜时代文化统统归入马城子文化，论之曰"马城子文化是辽东北部地区夏商遗存的全称"⑦。我们不赞同此观点。马城子文化分布区的太子河上游一带，无论遗址和墓葬都绝少发现三足陶器，这既与生业形态有关，也与独具特色的生活方式有关。从洞穴墓出土遗物分析，这一时期太子河沿岸古族的生产活动以采集和渔猎为主，农耕生产可能还没有发生。迄今为止在这一带很少发现洞外居住遗址，就是已发现的少数几处遗址其文化层堆积也非常浅薄，说明他们的游动性很强。他们的经济形态与以农耕兼有渔猎的新乐上层文化的经济形态差别很大，二者不是拥有共同文化的同类族群。因此，马城子文化与以三足器群为主要内涵的新乐上层等文化是泾渭分明的两类不同文化，不应该划为一个考古学文化。马

① 辽宁省文物考古研究所、本溪市博物馆：《马城子——太子河上游洞穴遗存》，文物出版社，1994年。
② 武家昌、肖景全：《新宾满族自治县龙湾洞穴青铜时代积石墓》，《中国考古学年鉴·2002》，文物出版社，2003年。
③ 参见韩国国立中央博物馆1993年编：《韩国의先·原史土器》图版114、115、117、118。
④ 参见丁晓强、梁志龙主编：《本溪文物精粹》，辽宁美术出版社，2011年。
⑤ 旅顺博物馆等：《大连于家村砣头积石墓地》，《文物》1983年第9期。
⑥ 华玉冰、王来柱：《新城子文化初步研究——兼谈辽东地区相关考古遗存的关系》，《考古》2011年第6期。
⑦ 赵宾福：《中国东北地区夏至战国时期的考古学文化研究》，科学出版社，2009年。

城子文化应只限定于太子河上游以洞穴出土物为主要内涵的青铜时代遗存，而且其年代上限恐早不到夏代，限于篇幅，此不详述。

对新宾、本溪这些洞穴墓中文化遗存的族属，《马城子——太子河上游洞穴遗存》的编著者认为，"是东夷族、貊族的先人文化"。太子河古称梁水、大梁水，战国秦汉时期，太子河上游是梁水之貊的活动地区，这些洞穴墓应该是早期貊人的遗留。马城子文化与新乐上层文化的先民在两条相邻的河域间交相辉映，谱就了青铜时代抚顺地区古族古文化的开篇乐章。

二

汉族由先秦的华夏，经过秦汉四五百年的蕃息、成长、壮大而形成一个统一的民族[1]。此前的燕国属于"华夏集团"。据"燕有辽东之煮"（《管子·地数篇》）的记载分析，燕人在春秋时已开始在辽东地区渤海湾沿岸一带活动，但此时其势力恐怕还达不到辽东山地丘陵地带的抚顺地区。燕国人对辽东的大规模开拓是以秦开"度辽东而攻朝鲜"（《盐铁论·伐攻》）为契机的。燕攻古朝鲜后，在造阳（今张家口市赤城县独石口附近）至襄平（今辽阳）一线修筑了长城，其长城之外则应是古朝鲜及貊族部落的活动区域。据我们多年调查，燕长城在抚顺境内的走向大体是从与沈阳市东陵区高坎镇交界处的今抚顺高湾地区跨过浑河，沿望花区西部与李石寨东部一线，穿过抚顺县拉古、海浪乡与沈阳东陵区、苏家屯区交界一带向南延伸，进入本溪地区，然后经丹东出境[2]。

燕长城行经地带的选择，除了军事防御上的需要外，其中一个主要考虑是两种经济带的大体分隔，也就是说，长城修筑于此，是政治地缘因素的作用，但归根到底还是经济类型的区别使然。在长城之外，是以深山大谷为主的非农耕地区，那里的貊人主要以采集和狩猎为生；而在长城内侧，则是低山丘陵和平原边缘地带，特别适合以农耕为生业的中原人居住。这就是无论战国燕人对长城行经路线的选择，还是后世明代辽东镇东段长城的修建，都大体遵循这一方向的主要史因。

一直以来，在高湾农场高杨东山、抚顺铝厂、市第二医院、抚顺新抚钢厂、望花区北厚屯一带，都曾有过燕国刀币的发现。在抚顺县的石文镇英守水库、安家乡八家子村及海浪乡南沟村、房身村、松树嘴子村等地也都有燕刀币的发现[3]。值得一提的是在房身村不但发现刀币，与刀币共出的还有陶器和铁农具，这些战国时期的遗存，应是燕国

①　参见王钟翰主编：《中国民族史》第148页，中国社会科学出版社，1994年。

②　肖景全：《辽东地区燕秦汉长城障塞的考古学考察研究》，《北方文物》2000年第3期。

③　抚顺市博物馆调查资料。

建立障塞、开拓辽东的证明。

不止一个史料记载秦开是在辽东地区击溃古朝鲜，取地两千里后才修筑长城的，那么，长城定是分隔古朝鲜与燕国势力的界线所在。燕是以新筑的长城为界与古朝鲜相邻接的，换言之，燕的东部边界所与之相邻的民族，不仅有貊人，也有古朝鲜人。所以笔者认为，燕筑长城后，在长城以外的东部和东南部，也仍然有古朝鲜余部的存在，只不过"（古）朝鲜遂弱"（鱼豢撰：《魏略辑本》卷二十一《朝鲜》）。考古调查所见，在今新宾、清原地区，有许多燕时期的土著文化遗存，以新宾木奇镇赵家村后窑沟遗址为例，在遗址中发现了大量的夹砂灰陶高柄豆、陶罐、陶壶残片等。陶器的环耳、三角环耳颇有特征；棒状石斧、有柄石镰也独具风格；而发现的铁农具与典型的燕国铁农具别无二致，应该是直接从燕国输入而来。整个遗存的文化面貌，在保持土著遗存特点的同时，明显受到燕文化的强烈影响，这些土著遗存应该与古朝鲜及其联盟中的其他貊族有关①。《盐铁论》记载"燕东朝鲜"的应予采信。

秦国的甲兵是冒着灭燕的烽烟踏入抚顺地区的。史载，秦王政二十五年（公元前222年），秦将王贲"拔辽东，虏燕王喜，卒灭燕"（《史记·燕召公世家》），1993年4月在望花区李石寨镇刘尔屯村发现的"三年相邦吕不韦矛"②是这一史实的最好注解。李石寨刘尔屯村吕不韦矛的发现，至少证明秦王朝在其建立的前夜就将辽东的抚顺一带纳入自己的势力范围。刘尔屯与沈阳市上柏官村阡陌相连，上柏官汉城曾出土过刻有"廿六年"字样的陶瓮残片③，说明在秦朝建立后，这里是秦在辽东的一处重要据点。

汉初，政治上以诸侯王管辖辽东，军事上"复修辽东故塞"（《史记·朝鲜列传》），到汉中期，卫氏朝鲜复又兴起，虎视辽东，严重威胁着长城内侧的汉人生存。汉武帝元封三年（公元前108年），汉击败卫氏朝鲜，分其地为"真番、临屯、乐浪和玄菟四郡"（《史记·朝鲜列传》）。后来，因当地夷貊人的反抗，设于今朝鲜半岛的玄菟郡治于汉昭帝始元五年（公元前82年）被迫西迁至今新宾永陵镇苏子河南岸建城。玄菟郡治在今永陵地区立足后，大约在东汉安帝永初六年（公元112年），又由永陵地区迁出，沿浑河向西，辗转落脚于今沈抚之间，最后大约在公元5世纪初，再迁至辽河以西。玄菟郡的设立、迁徙直至撤废，大体反映了两汉至魏晋时期辽东地区民族势力此消彼长的政治态势。

为巩固和扩大对边郡地带的控制，大约在玄菟郡治迁至永陵地区不久，汉政府依然

① 肖景全、周向永：《辽吉两省相邻地区早期铁器时代文化的发现与研究》，《东北亚古代文化论丛》，（日）北九州中国书店，2008年。
② 徐家国、刘兵：《辽宁抚顺市发现战国青铜兵器》，《考古》1996年第3期。
③ 佟俊岩：《沈阳上伯官汉墓清理报告》，《辽海文物学刊》1991年第2期。

如汉武之时在北边"建塞缴，起亭隧，筑外城，设屯戍以守之"（《汉书·匈奴传》）。在现在的铁岭、沈阳、抚顺至新宾永陵一线，修筑了沿边列隧，与辽西长城相接，一方面发挥着关禁、邮传和军需运输作用，一方面起着联系沟通沿边郡县的作用。此外，汉政府还实行垦边，如汉昭帝始元五年（公元前82年），"发三辅及郡国恶少年，吏有告劾者屯辽东"（《汉书·昭帝纪》）。在今浑河北岸的高湾农场、河北乡、前甸镇一直过浑河，经东洲区碾盘乡营城子、抚顺县兰山农场、上马乡，然后经新宾上夹河镇、木奇镇、永陵镇，最后到红升乡白旗村一线发现的汉代烽火台，就应是玄菟郡迁至永陵后所建①。随着边郡的安定，内地的汉人不断迁居于此，把先进的农耕技术传至辽东，促进了今抚顺地区经济文化的发展。从抚顺地区发现的新宾红升乡白旗汉城、永陵汉城、东洲小甲帮汉城、市劳动公园汉城、大伙房水库莲花堡村落遗址、东洲区千户村遗址，以及浑河南岸东洲区小甲帮、抚顺友谊宾馆、原抚顺挖掘机厂、新抚区中央大街、新抚立交桥、石油一厂老厂区，一直到顺城区李石寨四方台、刘尔屯等地发现的大量两汉至魏晋时期典型的汉人墓葬②，可以想见当年汉政府在这里设郡屯田，中原兵民络绎北上，开发浑河两岸的幕幕场景。

当汉人在长城内侧积极发展之时，在汉边塞傲外地区的今新宾东部的富尔江沿岸和南部的太子河上游则分别有貊人系统的沸流族和梁貊族不断发展。这些貊人部落在岭谷交错起伏的山地，选择山间河谷为聚居区，采集和狩猎是其主要生业，但由于与汉人相距迩近，这些貊人部落较其他绝远地区的少数部族在文化上又相对进步，为后来的高句丽族在此间的崛起奠定了基础。

三

汉元帝建昭二年（公元前37年），夫余人邹牟（朱蒙）在沸流水畔建高句丽国（开始时称"卒本夫余"）。高句丽是两汉之际被称为"秽"的北方少数族亦即夫余人南下，与貊人融合所建立的古国。

迄今为止，在抚顺地区还没有发现明确的夫余族遗存。1980年4月，抚顺矿务局安全仪器厂工人在市中心的儿童公园施工时发现一把长杆穿环式铜柄铁剑。同年夏，在抚顺县石文镇瓦房村，养路工人郭文水也发现一件触角式铜柄铁剑。这两把剑后来分别送交抚顺市博物馆。2002年5月，在新宾旺清门镇龙头山的一座石盖墓中，又出土了一件触角式铜柄铁剑③。这种形制的铁剑，在吉林省东辽县、榆树县、桦甸县、柳河县

---

① 肖景全：《辽东地区燕秦汉长城障塞的考古学考察研究》，《北方文物》2000年第3期。
② 郑晨：《抚顺地区战国秦汉考古发现综述》，《抚顺文博论文集》，吉林人民出版社，2006年。
③ 肖景全：《新宾旺清门镇龙头山石盖墓》，《辽宁考古文集》（二），科学出版社，2010年。

和辽宁省西丰县的墓葬中多有发现，时代都定在西汉中晚期前后。有学者认为，这种铁剑应与夫余族遗存有关，但抚顺所发现的这三件铁剑是否是夫余族遗留，现在还不能论定。但至少可以断定应与夫余族的影响有关。

由夫余人一支所建立的高句丽国，也被中原人称为"貊人"或"秽貊"。高句丽建立之初，仅仅是局促于卒本川的蕞尔小国，其活动区域还在汉玄菟郡高句丽县的辖境之内，并且由"高句丽（县）令主其名籍"（《三国志·东夷·高句丽传》）。高句丽"本有五族，有涓奴部、绝奴部、顺奴部、灌奴部、桂娄部"（《三国志·东夷·高句丽传》）。今新宾富尔江，古属沸流水，为涓奴部所在。朱蒙由夫余迁到沸流水畔立国，所依靠的主要是涓奴部（沸流国）势力，这也是《三国志》记载"本涓奴部为王"的主因。到高句丽第二代王即琉璃王类利时，高句丽又把国都迁到了现在鸭绿江边的集安，并筑尉那岩城（丸都城）以居之。琉璃明王决意将都城迁至老岭—禹山这道山脉之下的选择，即使在今天看来也属明智之举。那里在自然环境方面可为国内城遮风挡寒，在国内城的南面，还有鸭绿江提供着舟楫、渔捞等水源之利，使古族古国古文化有了可持续发展的自然前提。国内地区属桂娄部所在，因此，国王也由桂娄部所出，即所谓"今桂娄部代之"（《三国志·东夷·高句丽传》）。

迁都国内地区后，高句丽以这一重大历史转折点为契机，不断征服周边部族，在降服今太子河地区的梁貊后，又将扩展的目光转向了位处今抚顺新宾永陵地区的汉朝玄菟郡，凯觎广阔的辽东地区。汉时的玄菟郡与高句丽的关系微妙，玄菟郡对隶属于汉廷的这部分东部民族先是通过向他们赏赐鼓吹技人，并向其发放朝廷授予他们的"朝服衣帻"，此后，这些高句丽人"稍骄恣，不复诣郡"，对朝廷的态度变得颇为不恭起来。在这种情况下，汉廷又采取"于东界筑小城，置朝服衣帻其中，岁时来取之"的办法，来维系与高句丽的松散隶属关系。有人考证今新宾县红升乡的白旗汉城就是东汉时高句丽人领取朝廷赐予朝服衣帻、后来被称为"帻沟娄"的地方[①]，可作参考。虽然如此，从东汉直到魏晋，玄菟郡在民族关系的前沿地带，却有如一只孤舟，在当时的历史激流中起伏沉没，终于迫使中原政权将其迁离辽东地区。

但历史也有另外一面。高句丽向辽东的扩张，也不断遭到中原王朝和割据辽东的公孙氏的反击，多次使其濒临灭顶之灾。高句丽与辽西鲜卑慕容氏在辽东互争雄长的战争更是接连不断，高句丽数度被侵，屡遭重创。到5世纪初，由于慕容鲜卑自身的衰落，高句丽才乘隙占有辽东地区。史载，鲜卑前燕军先是于东晋咸康八年（342年）与高句丽"战于木底，大败之，乘胜遂入丸都"（《晋书·载记·慕容皝》），接着又于东晋永和元年（345年）攻拔高句丽的南苏城，"置戍而还"（《晋书·载记·慕容皝》），后慕

---

① 曹德全：《从"帻沟娄"说开去》，《高句丽史探微》，中华国际出版社，2002年。

容后燕军又于东晋隆安四年（400年）"袭其新城、南苏，皆克之"（《晋书·载记·慕容盛》）。史地学者多认为木底城、南苏城和新城皆在今抚顺境内。由此可见，鲜卑人在今抚顺也应有物质文化遗留，只是有待于考古调查发现罢了。魏晋南北朝时期，公孙氏、慕容鲜卑、高句丽，政权更迭，民族对峙，文化交融，为多元文化在抚顺地区的进一步高涨奠定了基础。

在经过南北朝到隋初近二百年的沉寂后，为恢复中原王朝对辽东的统辖，隋于开皇十八年（598年）出兵高句丽。隋朝大军出发前，各路军马均授道名，二十四道分路进击，其中沿盖马道、南苏道、侯城道进击的队伍，大体都经过今抚顺地区。隋军的四次进攻都无果而还。唐朝建立后，唐太宗李世民曾亲征高句丽，唐高宗在总章元年（668年）平定了高句丽，恢复了对辽东的直接统辖。

唐在平壤城设安东都护府以对当地少数族实行羁縻统治，但由于当地高句丽遗民的反抗，安东都护府在平壤设府八年后，不得不将治所逐渐西迁。唐高宗上元三年（676年），安东都护府移治辽东郡故城（今辽阳），仪凤二年（677年）又移治新城（今抚顺高尔山山城）。在此期间，唐王朝采取怀柔政策，对高句丽前国王"工部尚书高藏授辽东都督、封朝鲜郡王，遣归安东府，安辑高丽余众"（《旧唐书·高宗（下）本纪》）。后因高藏密谋反叛，唐政府将其发配邛州（今四川邛崃），改派泉男生到新城，"仪凤二年诏（泉男生）安抚辽东，并置州县。（泉男生）招流冗，平敛赋，罢力役，民悦其宽"（《新唐书·泉男生列传》）。不久，泉男生病死于新城安东都护府内。唐将安东都护府迁于今辽阳、抚顺地区，说明两地在高句丽灭亡后仍然有很多高句丽遗民在这一地区生活，即所谓"其贫弱者仍留安东城傍"（《旧唐书·东夷高丽列传》），但高丽旧户在安东者渐寡少，分投突厥及靺鞨等（《旧唐书·东夷高丽列传》）。

安东都护府移治于抚顺新城后不到二十年时间，在武则天万岁通天元年（696年）五月，契丹首领李尽忠、孙万荣起兵反唐，契丹军曾一度兵围安东都护府驻地新城。其后，唐朝军队退入河北，无法控制辽东局势。唐玄宗开元二年（714年），安东都护府只得远迁平州（今河北省卢龙县），名义上依旧统领辽东，但唐对辽东的实际管理却自此丧失。

从朱蒙于汉元帝建昭二年（公元前37年）在今新宾、桓仁的沸流地区建国，到高句丽大莫离支泉男生于唐高宗调露元年（679年）病殁于抚顺新城，作为一个古族古国的高句丽断续在辽东抚顺地区断续活动了七百余年，其间留下了许多山城、关隘和石构墓葬。已被确认为高句丽的山城有九座，即新宾满族自治县响水河子乡转水湖山城[1]、

---

① 抚顺市博物馆：《辽宁省新宾转水湖山城》，《北方文物》1991年第1期。

红庙子乡黑沟山城①、苇子峪镇杉松山城②、下夹河乡太子城③、上夹河镇五龙山城④、得胜堡山城和关隘⑤、永陵镇河南山城⑥、抚顺市高尔山山城⑦和顺城区碾盘乡丁庄子山城⑧。墓葬主要有新宾苇子峪镇于家村方坛积石墓⑨、大伙房水淹区的前屯和洼浑木积石墓⑩、抚顺县后安镇腰堡积石墓⑪、救兵乡关山水库淹没区的关门山村大西沟门高句丽封土石室墓⑫、顺城区河北乡施家街高句丽封土石室墓群⑬，还有第三次全国文物普查期间在新宾和抚顺县发现的许多积石墓群。在经过发掘的高尔山山城内，出土了许多日用陶器、筒瓦、板瓦、瓦当和铺地莲花纹砖等建筑材料，以及铁矛、铁刀、铁箭头和盔甲、甲片等文物。在施家街墓群中发现了壁画，在大部分被盗空的墓中出土了一些残存的陶器和小件金银器等。

随着唐朝势力在辽东的丧失，由靺鞨族首领大祚荣建立的渤海国崛起东北，渤海臣服于唐，大祚荣被册封为渤海郡王加授忽汗州都督。开元十五年（727 年）唐玄宗封大祚荣之子、渤海嗣王大武艺之弟大昌勃价为"襄平县开国男"（《册府元龟·褒异二》），有学者认为，这是渤海占有辽东的证明⑭，但早在 1941 年，金毓黻先生在其所著的《东北通史》（五十年代出版社）一书中，就已详论了渤海并未占有今开原以南的辽东南部包括今抚顺地区；现今也有学者认为，渤海全盛时期的范围所及"并未染指辽东"⑮。可我们在当下的辽阳博物馆陈列中却发现了出土于"辽阳三道壕渤海遗址"的莲纹瓦当、指捺纹板瓦、筒瓦。但由于资料没有正式发表，这些渤海器物是唐代渤海所留还是辽"徙渤海民户实辽阳"时的遗存，尚难确定。考古所见，在今抚顺地区迄未发现可以指证为渤海典型的遗存，渤海古国是否涉足抚顺？这是考古工作者需要进一步研究考察的新课题。

---

①　抚顺市博物馆、新宾县文化局：《辽宁省新宾县黑沟高句丽早期山城》，《文物》1985 年第 2 期。

②　王绵厚：《高句丽古城研究》，文物出版社，2002 年。

③　抚顺市博物馆：《辽宁新宾县高句丽太子城》，《考古》1992 年第 4 期。

④　佟达：《新宾五龙高句丽山城》，《辽海文物学刊》1994 年第 2 期。

⑤　肖景全、郑辰、金辉：《新宾上夹河镇得胜堡山城与关隘》，待刊。

⑥　抚顺市博物馆 1998 年发掘资料。

⑦　徐家国、孙力：《辽宁抚顺市高尔山城发掘简报》，《辽海文物学刊》1987 年第 2 期。

⑧　抚顺市博物馆调查资料。

⑨　抚顺市博物馆调查资料。

⑩　王增新：《辽宁抚顺市前屯、洼浑木高句丽墓发掘简报》，《考古》1964 年第 10 期。

⑪　姜杰：《抚顺县五龙公社后安墓清理简报》，《博物馆研究》1998 年第 2 期。

⑫　熊增珑：《大西沟门遗址发掘简报》，《辽宁考古文集》（二），科学出版社，2010 年。

⑬　辽宁省文物考古研究所、抚顺博物馆：《辽宁抚顺市施家墓地发掘简报》，《考古》2007 年第 10 期。

⑭　魏国忠、朱国忱、郝庆云：《渤海国史》第 179～180 页，中国社会科学出版社，2006 年。

⑮　王绵厚：《唐末契丹进入辽东的历史考察》，《社会科学辑刊》1993 年第 2 期。

四

　　唐朝末年，契丹族逐渐强大，不断斥地辽东。辽天显元年（926年）春，契丹攻破渤海忽汗城，灭渤海国。八月，契丹军占领渤海长岭府，抚顺地区也尽入契丹版图。契丹在渤海地区设"东丹国"以统其民。天显三年（928年）十二月，辽太宗"诏遣耶律羽之迁东丹国于东平（今辽阳老城），徙渤海民户以实之，升东平为南京"（《辽史·太宗纪上》）。契丹不但强迁渤海其民于辽东，而且将原渤海地区的多数州县也同时迁移。其后，契丹在辽东地区实行更大规模的移民政策，迁燕地汉民俘户十万余口置州县，使辽东地区呈现城郭相望、百业重兴的局面。

　　辽的东丹国辖境是否包括今天的抚顺，史无明载。此时，与抚顺相邻的今沈阳地区早在东丹国尚未建立的辽太祖神册六年（921年）契丹便设立了沈州，而沈州并没有划归东丹国管理，由此推断，当时的抚顺也可能不在东丹国辖境之内。作为唐时安东都护府曾迁驻的辽东要地抚顺，在契丹建国之初是否设置了州县，值得研究。

　　辽太宗会同八年（945年），辽太祖阿保机五弟安瑞之子察割将所俘汉民一千户迁至今抚顺，在高尔山上修补高句丽旧城，在山下修筑新的城郭，建立了自己所属的头下军州——贵德州，并辖贵德、奉德两县。从此，这个源于指示现今浑河"贵端水"的地名——"贵德"，辽金元三朝相沿未改。辽穆宗应历元年（951年），察割之乱后，辽廷将贵德州收为直属的节度州，设宁远军节度使司统之。

　　辽时的古迹遗存在抚顺有所发现，但有价值者却不是很多，为人熟知的是高尔山古塔，有人认为建于辽大安四年（1088年）。考古所见，在今市区浑河北岸、高尔山前抚顺城火车站城站至顺城区欧家联社（今抚顺大学一带）附近，辽代遗迹丰富，可惜多已破坏。1983年发掘高尔山城时，在城址内发现一些辽代瓷器、陶器和铁器及砖瓦构件等，其城墙也有辽时加筑的痕迹，由此可知在高尔山新城废弃不久，契丹人也曾入居其内。1984年11月，在望花区光明街发掘两座辽代早中期砖室墓，出土了一些瓷器和陶器①，说明在辽代早期契丹文化已在抚顺落地。在市高湾农场高湾村西山头和高扬村东山还发现了辽代城址。在抚顺县章党乡张家村、中二村、拉古乡大四村、顺城区李石寨青台子村、河北乡四家子村、会元乡乱泥村、东洲区碾盘街小台沟村、望花区雷锋纪念馆附近也都有辽金遗址发现。清原北三家乡二道沟村辽代窖藏，出土了许多刻花、划花、印花的白瓷盘、碟、杯等瓷器，十分珍贵②。1993年，配合市无线电八厂厂房扩建，抚顺市博物馆在顺城区欧家村东发掘一处遗址，出土辽代沟纹砖、莲花纹和兽面纹瓦当等，还有瓷罐、瓷杯、瓷碗以及陶器多件③，发掘者判断可能与贵德州衙署的所在

---

① 抚顺市博物馆：《抚顺光明街辽墓发掘简报》，《辽海文物学刊》1987年第2期。
② 抚顺市博物馆调查资料。
③ 抚顺市博物馆：《抚顺欧家遗址发掘简报》，《辽海文物学刊》1995年第2期。

地有关。所有这些辽时期的遗迹遗物，向人们概略地描摹了一幅深受汉族文化浸染而又存有鲜明民族特点的契丹族在抚顺地区的生活画卷。

辽天祚帝天庆五年、宋徽宗政和五年（1115 年），完颜阿骨打在按出虎水（今黑龙江省阿城阿什河）左岸的"小城子"大帐中称帝，建立以女真人为主体的金国。

金太祖收国二年（1116 年），女真进兵辽东，占领抚顺贵德州，从此，贵德州归入金国版图，隶属金东京路管辖。

金朝，牛耕和铁制农具的使用和推广是金朝东北地区农业生产力发展的两大标志。随着农业生产的恢复，辽东地区汉人、女真和渤海的人口增加，金朝南下攻打宋朝以及安抚新附之民的粮食，主要依靠辽东、辽西产粮区供给。抚顺地区的金代遗址多集中发现在今沈抚交界非常适宜于农耕的临河丘岗地带，在这些遗址中多有铁农具发现，从一个侧面反映了金代抚顺农业的发展情况。随着农业的发展，金的制瓷、纺织、矿冶等手工业也取得相当的成就。

考古发现金代的遗存较多，较著名的有建国前在抚顺发电厂西侧发掘的大官屯窑址。大官屯窑烧造的黑釉、白釉等日用瓷器，行销东北各地①。1998 年在东洲区千金乡唐力屯大林冲沟发掘的金元时期的村落遗址，发现了火炕、灶址，出土了许多白釉、黑釉、酱釉瓷器，以及板瓦、筒瓦等建筑材料，还有车马器、铁农具以及金代货币等②。1974 年，在新宾城郊李家村发现的窖藏铜铁器，出土了铜鉴、铜镰斗、双鱼镜，还有铁刀、铁刮刀、铁犁镜、铁斧、铁镐、铁铲等农业生产工具。在该县上夹河镇丁山拐子村还采集到许多铁甲片、铁马镫、铁箭头、铁锅以及黑釉瓷罐等。2000 年在抚顺县马圈子乡东沟村的一处窖藏坑，出土了十余件铁镰，还有铁斧、铁锄、铁锹、铁锯和马镫等。2004 年，在抚顺县峡河乡长堡村征集到六耳铁锅、铁刀、铁镰等多件铁器。在新宾上夹河镇大堡村，东洲区章党镇张家村、中二村、上二村、拉古乡大四村，望花区李石寨街道青台子村、演武村的金代遗址也发现了许多遗物③。

金代的墓葬发现很少。1977 年在原市体委农场发现的砖室墓，出土了典型的金代瓷器，如黑釉兔毫斑大碗、白釉黑花碟、青瓷暗花碟。在各地还发现一些金代城址，较重要的有抚顺县拉古乡山城沟村南的大山城子山城，其城墙用石块垒砌，在城内采集有灰陶片、酱釉瓷片、白釉粗瓷碗片、瓦片等；抚顺县海浪乡佟家街山城，山城以石垒墙，在城内发现一些建筑材料和陶片；新宾东升乡白旗村的汉城址也曾被金代沿用，在

① 杉村勇造：《抚顺大官屯古窑址》，《满洲史学》第 1 卷第 2 号，1937 年；李文信：《关于抚顺大官屯的资料》，《李文集考古文集》（增订本），辽宁人民出版社，2009 年。
② 王维臣、温秀荣：《辽宁抚顺千金乡唐力村金代遗址发掘简报》，《北方文物》2000 年第 4 期。
③ 抚顺市博物馆调查资料。

城址中散布有许多砖瓦材料、瓷器残片，其中发现的一件龙纹铜镜，制作精良。金代崇龙之风甚盛，考古所见，龙纹镜是除鲤鱼镜之外出土数量最多的金镜①。

金代的窖藏货币在各县区都有发现。

金天兴二年（1233 年）九月，蒙古大军攻克蒲鲜万奴"东夏国"南京城，东北地区基本被蒙古政权统一。1271 年忽必烈定国号为元。至元二十四年（1287 年）十月，元在今辽阳设辽阳行省，其后行省治所屡有变化，到元末之时，行省官员纳哈出、洪保保、也先不花等称兵割据，各保一方。元时，今抚顺设贵德巡检司，隶属沈阳路管辖。

抚顺地区元代考古成果所见不多，1979 年发现的新宾木奇镇穆家村元代金银器窖藏，出土的金发卡、银柿蒂纹杯、银卷草纹杯、梵文杯和瓜棱形银盘以及跳托等皆为典型的元代遗物。在抚顺县章党乡土口子村元墓中出土的青白瓷大碗、碟、小碗、黑釉瓶以及铜匕等器物特色鲜明，其中的景德镇枢府窑瓷器很珍贵②。

明代，洪武十七年（1384 年）建抚顺城，洪武二十年（1387 年）置抚顺千户所。当时，辽东蒙古故元势力割据一方，拥兵称雄，抚顺地区成为明朝建立伊始在辽东防范故元势力反扑的前沿边地。今天的"抚顺"之名，就是明廷为平定故元纳哈出势力，期冀安抚其降顺而据以命名的。万历四十四年（1616 年），努尔哈赤建立后金，从那时开始的二十八年后，满族铁骑攻陷北京，女真（满族）与汉族文化融合，整个中华文化的新质也由此而不断涌现。如今，新宾大地，女真聚落遗迹历历可见——六祖城、古勒寨、兆佳城、图伦城、界凡城和旧老城，故垒犹存；兴京老城，墙垣环峙，衙门民居，斑斑可考，道观佛寺，香火未断；兴京永陵，为努尔哈赤先祖陵寝，殿宇墓冢，保存完好，已列入世界文化遗产名录。这些文物遗迹，是我们研究清前历史至为重要的资料。

著名考古学家苏秉琦先生在谈到满族开国史时曾说，"满族一开始就有一种一往无前的开拓精神，在处理民族关系方面善于总结历代经验，敢于说长城内外是一家……自秦汉以来以筑长城，设重防把草原民族与中原农耕民族对立起来的格局，彻底地、一劳永逸地解决了，这是中国自有文字记载的历史以来一个重大历史事件的总结，也为长城史划上一个大句号"③。

我国自古以来就是一个多民族的国家。研究区域性的古代文化发展序列和谱系，追踪古族古国古文化对地区发展所做出的贡献，在今天仍是很有意义的工作。我们愿与有志于此的同行们一道推进抚顺地区古族古国古文化的探寻工作。

（原载《抚顺文博论文集》，吉林人民出版社，2006 年。此次发表做了部分修改）

---

① 抚顺市博物馆调查资料。
② 抚顺市博物馆调查资料。
③ 苏秉琦：《中国文明起源新探》，生活·读书·新知三联书店，1999 年。

辽河文明的几点思考

——会议总结

郭大顺

（辽宁省文化厅）

这次会议虽然时间较短，规模也不大，但有新资料，新观点，有互动，有评议。学术气氛较为活跃，也体现了一定的学术水平。正如开幕式上各位所讲，这次研讨会是"中华文明探源工程"的组成部分。回顾 20 世纪 80 年代中期，中华文明起源问题在社会上引起很大反响，一个直接原因是当时辽西地区红山文化的考古新发现由媒体广泛报道引起的，而社会的反响促进了专业界的研究。20 多年过去了，中国文明起源的研究有了很大进展，并将"中华文明探源工程"列为国家重点科研项目，所以这次"中华文明探源工程"区域研讨会在辽宁举行，以红山文化为重点，是一次回归，具有象征性意义。同时也使我们有机会对过去 20 多年来对红山文化以至中华文明起源研究作个回顾，哪些课题进展了，也不回避哪些课题还在原地踏步，今后需从哪里突破。

这里，我就辽河文明的起源谈三点想法。

一　关于文化的连续性与突变

长期以来，辽河流域主要是辽西地区史前文化由于缺乏原生层位的遗址，系统资料积累较慢，文化发展序列建立也较为迟缓。由于本地区文化序列薄弱，以至到 20 世纪 80 年代初，还有人认为红山文化是仰韶文化的变体，或是南北两种文化的混合，不仅彩陶，甚至压印"之"字纹都是从中原传来的。当然认为当地发展的观点已经提了出来。

所以，80 年代初东山嘴与牛河梁遗址刚发现时，大家都有很突然的感觉。因为不仅特点突出，发展水平较高，而且来源不清楚。在这方面，不久以后查海和兴隆洼遗址的发掘具有重要意义，许多文化因素甚至具有文明起源的因素如玉器和龙的形象，都同红山文化可以联系起来，说明红山文化是以当地为主发展起来的。

要探讨的问题是：

一是从查海—兴隆洼文化到赵宝沟文化到红山文化再到小河沿文化之间，仍不能完全衔接，时间上或可能有交错。二是红山文化之后是否有文化衰落的现象？

关于第一个问题，需要在每一个考古文化详细分期的基础上进行讨论，这次会议有关于查海—兴隆洼文化分期的文章，有关于筒形罐区域划分、比较的文章和讨论，就都十分有助于这一课题的进展。后一个问题与前一问题有关，同时，可以从当地文化发展的自身特点作进一步理解。

有关辽西地区古文化发展的自身特点，我们可以回顾1983年苏秉琦先生在朝阳会议上的讲话。苏先生在谈到包括辽宁朝阳、内蒙古赤峰、河北张家口及承德在内的广义的辽西文化区文化演变的特点时说过：

这里的红山文化、夏家店下层文化和燕文化，三者在空间上大致吻合，在文化传统上若断若续。尽管变化很大，但又有一些相对稳定的因素。这恰恰是这个地区在它的历史发展过程中甚为突出的一点。我们的任务是要把这条错综复杂的历史线条连接起来。粗略看起来，它们的中间环节倒有些像北京地区气象预报，白天风向常常是北转南，夜里风向常常是南转北，一年到头来回摆动。但在摆动中有某些相对稳定的因素在起作用。这正是这四个块块范围内，需要共同探索的问题。如果我们对这个问题能够给予理论的说明，那将意味着我们这门学科前进了一大步，表明我们掌握了解开长城地带古代文化发展脉络的手段，并且找到了连接我国中原与欧亚大陆北部广大草原地区的中间环节，认识到了以燕山南北、长城地带为重心的我国北方地区在我国古代文明缔造史上的特殊地位或作用。

结合以上我们遇到的两个问题，对苏先生这段话可以这样理解：

（1）从大尺度即从红山文化、夏家店下层文化到燕文化来观察这一地区文化演变的特点。

（2）不同文化因素变化幅度不同。要选择较为稳定的文化因素进行比较分析，这些文化因素虽然演变的幅度也甚大，但在当地仍得以长期延续。苏先生曾举出从红山文化经夏家店下层文化到燕文化的两种较为稳定的文化因素，一是由新石器时代的筒形罐到夏家店下层文化时期的筒形鬲再到春秋战国时期燕文化中特有的燕式鬲，其间虽然器形变化很大，但有某些具当地特点的因素是一直延续下来的，如直筒形的器身；再就是从红山文化的龙形象到夏家店下层文化彩绘陶器上的兽面纹再到春秋战国时期燕文化中特有的饕餮纹瓦当，体现出这一地区某些文化因素具有很强的连续性。

就红山文化之后是否衰落的问题，仅就红山文化之后的小河沿文化和夏家店下层文化也可以加以说明。小河沿文化不仅有重要新因素出现，如作为彩陶继承者和青铜器花纹前身的朱绘，而且该文化分布范围广，北到呼伦贝尔地区，南到华北平原北部，分布范围甚至超出红山文化；文化交汇频繁，除大幅度吸收来自东方的大汶口文化因素以外，在这次会上内蒙古自治区文物考古研究所的同志介绍了新近在内蒙古通辽市扎鲁特旗南宝力皋吐发掘的一处新石器时代墓地，在这座墓地中，小河沿文化与辽东地区的偏堡子文化共存，这再一次证明，小河沿文化确是一支十分活跃的史前文化；至于夏家店下层文化，该文化遗址在辽西地区已调查有数万处之多，且从河川台地、山岗到山顶，呈立体分布，文化堆积厚达数米，房址内往往多层居住面相叠，大甸子遗址上千座墓葬排列有序，无打破和叠压关系，特别是发达的彩绘陶器中多为与商代青铜器花纹有渊源关系的花纹图案，这些都表现出，夏家店下层文化是一支文化连续性与稳定性都极强的早期青铜文化，是雄踞燕山南北地区"与夏为伍"的一支强大方国文化。由此也可见，红山文化之后的辽西地区，仍然不断有文化的高潮出现。

（3）但正如苏先生所言，这种连续性又是若断若续的，特别要重视其中的突变，在文化的突变中寻找重大的社会变革和文化变革。在牛河梁遗址就发现了上层积石冢与下层积石冢之间的突变，牛河梁遗址大型积石冢和大量的随葬玉器，都是在上层积石冢突然出现的，说明在红山文化的社会变革中，最全面而深刻的一次变革是在其晚期阶段发生的。

所以对辽西地区远古文化的发展演变，可以说是既有比较清晰的来龙去脉和延续，又有文化和社会变革的突变。辽西地区逐步跨入古国时代的过程，正是在这一次次的突变中实现的。

二　精神领域发展水平的超前性和主导地位

这主要是发掘红山文化的祭祀遗迹和由此接触到史前宗教考古时的一些体会。

我们从1979年发现和发掘东山嘴遗址起，就碰到了史前宗教考古这样一个新课题。

东山嘴有石砌的祭坛，北方南圆，左右对称，有红烧土建筑构件，有玉器和非实用的特异型陶器，如无底的筒形器、黑陶圈足器等，特别是出有大、小两种人体雕像，遗址位置在大凌河旁一高岗上，隔开阔的河川正对一大山山口，无论所选择的地理形势和遗址内涵，都与常见的居住址有很大区别，而可能是与祭祀有关的遗存。发掘后不久（1983年）召开的东山嘴遗址座谈会上，学者们一致认定遗址的祭祀性质，给了我们很大鼓舞。

但当时有关史前宗教祭祀遗迹所知甚少。已有这方面的考古材料零散稀缺，仅有如半坡遗址发现的盛粟和底钻孔的罐、龙山文化的卜骨、甘肃何家庄遗址齐家文化的石圈等。不便作进一步比较。

不久在牛河梁发现的规模更大的祭祀遗址，为史前宗教考古提供了更为丰富的资料。牛河梁有土木结构的庙，也有石砌的祭坛和积石冢墓葬，是庙、祭坛与墓地的组合，从庙内出土人体雕像中可以确认，这些大型人体雕像是被崇拜的偶像，这对于确定这座建筑址具庙宇性质，是最重要的。这些雕像，数量不只一、二个，规模有大有小，还有动物雕像。从主室与多室的布局，多个个体的神像大小有别、位置不同，可能是围绕主神的群神。人像是高度写实的。非人格化的自然神，而是以祭祀祖先神为主的。而且围绕周围的墓地也有祭祀遗迹，祭祀对象是祖先的亡灵，是近亲，女神庙应是更高层次的祭祖场所，是对远祖的崇拜，即墓地祭祀近亲，偶像祭祀远祖，说明已有远祖与近亲的区别；还在诸积石冢发现有人的塑像，应是积石冢所代表的社会单元祭祀的祖先神，可以称为"个祖"，而女神庙应就是红山文化这个文化共同体的人们共同崇拜的"共祖"，说明当时还已有个祖与共祖之别。由此可知，五千年前的红山文化，以祖先崇拜为主要内容的宗教祭祀，已达到相当发达的阶段，表现为精神领域发展水平的超前性。红山文化玉器的工艺造型的发达也很能说明这一点。

祖先崇拜并非新课题，早有历史学家和哲学史家提出。从文献记载看，上古时期对天地人神、日月星辰，山川地理，无所不祭，以至引起"绝地天通"的宗教革命（《国语·楚语》）。商代卜辞记载有对上帝天神、日月山川、风云雨雪等的祭祀礼仪，但祖先崇拜已取得压倒优势。由此延伸出易礼、宗法制度等。所以，研究中华文明起源的道路与特点：通过天地神人特别是与祖先沟通取得政治权力的神权独占及有关的等级制度、思维观念变革，文化交流与传承，祖先崇拜是一个核心内容。

三　文化交汇在推动文明进程中的作用

红山文化时期的文化交流早在红山文化发现之初就引起关注，当时主要是从红山文化发现的彩陶中注意到与仰韶文化的关系和长城南北之间的交流。根据现在掌握的资料，这一时期的文化交流已可以从多方面观察。

一是多方位，红山文化所在的辽西地区，作为东北文化区的组成部分和东北文化区与黄河流域、北方草原接触的前沿地带，表现为多方位的文化交流。东北文化区自然是红山文化发展的大背景；在与邻区的交流中，主要是同南部中原仰韶文化的关系。值得注意的，是与西部北方草原甚至更远的中、西亚之间的东西交流关系，这也主要表现于彩陶图案上。红山文化的彩陶，不仅有与中原后岗一期文化和仰韶文化庙底沟类型有关的勾连花卉纹，还有同西亚有关的各种几何纹，如三角纹、菱形纹等。红山文化玉器则表现出与东南沿海诸文化的关系。

二是不同经济类型和不同文化传统之间的交流，其间必有共同基础，如仰韶文化的彩陶、尖底瓶都是神器，良渚文化规范化的巫者通神的玉器种类、图像与相应的巨型建筑，这同红山文化所走的道路是相近的，从而在中原文化及其周围诸文化的频繁交流中，首先达到"文化认同"，这为以后统一多民族国家的形成，奠定了最初的基础，所以，史书以这一时期作为中国文明历史的开端，不是没有由来的。

三是文化交流对红山文化的发展特别是对文明起源过程的作用，红山文化对待不同文化，非模仿，也非替代，而是不断有所创新，创造出新文化，使文化交流成为促进文明进程的原动力。

由此可见，文明探源要达到的目标，不只是一个文明概念或何时跨入文明的时间问题。文明起源对一个国家一个民族以后的发展起到奠基的作用，对中国这样一个多民族多元文化国家尤其如此。它既不同于单一民族建立的国家，也不同于多元化民族的混合体。钱穆有中国是"文化国家"以区别于单一的"民族国家"的概括；张光直有区别于西方文明的东方"连续性文明"的阐述。辽河文明的发展进程已触及到这些带有根本性的问题，如通过交汇首先达到文化上的共识，即实现了共识的中国，又如尊重自然的生存原则等，这些都是与现实和人类未来有密切关联从而急需回答的问题，我们从辽河文明的研究中提出问题并有所领悟，我想，这也是探索文明起源的根本目的所在。

附录一

"辽河寻根 文明溯源——中华文明起源展"解读

刘 宁

（辽宁省博物馆）

1. 辽河流域早期文明与中华文明起源

辽河流域是中原连接东北亚大陆的重要桥梁和纽带，是东亚文化的传播中心，也是中华文明的重要发源地之一。20世纪80年代以来辽河流域一批重大考古发现表明，辽河流域作为东北古文化发展的重心和东北与中原相接触的前沿地区，有着悠久的历史和独具特色自成谱系的考古学文化。尤为重要的是，在辽西山区牛河梁发现的距今5000年前的红山文化"坛、庙、冢"三位一体的大规模的宗教礼仪性建筑群，以及女神像、彩陶和"龙、凤、人"为主要题材的玉器群，更集中反映出在中华文明起源过程中，辽河流域不仅是中华文明起源的一个重要源头，而且在时间上也为国家雏形的形成提供了更早的线索。

20世纪80年代中期，牛河梁红山文化遗址的发现推动了学术界关于中华文明起源的大讨论。2004年启动的"中华文明探源工程"将辽河流域史前文明研究作为对中华文明起源与早期发展研究的一项重要内容。通过研究发现：在中华文明起源的过程中，以西辽河流域为中心的辽河流域是中华文明的重要发源地之一。早在距今8000年前这里就已经出现了龙的形象和成熟的玉器，说明当时已进入文明起步阶段。位于辽西山区牛河梁的红山文化祭祀中心，红山文化的"坛、庙、冢"宗教礼仪性建筑群，更是5000年前"古国"的象征。以后，这里又经历了以夏家店下层文化为代表的"方国"时代，最终汇入统一多民族的秦汉帝国。辽河流域由"古国—方国—帝国"的文明起源与发展历程，是中华文明起源多元性的生动体现，也反映出辽河流域在中华文明起源过程中的重要地位和作用。

2011年5月18日，是第35个国际博物馆日，国际博协（ICOM）将本年国际博

开幕式现场

物馆日的主题确定为"博物馆与记忆"。为此,由国家文物局、中华人民共和国科学技术部、辽宁省人民政府共同主办,中国社会科学院考古研究所、辽宁省文化厅、辽宁省文物局联合承办的"辽河寻根 文明溯源——中华文明起源展"在辽宁省博物馆拉开帷幕,让公众随着展览一起探索中华文明的起源。

"辽河寻根 文明溯源——中华文明起源展"以"中华文明探源工程"辽河流域史前文明研究工作取得的最新科研成果为指导,系统展现了距今8000~3500年以红山文化为核心的、辽河流域早期文明的起源与发展历程,以及对早期中国国家形态萌芽的影响,从而揭示辽河文明的文化特征、意义、地位与作用。

开幕式剪彩

国家文物局原局长单霁翔讲话

2. 遵循考古发现与研究，追溯遥远文明，为观众传递系统、生动、通俗易懂的历史文化信息

为了让广大观众了解和认识辽河流域独具特色的早期文明，在展览的设计上以人为本，力求为观众传递系统、生动、通俗易懂的历史文化信息。展览共展出了来自中国社会科学院考古研究所、内蒙古自治区文物考古研究所、赤峰市博物馆、巴林右旗博物馆、敖汉旗博物馆、河北省滦平县博物馆、辽宁省博物馆、辽宁省文物考古研究所、鲁迅美术学院、沈阳新乐遗址博物馆、锦州市博物馆、阜新查海遗址博物馆、北票市文物管理所、阜蒙县文物管理所等 14 家文博单位收藏的辽河流域出土的珍贵文物，其中多数文物是首次在沈阳公开展出。

基于本次展览所要展示的文物情况及展示需要，经过专家对大纲的论证及修改，展览分为"家园"、"古国"、"方国"三个单元，第一单元的内容集中表现"农业"、"聚落"、"宗教"，表现简洁并抓住要点。第二单元着眼于红山文化"坛、庙、冢"三位一体的营建布局，精美的玉器很自然地被纳入学术展示之中，突出表现"唯玉为葬"、"以玉为礼"的文化特征。第三单元主要展示辽河流域对中华文明发展的独特贡献。

第一单元家园。新石器时代是随着原始农业、家畜饲养、制陶与磨制石器的相继出现而到来的。辽河流域作为东北文化区的组成部分，渔猎经济是主要生活来源。兴隆洼等遗址出土了大量制作精致的骨器，如锥、凿、匕和鱼钩、镖等，骨鱼镖镶嵌精细加工的石刃和倒刺，反映了渔业在当时人们生活中所占有的重要地位。辽河流域地处蒙古高原向华北平原和沿海过渡地带，境内多丘陵山地，史前时期这里是针叶林与阔叶林交混生长的森林区，良好的生态环境与复杂的生物链给采集和渔猎经济的发展创造了丰厚的条件。

除渔猎采集外，辽河流域的原始农业也较早出现。从兴隆沟遗址浮选出来的炭化黍（糜子）和粟（小米）经鉴定属人工种植，是中国北方最早的栽培作物之一，说明辽河流域是中国旱作农业的发源地。新乐遗址出土的炭化谷物和炭化榛子壳，距今也有7000 余年的历史。

原始农业的发展给人们的定居生活提供了经济基础。辽西地区先民营造家园的历史可以追溯到距今8000 年前的兴隆洼—查海文化，当时原始村落已有明确的规划，房屋排列整齐，周围有人工壕沟以防野兽侵袭和利于排水，壕沟既是这个氏族营地的界限，也是一种防御设施。居住区中心有大房址和广场，为氏族的公共活动场所。大约距今8000 多年，辽河流域的古人已有龙崇拜观念。查海遗址大型龙形堆石、陶罐上的龙纹可以说是我们能见到的较早的龙的形象了。龙作为一种被高度神化的动物形象，其起源与宗教祭祀相关。

查海遗址还出现了真正意义上的玉器，玉玦与匕形器是查海玉器中最富特色的玉器种类之一，玉质经鉴定为透闪石软玉，是中国乃至全世界已知最早的真玉器，对后期红山文化的玉器也有深远影响。

第二单元古国。公元前 3500 年左右，中华文明进程进入了加速期，随着生产力的不断提高，社会进入了古国时代，逐渐形成"多元并进"的发展格局。辽宁西部地区发现了牛河梁红山文化规模宏大的"坛庙冢"祭祀礼仪性建筑、成组的女神像和以龙、凤、人等为题材的玉器群，形成一处史前宗教圣地和政治中心，表明红山文化原始礼制与神权的高度发达，跨进古国时代。

红山文化以祭坛、女神庙、积石冢群和成套的玉礼器为标志，在距今 5000 年以前率先跨入古国阶段。苏秉琦指出，古国是指原始公社氏族部落制的发展已达到产生基于公社又凌驾于公社之上的、稳定的、独立的政治实体，即早期城邦式的原始国家已经产生。

红山人相信玉能通神。在牛河梁宏大的积石冢群中随葬的玉器，随墓葬的规格而变化组合。在级别甚高的中心大墓均有重量级玉器出土，表明玉器已作为身份和权力的象征，而拥有且能使用这些玉器的人既是通神的大巫又是王者，是王权与神权的物化形式与标志。种类繁多、制作精细的玉器反映出先民们的价值观念、宗教信仰和审美情趣，并由此衍生出以玉礼神的观念，"唯玉为葬"、"以玉为礼"的葬俗和礼制。大量玉礼器与坛、庙、冢相结合，与中华文明礼制的起源和发展密切相关。而牛河梁地区以其独特的地理位置以及所发现的坛、庙、冢统一构建的大规模遗址群，也说明了当地在红山文化时期的中心地位。

红山文化与同时期诸多古文化相比，在文明发展的进程上似乎先行一步，她不断向外扩展着她的影响力，并对其后继的考古学文化产生了深远的影响。单以红山文化玉器而论，在属于夏家店下层文化的大甸子墓地以及殷墟妇好墓都有出土。红山文化之后的小河沿文化以老哈河流域为分布中心，其年代介于红山文化与夏家店下层文化之间，文化内涵具有过渡性，又有自身特点，是红山文化和夏家店下层文化之间错综复杂、若断若续关系的一个衔接点。

第三单元方国。经过古国时代各地部族的文化交流、碰撞与融合，凌驾于众部之上的方国在中华大地纷纷崛起。辽河流域也进入了以夏家店下层文化为主体的方国时代。夏家店下层文化年代为公元前 2100 ~ 前 1500 年，即相当于中原夏到早商时期，分布范围北以西拉木伦河为界，南抵永定河，中心范围在燕山北侧。该文化拥有呈立体分布的城堡群及彩绘陶器、青铜器、仿铜陶礼器、成组玉器，反映了当时社会等级、礼制已经形成，是雄踞燕山南北、盛极一时、能与夏王国为伍的北方强大方国，文献中之北土"燕亳"可能与这支文化有关。

夏家店下层文化的一个突出特征为聚落式城堡址十分密集，这种城堡群的布局，或在大范围内星罗棋布，或沿河川和山麓呈链锁式分布，构成大范围的国家式的集体防御，具有多中心和诸中心聚落的高度规范化的特点，表明当时已经有了相当成熟的国家形态。其中赤峰市英金河流域山脊上的城堡带，绵延达百里以上，走向与燕秦长城相同，可称为"长城原型"。

彩绘陶器是夏家店下层文化最精彩的内涵之一，其纹饰构成如勾连纹样及兽面纹等与商代铜器纹饰无不毕肖，反映两种文化之间千丝万缕的联系。有学者根据商文化起源于北方说，论证夏家店下层文化是商文化的源头之一。与彩绘陶器共出有鬶、爵、盉等仿铜酒器，反映出与中原夏和早商文化的密切联系。

夏家店下层文化之后，辽河流域经历了以燕文化为主多民族文化交互融合的反复过程，随着铁器普及奠定的物质基础，最终实现了燕秦汉帝国在东北地区的有效管辖，以至秦统一后择地"为秦东门"（《史记·秦始皇本纪》），即今山海关内外从辽宁省绥中县万家镇姜女石到河北省秦皇岛市金山嘴沿海岸一线的秦行宫遗址群，成为中华统一多民族国家的一个象征。

辽河流域所经历的从古国到方国再到帝国的文明发展进程，既有比较清晰的来龙去脉和延续，又有文化和社会变革的突变。而其中的重头戏——牛河梁规模宏大的宗教祭祀性建筑群，作为辽河文明起源的一个突出特点，对探索中华文明的源头有所启示。

3. 依托精美文物，讲述背后的故事，为展览注入活力

精美的文物是一个展览的灵魂，能以直观的形象，展示展览内容设计所要表达的思想内涵。在本展览的三个单元中都有占据主导地位的文物展示。

（1）8000年前的"偶像崇拜"

走进展览的第一部分"家园"，首先映入眼帘的是8000年前的先人用来为谷物脱壳用的一套石磨盘和石磨棒。旁边陈列的已经炭化的谷物也足以证明当时的人们已经有了原始农业。查海遗址出土的红色龙纹陶片上残存的部分可以清晰地看到一条类似龙的图案。这说明，早在8000年前，辽河流域已开始出现龙的形象。白音长汗出土的一尊女性石雕"独居"一个展柜，显示出其不凡的身世。它出土时立于室内中央火塘后面，是一尊与原始宗教密切相关的女神像。女神崇拜现象在辽河流域的原始居民中流行已久，女神像其实就是神灵的人格化形象。她往往被赋予"生殖女神"、"家庭守护神"、"灶神"、"火神"

石雕女神像 兴隆洼文化
（白音长汗遗址出土）

等多重神格。从学术的角度看，从万物有灵为核心的原始宗教发展到神被人格化阶段，这是一个不小的进步。

（2）神化了的祖先形象：红山女神

在此次展览中，一件"女神头像"的复制品吸引不少观众驻足。女神头像出土于辽宁凌源牛河梁遗址女神庙主室西侧，接近真人大小，用黄黏土掺草禾塑成。她是神化了的祖先形象，说明这一时期的原始宗教已经由自然崇拜、图腾崇拜，发展到了祖先崇拜。中国著名考古学家苏秉琦曾指出："她是红山人的女祖，也就是中华民族的共祖。"世界各地区的民族也都经历了女性地位显赫的历史阶段，在欧亚非以至中南美洲都有女神的发现，但形体较小。像牛河梁女神庙出土的一批真人大小的女神塑像，还是首例，弥足珍贵。

女神头像　红山文化
（牛河梁遗址女神庙出土）

（3）龙、凤、人玉器群

除了女神庙，在牛河梁还发现了规模宏大的祭祀礼仪性建筑、成组的女神像和以龙、凤、人等为题材的玉器群。

"C"形玉龙在全国仅5件，本次展览首次公开展出了藏于鲁迅美术学院的一件"C"形玉龙。几千年来龙与凤一直被视为中华民族传统文化的象征，而牛河梁遗址同时发现了玉龙与玉凤，不能不令人叹为观止。此次展出的白玉猪龙，通体厚重，制作规整，是已发现红山文化玉猪龙中最精致的一件。这种具有猪首蛇身特征的龙形象，是红山先民创造的一种抽象化的神灵。玉凤出土于牛河梁遗址第十六地点，保存如此完整的玉凤在全国还是首次发现。红山文化的玉雕艺术从对动物的高度写实，上升到一定的艺术高度，才深化出了凤。

"C"形玉龙　红山文化
（鲁迅美术学院藏）

白玉猪龙 红山文化 　　　　　玉凤 红山文化 　　　　　玉人 红山文化

（建平征集）　　　　　（牛河梁遗址十六地点出土）　　　（牛河梁遗址十六地点出土）

（4）那日斯台的红山文化玉器群

那日斯台遗址位于内蒙古自治区赤峰市巴林右旗大板镇（原白彦汉苏木）那日斯台查干沐沦河西岸二级台地上，为一处新石器时代红山文化遗存。那日斯台遗址出土的玉器普遍材质莹润，琢磨精致。如该地出土的玦形鸟，造型十分罕见，质地细密光洁，硬度高，不透明。体圆雕，扁圆蜷曲如鸟正在发育的胚胎，大大的鸟嘴，尖喙弯并且向下前伸，大大的圆眼几乎占据了鸟的整个头部，两条圆形阴刻线标示出鸟的眼睛。器身素面无纹。红山玉器这类玦形器一般都是猪龙形象，而把圆雕鸟作成玦形是目前为止发现的唯一一件。

（5）夏家店下层文化的礼器

展览第三部分"方国"中的青铜连柄戈出土于辽宁锦州，属于夏家店下层文化时期。它通长80.2厘米，重1105克，柄、身连铸，戈柄上铸有菱格连珠纹，规整精细。这说明距今4000多年前的先人已掌握了铸造青铜容器的技术。这件出土于渤海湾北岸的铜柄戈，不仅具有夏到早商时期铜戈的基本特征，而且戈头与铜柄连铸，极为罕见，应是军权与王权结合的产物，也是夏商时代渤海湾北岸强盛发达的方国的产物。

玉玦形鸟 红山文化

（那日斯台遗址出土）

大甸子夏家店下层文化墓葬出土的彩绘陶

罍，器形与夏商的青铜罍一致、且纹饰也与青铜器相仿，说明这两处文明是各自发展又相互影响的。展厅里模拟的场景生动直观地告诉观众，夏家店下层文化已经拥有呈立体分布的城堡群，还有彩绘陶器、青铜器、仿铜陶制礼器，以及成组的玉器。这一切都反映了当时社会等级、礼制已经形成，是能与中原的夏王国为伍的北方强大方国。

青铜连柄戈　夏家店下层文化
（锦州水手营子遗址出土）

彩绘陶罍　夏家店下层文化
（大甸子墓地出土）

4. 形式设计紧扣主题，力求充分体现展览内容并为观众营造良好的参观氛围

在展览的形式设计中，以突出展览主题和展览内容为宗旨，努力为揭示展览内涵服务，为营造和谐高雅的展览氛围服务，为观众创造轻松舒适的参观环境服务，让观众不直接感知形式设计的存在而实际又无处不在。如在序厅采用条纹影像融入投影技术，将红山文化玉猪龙的线图，投影在比较空旷的序厅地面上，让观众在光与影的幻映下，身临其境，能很快进入到展览的主题中。

在展线处理上，尽量将重点展品和重点场景安排在展线中的突出位置；在展厅面积分配上尽量为重点展示内容提供更大的空间，如一排七个布局紧凑的单体柜是为一组红山文化玉龙、玉凤、玉人等文物特别设计的，不仅在展线上起到了有效延伸的作用，同时也更好地突出了这些重点文物。

展览序厅

展厅一排单体柜展示

展厅一隅

在展品组合设计上，结合展品的文化内涵与体量形制。该展馆展示的是辽河流域新石器时代的历史风貌，其中以新石器时代晚期的红山文化为重点，这也是整个展览的重点之一。关于这部分的形式表现，在重点文物、重点内容上做足工夫。如红山文化坛、庙、冢大型祭祀遗址的发现及陶塑女神头像、成组玉礼器等，以出土单元为依据，成组出现，采取集群式展示手段，强化早期文明的气势。

在展品照明设计上，以突出展品为宗旨，展厅照明完全依靠陈列照明，通过展柜内照明、灯箱及辅助展品照明，吸引观众视线和注意力。辅助展品的设计，包括图表、图片、地图、示意图、纹饰说明、文物知识简介等，与所展示主题内涵和整体氛围相融合。在材质上统一，大小、色调、形式根据展柜及展厅壁纸的具体情况进行相应的设计，力求协调。展墙和展柜内辅助展品采取整体式喷绘法，不划分出条条块块，体现博物馆专业水平。

总之，在展览的形式设计中，由于注重把握内容与形式、结构与节奏、整体与局部、丰富与简约、共性与个性、传统与创新等方面的统一，在不到 1000 平方米的有限展示空间内，营造与展览主题内涵水乳交融的展示空间与观展氛围，使观众在自然、轻松、愉悦的心境下感知历史、感悟文化，取得了较好的展示效果。

5. 注重强化展览的知识性、趣味性和参与性

在做展览时，除了注意结构及语言严谨之外，增加了互动性项目，强化展览的知识性、趣味性和参与性，使展览变得生动。

虚拟翻书

查海遗址聚落复原

城子山山城沙盘

牛河梁积石冢复原模型

　　在知识性方面，努力挖掘内涵，扩展外延，为观众提供全面系统的历史文化知识点。通过图表、图解、示意图、图片、拓片等形式，有的放矢地深化扩展相关的历史文化知识。如对观众感兴趣的龙的形象问题，在"氏族聚落"单元中，结合阜新查海遗址出土石堆龙的介绍，以图表的形式展示"中国早期龙形象比较图"，力求使观众对中华龙文化有深入的了解。

　　通过多种形式扩展展览的知识信息含量。除利用有限的展览版面外，展览充分利用语音导览机、触摸查询一体机、虚拟翻书影像识别技术传递知识信息。展览中的三分之一展品有语音介绍，内容丰富翔实。触摸屏设置精品赏析、泥条盘筑法动漫片及积石冢形成等栏目，向观众传递版面所无法传达的更为丰富的知识信息。

　　在趣味性方面，一是在每个单元选择将重点内容进行复原制作，以场景的展示形式，调动观众的参观热情。展览中设置了"查海遗址"、"牛河梁积石冢"、"城子山山城"三处复原场景，直观、生动、形象，令观众兴致盎然。如查海遗址是东北地区新石器文化的第一篇章，中国最早的真玉器的渐次出土，形象的龙纹陶片，特别是位于聚落中心部位巨型石堆龙的发现，把以龙为标志的中国古代文明向前推进了 3000 年，更是名符其实的"中华第一龙"。玉和龙的结合构成了查海遗址的基本文化内涵，它开启了红山文化之源，著名考古学家苏秉琦先生以"玉龙故乡，文明发端"来盛赞查海遗址。为此，利用展厅的一角，制作了以查海遗址考古发掘现场为依据的村落复原。二是利用投影互动影像技术，在展厅内天花板上安置投影设备，将女神庙、红山文化玉器等内容投影在地面上，参与者用脚踩地面图案中的相关图标，就可在场地中间显示放大的内容。三是在积石冢复原场景的旁边，以多媒体动漫演示的动画片，形象地展示牛河梁积石冢形成的过程，这比任何语言的讲解都更直观、简明易懂。

地面投影互动

积石冢形成动漫片

3D仿真互动

　　在参与性方面，将石磨盘石磨棒的使用、骨器的磨制、玉器的线加工工艺、陶器"之"字纹的制作及玉玦的穿戴等，采用3D仿真复原互动技术，观众可以在感应区以手启动，显示屏上的动漫人手就会动起来，做出磨谷物、骨器等动作，让观众在新奇之余，也了解了相应的知识。

　　6. 多方位宣传推广，不断扩大展览的受众面与影响力

　　为了让观众了解早期中国起源、形成过程以及"中华文明探源工程"的相关知识、实施过程和阶段性成果，扩大"中华文明探源工程"的影响和展览的社会效应，辽宁

辽宁省副省长滕卫平陪同国家文物局局长参观展览

省博物馆在国家文物局和辽宁省政府的支持下,除了组织精兵强将积极筹备、制作展览外,还专门组织相关人员对展览进行全方位、多渠道的宣传工作。

一是展览开幕式的媒体宣传,结合辽宁省文物局、沈阳市文物局制定的"2011年5·18 国际博物馆日沈阳主场城市活动"宣传方案,本次展览的开幕式宣传媒体面广,多方位报道,在大范围向公众推介本次展览。在开幕式当天,新华社、人民日报、光明日报、经济日报、中国新闻图片社等刊发综合消息,中国文化报、中国文物报进行了头版报道,辽宁电视台新北方进行了现场直播,辽沈地区的广大媒体,如辽宁日报、辽沈晚报及辽宁广播电视台、沈阳广播电视台等,更是进行了刊发综合消息,播报新闻,文化版或专题版进行系列报道,几乎覆盖了辽沈地区的全部主流媒体。辽博也利用本馆展场内外的电子显示屏,滚动播出展览的相关信息;同时在新开通的辽博网站上利用网络进行宣传等。

二是与展览相关的图录出版及宣传彩页等。制作与"辽河寻根 文明溯源——中华文明起源展"配套的图书两类三种:精装本、平装本和简化版本。在图录内容编排上,按展览体例,采取文物图片、鉴赏文字与国内著名专家专题文章相结合的方式,系统而有层次地介绍辽河流域早期文明在中华文明起源中的重要地位和作用。此外,还印制了在展厅、入口和休息处方便观众随手取用的免费宣传折页。此外,购进一批与辽河流域早期文明相关的专家著作或通俗读物,如《中华文明起源新探》、《龙出辽河源》、《走进辽河文明》等,供参观者选购,满足不同层次观众的需求。

展览图书

　　三是配合展览，针对不同群体，举办各种学术讲座。在 5 月 18 日开幕式的当天，邀请了辽宁省文化厅文物保护专家组组长郭大顺先生做了第一场讲座："'辽河文明'起源的道路与特点"，郭先生从由牛河梁红山文化遗址考古新发现提出的中华五千年文明起源问题，尤其是推动了学术界关于中华文明起源的大讨论谈起，对作为中华五千年文明一个象征的牛河梁遗址，所走的道路有什么自身的特点，进行了深入浅出的讲解。

郭大顺先生讲座

　　根据展览时间安排，在展览期间还组织举办多场学术讲座，分别邀请中国社会科学院考古研究所、中华文明探源工程专家王巍、陈星灿等先生，讲解中华文明起源研究的历史回顾及新发展，邀请辽宁省文物考古研究所的方殿春先生讲解牛河梁红山文化的发现与研究等。随着展览的进行，还组织本馆的专业人员，进行相关科普讲座，并应观众的需要，组织进行现场的专业讲解。组织举办走进社区、校园等的通俗易懂的宣传讲解。

　　四是丰富多彩的未成年人课外活动，组织中小学生进博物馆，参与展览的相关活动，如画扇面、手工拼图等。为此，辽博宣教部精心选择有代表性的、精美的展品，制作了手工拼图，并在拼图的背面，以中文和汉语拼音对照的形式，题写文物说明，寓教于乐，让学生们在紧张的功课之余，在他们喜爱的游戏中，得到放松并学到知识。

未成年人活动

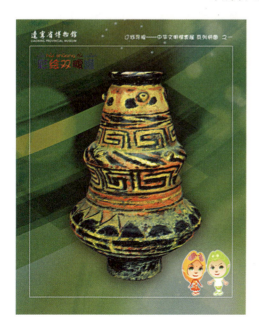

琉璃仿彩绘陶鬲

拼图－彩绘双腹罐　夏家店下层文化
（大甸子墓地出土）

纪念章、挂件及魔方

丝巾

　　五是制作与展览文物相关的纪念品、工艺品，采用典型展品的造型或独具特色的纹饰，制作时尚化、生活化、大众化的纪念章、魔方、书签、挂件等。使代表辽河流域早期文明的各类文物形象化、具体化，深入到参观者及购买者生活之中。

　　本次展览历时三个月，赢得各级领导、学术界、博物馆同行及广大观众的一致好评，扩大了"中华文明探源工程"的影响和展览的社会效应，更增强了公众对祖国悠久文明的兴趣、热爱与自豪之情。

附录二

"辽河寻根 文明溯源——中华文明起源展" 引发中学历史教育教学的几点思考

胡柏玲

（辽宁省沈阳市东陵区教师进修学校）

作为一名从教多年的中学历史教育工作者，近几年来总有这样的困惑：为什么我们的历史教材如此图文并茂，我们历史教师的模式教法如此灵活新颖，我们的历史教育教学手段如此先进快捷，而我们的历史课堂却仍然有那么多的学生轻学、厌学甚至弃学？受眼前急功近利的思想影响，认为学史与升学考试关系不大，这也许是原因之一，但我想更重要的因素却是历史课程在学生们的眼中早已成了一段段生硬难懂的史料，一件件可望而不可及的文物，一个个历史时间地点人物事件原因结果概念的堆砌和死记硬背。学生俨然被这些枯燥乏味所谓历史的东西压得难以呼吸。

历史是讲求真善美的科学，让学生从历史探究中感悟到历史的本真是历史学习的底线，那么我们将通过何种途径才能在历史与现实之间架起一座云梯，让我们的学生从中受到人文教育的熏陶呢？直到暑期初一个偶然机会，我参观了"辽河寻根 文明溯源——中华文明起源展"，当一段段精彩的文字解说，一件件鲜活的器物展示，一幅幅古朴的历史模拟场景再现于我的面前，不由得心潮澎湃，热血沸腾，在不住惊叹于家乡智慧先人创造的异彩纷呈古代文化之时，更对历史蕴涵丰富的可爱家乡涌起汩汩的深情，对当前更好地开展历史教育教学也有了豁然顿悟之感，找寻历史与现实的结合点，把乡土历史课程资源融入中学历史教育教学之中，让学生从鲜活的历史情境中感悟历史的本真、魅力和价值，真正发挥历史课程独有的人文教育功能。对此，我开始了深刻的思索。

1. 承时代重任，溯乡土本源，品历史韵味，蕴爱国情怀

近年来，教育部多次提出，中学生除了要学好国家课程规定的历史教学内容之外，还应该学习一些乡土历史知识。不仅把乡土历史教育纳入现行的课程计划，而且还规定在学科总课时中应该留出适量课时安排乡土历史教学。义务教育历史新课程标准中也有这样的教学实施建议，"乡土教材和社区课程资源对学生的历史学习和历史感悟大有裨益……都会在不同程度上有助于学生的历史学习"，"我国是历史悠久的文明古国，全国各地都有数量可观的历史遗迹、遗址、博物馆、纪念馆、档案馆、爱国主义教育基地，以及蕴涵丰富历史内容的人文景观和自然景观，这些资源也应因地制宜地加以利用"。辽宁省为顺应上述要求，在义务教育阶段六至八年级开设了乡土地方课程《魅力辽宁》，每课题1课时，全学年共设25课时，涵盖辽河文明、近代探索、现代巨变、民族和谐等主题，充分利用家乡丰富的历史人文教育资源，为学习自主探究、合作学习、相对独立地获取乡土历史知识提供有效载体，更为学生进一步尝试、探究和实践提供广阔的空间。这些举措为进一步探究、开发与利用丰厚的乡土历史课程资源，对学生进行热爱家乡、进而热爱祖国的思想教育，树立学生建设家乡的使命感和责任感，提升学生良好的人文素养，打下了坚实的根基。

何谓"乡土历史"？顾名思义，它是指家乡或故乡的历史，其范围可大可小。大而言之，是指本市、本省以至邻省地区（如东北、华北、西南等历史）。小而言之，可指本村（屯）、本乡（镇）、本县（区）的历史。乡土乡情，常常表达人们对家乡的眷恋之情。乡土历史也是乡土教育的重要组成部分，是祖国悠久历史、灿烂文化、民族灵魂的一个缩影，是对学生进行爱国主义教育最丰厚、最生动、最具体的教学资源和学习素材，是学生历史学习的向导。因此，有效开展乡土历史教学是历史教学中的重要一环。在历史教育教学活动中，我们积极探究、开发并较好利用珍贵的乡土历史课程资源，可丰富历史课堂教学内容，拓宽历史教学视野，增强历史探究情趣，凸显乡土文化特征，激发热爱情怀，最终达到弘扬传统文化，传承精神文明，真正实现历史人文教育价值课程终极目标之效。

追本溯源，是人类的天性，探求真理，更是历史赋予我们的责任。我们可爱的家乡辽宁拥有悠久的历史、灿烂的文化和优良的传统。早在几十万年前，我们的祖先就在富饶的辽河流域繁衍生息。距今8000年前已有玉器和龙形象的出现，其由古国、方国到帝国的文明起源及发展历程，有力证明了辽河流域和黄河、长江流域一样，都是中华文明的重要发源地之一，是中华文化总根系中的一个重要直根系，在中华文明起源中占有一定的重要地位和作用。穿越历史的时空隧道，我们仿佛可以看到28万岁的金牛山人正在古朴的田园里野炊舞蹈，红红的篝火映现出他们充实、幸福与美好的生活……8000岁的查海人正在"中华第一村"里烧制不同用途的陶器，雕琢精良的玉石器，宽阔的中心广场上，他们随意用红褐色石块沿石脉摆塑而成的龙形堆石，却在遥远的未来成了迄今为止发现的祖国最早、形体最大的龙形象，并被考古学家苏秉琦盛赞为"玉龙故乡，文明发端"，成为红山文化的源头。7000岁的新乐母系氏族女首领手中紧握这一束造型神奇的木雕大鸟，其精湛造型与工艺，无不渗透古代先民在劳动中创造的颇具水准的高超原始技艺。拥有东方神韵的 5000 岁牛河梁女神正在神庙祭坛前主持祭祀大典，她高高隆起的额头闪现着智慧的光芒，炯炯有神的双眸散发出摄人心魄的魔力。女神庙四周的积石冢随葬玉器之多，种类之全，选料之精，工艺之佳，无不浸透处于红山文化晚期进入铜石并用时代的查海人先进的生产工艺，"唯玉为葬"、"唯玉为礼"的原始图腾崇拜和等级森严的用玉制度，为后人探索龙的起源与农业关系提供了形象的实物资料，更有利佐证了辽宁就是中华文明的发源地之一这一历史结论……此外，我们也仿佛在萦绕无数历史迷雾的太子河畔，听到了"风萧萧兮易水寒，壮士一去兮不复还"壮士荆轲刺秦王舍生取义的凄美历史绝唱，从"白马青牛"的美丽神话传说中，探寻到了古老契丹民族辉煌的历史记忆，从"雕之最俊者"体小力大善飞的猎鹰海东青身上捕捉到了古代女真人勇敢无畏的精神风貌……沿古辽东边墙，我们还似乎依然感受到其昔日作为马市木市的喧嚣与繁华，以及其间东北古代各族友好交往互市互贸的生动场景……上述这些史料都是珍贵的乡土历史文化，细细品味其中的历史韵味，深深了解、感悟之中浓郁的乡土气息，我们对家乡对祖国的自然生态、社会经济和历史传统文化一定会有一个更全新的认识和理解，并有助于树立提升学生的历史意识、民族团结意识、环境保护意识、科学发展意识。因此，努力探究开发利用好乡土历史课程资源为历史教育教学所用，可激发学生关爱自然、热爱家乡、报效祖国及服务社会的情感。

　　爱国主义是"千百年来巩固起来的对祖国一种深厚的感情"，也是新一轮课程改革人才培养目标的重中之重。要使学生热爱祖国，必先使学生热爱自己的家乡；要热爱家乡，必先使其了解自己的家乡。前苏联著名教育家加里宁说过："关于爱国主义教育，是从深入认识自己故乡开始的"，"家乡是看得见的祖国，祖国是扩大了的家乡"这种情感的养成，不是单靠简单空洞的说教就能实现的，乡土历史课程资源就是对学生进行爱家乡、爱祖国教育具体而生动的不可或缺的优秀素材。沈阳一宫两陵（沈阳故宫、福陵、昭陵）、抚顺新宾永陵、桓仁五女山城等历史文化遗存是家乡的历史见证及文明演进的重要载体，它蕴含着家乡古老民族独特的思维方式和文化价值，是一个地区一个民族乃至一个国家甚至全人类共同的精神财富，是中华民族发展的根基，理应是我们培养学生爱国情怀的重要素材。而家乡各族世代传承下来的如东北二人转、辽西高跷、东北大鼓、岫岩玉雕等民俗活动、表演形式、独特手工技艺等各种传统文化形式都属于非物质文化遗产，他们和历史文化遗存一样，都是东北古代先人智慧的集中体现，是中华民族精神与情感的重要载体，是维系国家统一、民族团结的基础。热爱家乡与热爱祖国的情感也是息息相通的，我们通过感性了解逐渐深化为理性认识，进而对家乡及祖国渐渐产生出一种永不消失的美好情感，心系家乡与祖国命运，树立为未来建设美好家乡和中华民族腾飞而努力学习的远大理想。因此，积极探究开发利用乡土课程资源也是中学历史教育教学实现爱国主义教育的重要途径。

2. 引发展方向，变教学方式，重能力素养，促师生发展

乡土史的乡情性、亲切感，有助于学生通过乡土史的学习更好地熟悉了解家乡的过去和现在，激发学生热爱家乡进而热爱祖国的情怀，增强他们建设家乡、献身祖国的历史使命感和责任感。这关系到为家乡经济建设发展与培养高素质人才的大问题，同时也体现了历史教育为社会发展服务的价值取向。因此，乡土历史教学不应仅仅局限于对一般历史教学内容的适当补充和拓展，更要对实现历史教育功能起到催化剂的作用，引领中学历史教育教学的未来发展方向。

乡土历史课程资源的开发与利用，在直接对学生学史情趣和人文素养产生良性影响的同时，还可相应增强其自主学习、探究和交往能力。如中学历史七年教材有关"北京人"、"山顶洞人"等这些原始社会历史的基本史实都是考古学成果，学生对此很难形成正确的历史认识。由于乡土历史课程资源往往都是学生程度不同耳闻或目睹过的家乡历史，因此，很容易引起学生情趣，形成强烈的"历史感"。这就促使本地历史教师结合当地的相关课程资源组织学生参观并诠释解读，学生置身于鲜活、生动的历史情境之中，自然会深刻感悟原始社会所学史实的真实性，只有这样，学生才能更好地理解和掌握我国古史演变的相关知识，形成完整的古代历史概念。对此，沈阳地区的历史教师可组织学生参观阜新查海、大连小珠山、丹东后洼、朝阳牛河梁等遗址的遗迹、遗物等，学生自然会在头脑中形成原始社会时期真实的历史表象，从而较容易理解远古先民的生活状况，从而得出"从远古时代起中华民族的祖先就劳动、斗争、生活在祖国辽阔土地上"的历史结论。新课改关注学生的需要和发展，在乡土历史课程资源探究活动中，学生通过自主学习，了解家乡的历史演进，学会探究合作，学会思考交流分享。这种以学生自主合作探究为主体的历史学习方式和教师点拨引领为主导的教学方式有机结合，可加快各种历史学习能力的养成和良好人文素养的提升。

新课标明确要求鼓励教师转变教学方式，创造性地探索新的教学途径，改进教学方法手段，开展丰富多彩的教学实践活动，为学生营造一种兴趣盎然的良好历史学习情境，以促进学生的历史感悟。过去，中学学科课程内容单一，教师的作用就是传道、授业、解惑，过分依靠教科书和教学参考书，影响了教师创造性的发挥。而教师在进行乡土教学探究过程中，为尽快对乡土历史课程有一个宏观认识和微观研究，在制定明确周密的探究目标和具体规划后，还要利用有限的时间和契机，有侧重点地对家乡的重要历史文化遗存，为家乡历史发展做出突出贡献的杰出乡土人物，引发家乡古今巨变的重大历史事件等进行深入考察了解之后，还要对所探究的乡土历史素材进行精准的归纳整理分类总结，并转化为学生学习乡土历史课程资源的诸多能力。这些做法无疑也同步提升了教师运用历史唯物主义观点观察分析、实践创新及组织指导能力。新课程强调要改变单一、被动的学习方式，建立和形成发挥以学生为主体的多样化学习方式，促进学

生在教师指导下主动地富有个性化的学习，学生学习方式的多样化，自然对教师的教学方式和教师的综合素养提出了更高的要求。因此，新时期的历史教师更需了解自己的职责所在，明确自身所从事事业的价值与意义。正如美国实用主义教育家杜威所说："走出教室一步，就意味着对学科的超越；选择了一种教育，就选择了一种生活"，激发对历史教育的热爱，提升自身的理论专业素质，锤炼扎实的教育教学技艺，丰实深厚的人文底蕴，增强服务于现实社会的多种能力，只有这样，我们才能与学生同步发展，实现双赢。

3. 融课程资源，寻多种视角，探多样途径，勇科学研究

家乡拥有数量可观的历史遗迹、遗址、博物馆、纪念馆、档案馆、爱国主义教育基地，以及蕴涵丰富历史内容的人文景观、自然景观和地区优秀的历史传统、文化特征、民俗风情、人口教育以及由此外延出的浓厚思想情感等宝贵的乡土历史课程资源。主要内容包括：

第一，丰厚的乡土方志史料。古代方志记述天、地、人、社会等方面内容，是百科全书式的资料汇编。我国历来就有编写地方志书的传统。浩如烟海的辽宁地方志著作中，保留了大量的乡土史资料，如元代的《辽阳图志》，明代的《辽东志》、《全辽志》，清代的《盛京通志》等，这些均对研究辽宁历史具有重要意义，成为开发和利用乡土历史课程资源有借鉴价值的重要参考资料。

第二，名扬四方的乡土古代工程建筑。位于辽宁建平的战国燕长城、起于北镇止于开原的辽河边墙等古长城遗迹，辽阳近郊三道壕、绥中县的碣石宫等大型秦汉建筑遗址，桓仁五女山城、沈阳故宫等古代都城宫殿建筑遗址等，这些建筑历史悠久、结构严谨、雕刻精细，体现了我国古代建筑艺术的优良传统和民族独特风格，见证了中华民族的高度智慧和创造才能，其中较为典型的建筑群已列入世界历史文化遗产名录，并惠泽于家乡，成为世界各国人民了解中国、了解辽宁的窗口。此外，还有后世为展现辽河文明起源在古代先民生存遗迹上修筑的阜新查海遗址博物馆、沈阳新乐遗址博物馆和朝阳牛河梁遗址保护地，为杰出乡土历史人物修筑的辽阳王尔烈纪念馆、曹雪芹纪念馆，以及始建于唐代素以风景秀丽、殿宇壮观而闻名遐迩的千山龙泉寺，因被人们誉为"压倒三江"的"关东才子"王尔烈对其殷殷深情而咏赞的诗句"鸟引花迎到寺门……琼岛虚舟惬梦魂"而誉满神州。这些都是非常珍贵的乡土历史课程资源，其社会及教育价值不可低估，理应也是重要的乡土历史课程资源。

第三，具有教育意义的古代陵墓。历史上各朝代封建帝王为显示其至高无上的皇权为自己建造了巍峨壮观的陵墓。然而，随着王朝覆亡，古代大多数帝王陵墓遭到损毁，也失去了人们的尊崇，只能供后来者借鉴警醒，而借鉴警醒本身也体现一种深刻的教育功能。辽宁历史上一些有作为皇帝的陵墓早已成为一个强盛王朝和伟大时代的象征，成为中华民族的骄傲。如清初关外三陵的教育意义早已超出乡土范畴，成为中华民族智慧的一个缩影。辽宁历史上还有如燕太子丹面对山河破碎，愿以血肉之躯换取国家一线生机等忠肝义胆的悲壮爱国故事，明代辽阳诗人韩承训有诗说："燕丹昔日避秦兵，衍水今传太子名。"司马迁《史记·刺客列传》有言："秦王大怒……诏王翦军以伐燕……燕王喜、太子丹等尽率其精兵东保于辽东。秦将李信追击燕王急……丹匿衍水中，燕王乃使使斩太子丹，欲献之秦。"这些珍贵的史料言论体现了中华民族对于燕太子丹所禀赋的爱国精神的崇高赞誉。如今这些让我们不由得感怀"太子河水今犹在，太子坟冢何处寻"等蕴含丰富感人史事的历史故事及神话传说，都将是可以利用的乡土历史课程资源的重要范畴。

第四，具有纪念性的历史博物馆、纪念馆、塔碑寺庙。作为收藏、研究、教育三位一体的不以盈利为目的的社会重要文化综合机构，日益成为一个国家经济文化发展水平的重要标志，成为学生受用不尽的终生学校。对此，辽宁地区走在了全国的前列。辽宁具有代表性的纪念场馆有辽宁省博物馆、旅顺博物馆、沈阳"九一八"历史博物馆、锦州辽沈战役纪念馆、丹东抗美援朝纪念馆等，沈阳故宫博物院、新乐遗址博物馆、查海遗址博物馆等遗址类博物馆，张氏帅府、东北大学旧址、中共满洲省委旧址等历史纪念地，无垢净光舍利塔、东北解放纪念碑、苏联红军阵亡将士纪念碑，唐代慈恩寺、太清宫、清初四塔四寺。这些乡土课程资源蕴含巨大的艺术价值、历史价值，均产生了巨大的教育合力，而且随着时光的流逝，其重要的人文教育价值更将有增无减。

此外，历史学家、历史见证人、阅历丰富的长者等也是丰富的历史人力资源，他们从不同层次和视角可为学生提供鲜为人知的历史素材和独到新颖的历史见解；家庭中的家谱、不同时代老照片、实物及长辈对往事的回忆录也是有益的乡土历史课程资源的重要载体；近代以来一些具有历史借鉴参考价值的历史文献纪录片和历史题材的影视作品，经过辩证地选择后合理运用也会成为一种非常重要的乡土历史课程资源。而本地区的建置沿革、社会生活、风土民情、人口环境资源、教育艺术、旅游与经济发展、创业发展史，重要的自然与人文资源，都理应成为乡土历史课程资源的重要内容。

那么，我们将如何把上述丰厚鲜活的乡土历史课程资源为中学历史教育教学所用，真正有效地发挥人文教育的合力呢？历史教师可尝试以下多样探究途径：

途径一，结合历史课堂教学内容，适时适当穿插一些乡土历史教育内容。如，历史教师讲到满族兴起这一史实时，抚顺地区可结合抚顺永陵（今辽宁新宾清朝皇帝祖先陵墓）、沈阳地区可结合故宫（清初努尔哈赤、皇太极宫殿）、东陵（清太祖努尔哈赤陵墓福陵）与北陵（清太宗皇太极陵墓昭陵）补充介绍，还可拓展一些流传于民间的满族神话传说、民间故事、歌谣谚语、民俗风情、服饰饮食礼仪等趣闻，均能有助于加深学生对历史影响尤为深远，为中华各族文化交流立下不可磨灭功勋、人口众多、勤劳勇敢的少数民族之一——"满族"的认识和理解。

途径二，组织并指导学生查阅、收集与乡土地方志、地方性报刊以及重要远古民族相关的史料、书刊、手稿等，从"辽宁契丹、女真族的形成发展"等专题入手，通过开展课堂讨论，组织辩论会，举办历史故事会，开展乡土历史题材讲座，举行小型乡土历史专题资料展，编辑乡土题材的样报探究实践活动，交流分享探究学习成果，可进一步丰富历史课堂教学内容，提升学生合作创新等综合能力。

途径三，在各级部门的关爱支持下，组织学生开展乡土历史文化遗存考察活动。如组织学生参观当地或附近地区的历史博物馆、历史遗址、古城堡、古战场：沈阳地区可考察新乐遗址、一宫两陵、张氏帅府等。学生在亲历中，自然可以深切感悟历史并不遥远，历史就在自己身边，历史的本真、魅力和价值再也不是空洞的文字表述，而是鲜活的历史气息奔腾流淌。教师还可以指导学生考证相关史实并撰写观后感进行交流，分享收获的过程也是历史认知得以升华的过程，而所有的感悟和收获都将是学生一生的精神财富。

途径四，创办"乡土历史教室"或"小乡土历史学家俱乐部"。学生可以借阅乡土历史课程资料，如经过整理的乡土图书、杂志、复印资料、音像资料。指导学生整理"图穷匕见"等历史故事，"太子河"、"白马青牛"等民间神话传说，并能正确区分历史史实和神话传说，掌握从历史信息中获取有效历史史料的方法，并在俱乐部活动中交流分享，可增强学生浓厚的学史情趣，而情趣正是进一步学好历史的内驱力。

途径五，利用现代互联网全面收集整理具有史料价值的图书文字图片、影视音像作品等乡土课程资源。收集文字资料和开发社会资源最大的不足是缺乏时效性，图书等资料更新需要一个过程，社会资源开发更需要大量准备，因此，利用现代高科技手段收集补充整理归类应该是最快捷的有效方式。而师生借助现代手段和技能，尝试制作一些与乡土历史有关的教学软件、乡土专题网页网站与历史课堂教学活动有机结合，可缩小时空距离，给学生身临其境之感，达到意想不到的教学效果。

途径六，结合重大历史纪念日、时政热点问题与历史教材中某一具体教学内容开展乡土历史课程资源专题讲座、成果作品展及知识演讲或竞赛等。每次活动都有一个主题，教师有效组织学生聆听、观看并参与。如五四青年节可开展"五四运动在辽宁"等专题讲座。还可邀请当地乡土历史学者和阅历丰富长者亲临乡土历史专题报告会，请他们讲解、回忆所经历的近现代重大历史事件，可更增强历史的真实感和可信度。

途径七，编写乡土历史教材直接应用于历史课堂教学。历史知识的既往性特点，往往导致学生难于理解某一时段的历史概况，因此，往往流于死记硬背一些历史概念和历史结论。这也是今天历史学习中至今尚未很好解决的关键问题。历史讲究"论从史出"。现今世界不少国家的历史教学程序都是从本地区讲起，从村、镇、县、市、省讲到国家，再讲到国外历史，如美国的历史教学就是从州史学起的。按照国家课程计划的总体安排，在学科总课时中留出适量课时安排乡土历史课程的教学，可以采用选修课形式，双周1课时。笔者在21世纪初在原有乡土历史活页教材的基础上编写了《东陵乡土历史》。该教材由辽宁人民出版社出版并曾在地区适用，增进了学生对家乡历史文化的深入了解和热爱情愫，取得了较好的教育实效。关于乡土历史课程在课堂教学中的安排，不一定总处于从属地位。我们主张在七年级第一学期，可以先从讲授家乡本土历史入手，然后再讲中国历史与文化，最后再讲世界历史与文化。

此外，我们还可以针对乡土历史课程资源研发与运用问题适时对教师进行培训，助其掌握一定的开发与运用乡土历史知识与组织指导能力。充分发挥基层历史教研员和学科骨干教师的作用，广泛开展有关乡土历史课程研发与运用的课题实验探究，尝试编写乡土历史教材在教学中实验试用，使教育实践与科学研究有机结合起来。对教师加强计算机培训，使乡土历史课程资源能在地区内实现资源共享。尽可能争取社会各界和上级主管部门的大力支持和配合，为乡土历史课程资源探究活动争取必需的资金与活动经费。

4. 凝教育合力，守研发准则，明注意问题，树课改信心

乡土历史课程资源，在培养提升中华民族人文精神方面起着无法估量的重要作用。早自2008年起，各个博物馆、纪念馆等向社会免费开放，并多次举办国宝巡展、辽河文明展等大型展览，很多史馆专家学者亲自为公众现场解说，他们渊博的学识及严谨的科学探究态度给观众留下了美好印象，为传统历史文化的普及作出了自己的努力。这说明社会课程资源正在发挥越来越多的作用，这也敦促我们的学校、教师，我们的家长积极行动起来，尽快形成学校—家庭—社会三位一体的教育合力，共同为学生营造出一种探究乡土历史的良好环境及更顺畅的历史学习空间，共同为真正实现历史教育终极目标而积极努力。

为更有效的研发与利用乡土历史课程资源为历史教育教学所用，我们必须坚守以下原则。

第一，针对性原则。乡土课程资源十分繁杂宽泛，我们在收集过程中，最好能优先选择与学生发展及地域社会实际发展有用的相关内容，尤其要满足学生了解、接触、关注社会，学会对社会负责的实际需要。如七年级上册历史教材中涉及"中华文明的起源"这一历史学习专题，中华文明是世界三大文明之一，又是唯一未曾间断并延绵至今的文明，探究中华文明起源对于研究人类文明发展，探究人类发展规律具有举足轻重的作用。当地教师在指导学生学习"以元谋人、北京人等早期人类为例，了解其丰富的原始人类文化遗存，原始农耕文化特征"等内容时，可尝试指导学生收集一些与辽河文明起源有关的历史文化遗存等乡土历史素材，以帮助学生较好地了解祖国境内早期文明成果，并形成辽河文明是"中华文明探源工程"的重要组成部分这一重要历史认识。

　　第二，适用性原则。乡土历史课程资源浩如烟海，不经选择地推荐给学生，反而会增加学生负担，起不到应有的教育实效。因此，要明确所研发并利用的乡土历史课程资源的重大现实意义与教育价值，研究学生和社会、乡土历史发展的需要，提高课程资源的适用性。笔者在整理沈阳原东陵地区乡土历史课程资源过程中，注意到本地区的建置沿革、历史文化遗存以及近现代重大历史事件、本地区的历史故事与神话传说和现实社会有着密不可分的关系，又是学生们较感兴趣的历史题材。因此，拟定这些方面作为乡土历史课程资源研发重点，无论是实物资料还是文字资料都较容易收集，最后经过整理而形成的乡土历史教材，起到了较好的辅助历史教学作用。

　　第三，计划性原则。乡土历史课程作为学科教学辅助和拓展课程，其课时、经费、师资力量及经验十分有限。因此，必须要事先制定周密的探究计划。每学期可围绕一至三个专题进行资料收集并展开乡土资源探究活动。随着乡土历史资料的不断累积，乡土专题的数量也会逐步增加，研究的内容和范围也会逐步扩大。

　　第四，探究性原则。乡土历史教育的根本目的是培养学生热爱家乡的情感、社会责任感及参与社会生活的综合能力，培养学生适应地区发展需要的基本素养。因此，学生在实践中不应采取接受式而应采取探究式的学习方式，在学习乡土基本史实的基础上，积极尝试探究本地区的实际问题，通过实践增强参与社会生活的能力。

　　第五，多样性原则。乡土历史课程资源的收集和整理，应作为学科课程的一个重要组成部分，应调动教师、学生、家长、社会力量共同参与，资源的范围和收集整理的方式也应多种多样。

　　为保证乡土历史课程资源更好地服务于中学历史教育教学，我们还应关注如下问题。

　　第一，要注意鉴别乡土史料的真伪。一些年代久远的乡土史料，往往和历史传说、神话故事混在一起，教师在运用这些乡土历史资料时，应事先用唯物史观加以正确鉴别，并给予历史唯物主义的科学阐释。

　　第二，要注意与现行历史教材有机融合。历史课程是义务教育阶段的必修课，通过历史课程的学习，学生可获得历史的基本知识和技能，初步了解人类社会历史发展的基本过程，逐步学会运用历史唯物主义观点分析解决问题，理解和尊重各国及民族所创造的文明成果，学习和集成人类的传统美德，并从人类社会历史发展的曲折经历中理解人生的价值意义，逐步形成正确的世界观、人生观和价值观。为学生未来进一步接受高一级学校教育和进入并适应、服务社会打下基础。因此，在一般情况下，乡土课程资源应是历史教材及课堂教学内容的必要补充及辅助性材料，严防喧宾夺主，影响打乱正常的课程计划。

　　第三，要注意处理好现有社会主流观念、教育体制与新时期人才培养之间的关系。基于目前人们对教育的普遍关注，教育体制改革不能不受到社会主流观念的限制和制约。乡土历史课程资源在历史课堂教学中的应用对学生眼前升学不能产生直接效益，对平时成绩提升也无太大帮助，因此，很难激发学生参与积极性，更难得到家长普遍认同。而历史教师平时教学任务又十分繁重，很少有时间精力开展乡土历史课程资源探究实践活动。特别是整合多种课程资源还处于探索阶段，面临很多困难，成效又无法考量，这也影响到历史教师的广泛参与。因此，我们必须从转变社会观念、改革教育管理体制入手，把是否真正有效利用多种课程资源为学生未来发展和地方高素质人才培养以及地方经济建设服务也作为中学历史教育教学质量考量的重要指标之一。

作为一名历史教育工作者，二十多年来收集乡土历史素材，编写乡土历史活页教材，并在此基础上参编、主编地区乡土历史教材为教学所用的研发实践，让我对历史教育教学改革有了更深刻的认识，更丰实的收获及更理性的反思。特别是在社会诚信逐渐缺失、价值观及道德迷失的今天，我更有责任亦更有理由重拾课改信心，与醉心于人文教育的有识之士一道，共同为提升国民人文素养尽绵薄之力。不管未来我们能否借助丰厚的乡土课程资源把学生们从充满诱惑的电脑游戏前引领到博物馆等鲜活的历史情境中来，能否运用我们的教研智慧激发出历史教师们参与研发多样历史课程资源为教育教学服务的积极性主动性，能否通过我们的艰辛求索在某一天真的能找到解开当前中学历史教育教学瓶颈的金钥匙，能否因为我们今天的深刻思索在未来中学历史教育教学改革激流中再掀波澜，但笔者坚信，在乡土历史课程资源与中学历史教育整合过程中我们积淀的所有成功与失败、经验与教训，都将对国民人文素养的提升大有裨益。世上本无路，但走的人多了，自然就形成了一条路。愿历史课改的道路上，能出现更多的历史教师与我们携手，为真正实现历史教育的价值而竭尽全力。思考到此，我忽然有了一种藏羚羊突破楚玛尔河后成功的欢畅，对未来中学历史教育教学尽管依然充满无尽的忧思，但此时此刻我的心中早已溢满深情的期待和无限的遐想——

"在省博辽河文明展厅里，历史教师正在声情并茂的解说，孩子们欣赏的目光不断闪现，对家乡对祖国的热爱情怀油然而生……"

参考文献

崔粲主编：《历史教学论纲要》，辽宁教育出版社，1992年。

教育部基础教育司：《走进新课程——与课程实施者对话》，北京师范大学出版社，2002年。

明佳主编：《魅力辽宁》，辽宁师范大学出版社，2009年。

阎光亮主编：《课程改革简明读本》，首都师范大学出版社，2001年。

中华人民共和国教育部：《全日制义务教育历史课程标准》（实验稿），北京师范大学出版社，2001年。

朱汉国主编：《基础教育新课程培训指导·初中历史》，北京师范大学出版社，2003年。

后 记

辽河流域是我国中原地区连接中国东北乃至东北亚的一个重要桥梁，以牛河梁遗址为代表的辽河文明是中华文明的重要发源地之一。为使广大观众认识和了解辽河流域独具特色的早期文明以及在中华文明起源中的地位和作用，了解中华悠久灿烂、多元并蓄的文化传统，了解"中华文明探源工程"的进展和重大意义，由国家文物局、中华人民共和国科学技术部、辽宁省人民政府主办，中国社会科学院考古研究所、辽宁省文化厅、辽宁省文物局承办，辽宁省博物馆和辽宁省文物考古研究所协办的"辽河寻根 文明溯源——中华文明起源展"，作为5·18国际博物馆日沈阳主场活动的主题展览于2011年5月18日在辽宁省博物馆开幕。配合展览的举办，由辽宁省文物局主办，辽宁省博物馆和辽宁省文物考古研究所承办的"辽河寻根 文明溯源——中华文明起源学术研讨会"8月19日在沈阳举行，来自中国社会科学院考古研究所、吉林大学、内蒙古自治区文物考古研究所、辽宁省博物馆、辽宁省文物考古研究所、辽宁大学及辽宁省内各市博物馆等十余家单位的70多位专家参加学术研讨，以期将中华文明起源的研究进一步深化，取得新的研究成果。

本文集是在上述展览及学术研讨会的基础上，将各方面的工作成果汇集成册。文集的编辑得到了相关单位领导、专家、学者的帮助和支持，我们在此一并致谢。

书中讹误之处，敬请读者指正。

编者

2011年10月